KNAUR⭐

Über den Autor:

Steven Hill ist ein US-amerikanischer Kolumnist, Autor und Politik-Experte, der u.a. erfolgreiche Kampagnen zur Reform des politischen Systems in Amerika angestoßen hat. Seine Artikel und Kommentare erscheinen in den Leitmedien der westlichen Welt, u.a. in der *New York Times, Washington Post, Le Monde, The Guardian, BBC, ARD, Die Zeit, Frankfurter Allgemeine Zeitung, Süddeutsche Zeitung, Handelsblatt.* Sein Buch *Raw Deal. How the Uber Economy and Runaway Capitalism are Screwing American Workers* wurde von *The Globalist* als eines der »Top 10 Books of 2015« ausgezeichnet, und sein Buch *Europe's Promise: Why the European Way is the Best Hope in an Insecure Age* hat große internationale Aufmerksamkeit erhalten.

Steven Hill ist ein ehemaliger Senior Fellow der New America Foundation und war 2016 Holtzbrinck Fellow der American Academy in Berlin. Neben seiner eigenen Website www.steven-hill.com hat er den Twitter-Account @StevenHill1776.

Steven Hill

Die Start-up-Illusion

Wie die Internet-Ökonomie unseren Sozialstaat ruiniert

Aus dem amerikanischen Englisch
von Kirsten Reimers

Besuchen Sie uns im Internet:
www.knaur.de

Originalausgabe Mai 2017
Knaur Taschenbuch
© 2017 Knaur Verlag
Ein Imprint der Verlagsgruppe
Droemer Knaur GmbH & Co. KG, München
Redaktion: Sabine Wünsch
Covergestaltung: ZERO Werbeagentur, München
Grafik im Innenteil: Computerkartographie Carrle
Satz: Adobe InDesign im Verlag
Druck und Bindung: CPI books GmbH, Leck
ISBN 978-3-426-78902-5

5 4 3 2 1

Inhalt

Einleitung:
»Willkommen am Flughafen Tegel, die Ortszeit ist ...«

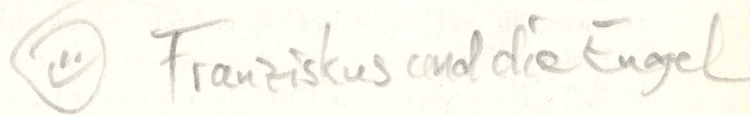 Franziskus und die Engel

Wenn Reisende am Berliner Flughafen Tegel eintreffen und mit ihren Rollkoffern den Ausgang von Terminal A ansteuern, werden sie von einer riesigen Werbetafel begrüßt, die einem gigantischen Fußballtor ähnelt, eingefasst in einem hellen Lila. Sie zeigt die Namen und Logos von mehr als 250 bekannten deutschen Unternehmen. In der Mitte all der illustren Embleme prangt in großen, roten Buchstaben quer über die beeindruckende Werbefläche: »There's no better place to start up.«

Als ich die Plakatwand das erste Mal sah, musste ich leise lachen. Da war ich aus San Francisco mit seinem Silicon Valley angereist, dem Mekka der Start-ups, und seinem leidenschaftlichen Bekenntnis zu Innovation und »Disruption«; da war ich rund 10 000 Kilometer weit weg von zu Hause – und wurde begrüßt von einem Denkmal für die weltweite Präsenz meiner Heimatstadt. Wie aufs Stichwort schossen mir die Zeilen des Rolling-Stones-Songs »Start Me Up« durch den Kopf: »If you start me up, if you start me up I'll never stop.«

Start me up, genau darum geht es. Während eines Aufenthalts in Deutschland wenige Monate zuvor – um die großen Messen in Hannover und Frankfurt wie auch die digitalen Gründungsschmieden in Berlin zu besuchen – hörte ich von zahllosen Politikern, Geschäftsleuten und Technologieexperten immer wieder fast dieselben Worte, beinah wie ein Mantra: »Deutschland muss mehr so werden wie das Silicon Valley. Wo ist das deutsche Facebook, wo das deutsche Google oder

Apple?« Wie ein fernes Echo des Schlagworts von Deutschland als dem »kranken Mann Europas«, das in den späten 1990er- und frühen 2000er-Jahren die Runde gemacht hatte, fragen sich heute viele: »Warum sind deutsche Unternehmen so schwerfällig und langweilig? Warum können Deutsche keine Unternehmen gründen, die innovativer und ›disruptiver‹ sind?« (Da ist sie wieder, die Disruption, eines der Lieblingsworte des Silicon Valley.) Verliert Deutschland seine Wettbewerbsstärke, die es zum Exportweltmeister von High-End-Produkten gemacht hat? Wo sind die deutschen Start-ups, die die Fantasie der Öffentlichkeit anregen mit aufregenden »Must-have«-Produkten, wo die Start-ups, die sich in kürzester Zeit zu riesigen Konzernen mausern und Branchenführer werden?

Ein atemberaubender Ehrgeiz. Ich habe sogar einen passenden Begriff dafür gefunden: Start-up-Fieber. Und Deutschland hat sich ernsthaft damit angesteckt. Noch bevor ich Terminal A hinter mir gelassen hatte, sah ich weitere Werbeflächen, die von dieser neuen Besessenheit kündeten. Auf Monitoren, die in der Luft baumelten, als verkündeten sie himmlische Botschaften, sah ich eine Anzeige für die »Startup City«. Zu sehen war eine startende Rakete und über ihr die Schlagworte »startup impulse« und »seed accelerator« – der typische Jargon des Silicon Valley, natürlich auf Englisch. Die Cover von Zeitschriftenmagazinen in den Kiosken winkten clevere Geschäftsreisende heran mit Überschriften wie »Die fünf Dinge, die Sie über Start-ups wissen müssen« oder »Start-up Guide – Alles, was Sie wissen müssen, um durchzustarten und zu wachsen«. Im Buchladen des Flughafens gab es Bücher mit Titeln wie *Lean Startup*, *Silicon Germany* und *Das 4-Stunden-Startup: Wie Sie Ihre Träume verwirklichen, ohne zu kündigen.*

Viele Jahre ist San Francisco ein Epizentrum von Disruption und Revolution gewesen, ob es nun um Hippie-Flowerpower oder Beatniks, um Antikriegsproteste und die Free-Speech-Bewegung, um LSD, freie Liebe und psychedelische Musik ging oder um Frauenbewegung und gleichgeschlechtliche Ehe. Für Europäer war San Francisco lange Zeit eine der beliebtesten Städte, unter anderem, weil die Zukunft dort *genau jetzt* Wirklichkeit zu werden schien. Viele Deutsche kamen in den Westen, um Inspiration zu finden, als wäre Kalifornien ihre Muse – inklusive einer kleinen Auszeit und goldenem Sonnenschein. Heute jedoch ist die dortige »Revolution« von entscheidend anderer Natur.

Das Zusammenspiel von drei überragenden Erfindungen – immer höher entwickelten Smartphones, kabellosem High-Speed-Internet und Big Data (auch »The Cloud« genannt) – verändert die soziale und wirtschaftliche Welt fundamental. Technologieunternehmen wie Google, Apple, Amazon und Facebook dominieren die durchstartende Digitaltechnik-branche, ihre Markennamen stehen für kommerziellen Erfolg. Start-ups mit so kühnen Namen wie Uber, Airbnb, Twitter, Dropbox, Upwork, TaskRabbit, Instacart und Dutzende weitere gelten als Leuchtfeuer für unternehmerische Innovationen und Wagemut; sie werden gehypt als die Inkarnation der Zukunft. Inzwischen stehen vergleichbare Firmen in Europa in den Startlöchern – darunter auch Kopien der US-amerikanischen Originale – mit so eigenwilligen Namen wie beispielsweise Wooga, Clickworker, AppJobber, Foodora, ZenMate und Zalando in Deutschland; Runtastic, Bitmovin und Crate in Österreich; BlaBlaCar, Dailymotion und Deezer in Frankreich; Spotify, Skype und Klarna in Schweden; Zoopla, Just Eat, Deliveroo und Hailo in Großbritannien; TomTom, WeTransfer und Booking.com in den Niederlanden; Trustpilot, Peakon und Opbeat in Dänemark; ListMinut und Ontoforce in Belgien sowie Rovio in Finnland. Das Start-up-Fieber hat den gesamten Kontinent erfasst. Sowohl in Europa als auch in den Vereinigten Staaten werden diese

Unternehmen als »disruptiv« bezeichnet und gefeiert als modern und zukunftsweisend, als reif für das 21. Jahrhundert – verglichen mit jenen vermeintlich alten, starren Konzernen des 20. Jahrhunderts. Dies besagt zumindest die »kalifornische Ideologie«, die sich von den pulsierenden Inkubatoren (also Gründungszentren) und Acceleratoren (sozusagen »Unternehmensbeschleunigern«) des Silicon Valley über den Rest der Welt ausbreitete.

Aus manchen dieser US-amerikanischen Start-ups ist in nur wenigen Jahren das geworden, was man ein »Unicorn« beziehungsweise »Einhorn« nennt – ein Unternehmen mit einem Wert von mehr als einer Milliarde US-Dollar. Ihr schneller Erfolg passt in unser von der Aufklärung geprägtes Weltbild mit seinem Glauben in Fortschritt und Technologie als dem Weg zu stetig wachsendem Wohlstand; und er hat Neid geweckt unter den deutschen Technikfreaks, Clickworkern und Existenzgründern, egal ob jung oder alt. Die ganze Welt beobachtet gebannt, wie diese Durchstarter immer neue Möglichkeiten finden, um nahezu alles mit Software und Algorithmen zu durchdringen: von Autos über Armbanduhren und Drohnen bis zu Haushaltsgeräten, von Musik bis zu Filmen, von Krankenhäusern oder der Landwirtschaft über Transportsysteme, militärische Operationen bis hin zu hallenfüllenden Fertigungsstraßen.

Robotik und Automation haben das Potenzial, die Arbeitsproduktivität in unvorstellbare Höhen zu treiben – und drohen gleichzeitig, Menschen überflüssig zu machen, indem sie sie ersetzen. Der Elan der Disrupter ist ohnegleichen, ihr Ehrgeiz allumfassend. Das grassierende Fieber versucht nicht weniger, als die Art und Weise, wie wir arbeiten, kommunizieren, erfinden und konsumieren, wie wir uns informieren, bilden und unterhalten, wie wir einkaufen und reisen, völlig umzukrempeln. Technologietrendsetter und Risikokapitalgeber Marc Andreesen, der unermesslich reich wurde durch die

Entwicklung des ersten Webbrowsers, der es Milliarden Menschen erlaubte, durchs Internet zu surfen, sagt schlicht: »Software verschlingt die Welt.«[1]

Kurz gefasst: Was gestern noch Science Fiction war, hat heute seinen Siegeszug angetreten vom Epizentrum San Francisco aus, hat die USA überrollt, ist über den Atlantik geschwappt und erreicht nun Deutschland und Europa. Für Europa und Deutschland scheint der Zug schon abgefahren zu sein, man bemüht sich eilig, aufzuholen. Aber wie wir in diesem Buch noch sehen werden, kann die Start-up-Wirtschaft – auch digitale Ökonomie, Internetwirtschaft, Plattformkapitalismus, »Gig-« oder »Sharing Economy« genannt – sowohl Fluch wie auch Segen sein. Computer, Algorithmen, computergestützte erweiterte Realität *(augmented reality)* und sogenannte »smarte Maschinen« sind heute zu Dingen fähig, die früher unvorstellbar schienen: Sie diagnostizieren Krankheiten, erstellen Sport- und Börsenberichte, führen Fahrzeuge, lösen Arzneimittelrezepte ein, sie können das menschliche Sehvermögen verbessern, Epidemien vorherberechnen und vieles mehr. Es gibt eine Menge, das eindeutig für diese Technologien spricht. Aber es gibt ebenso viele besorgniserregende Aspekte.

Eines der besten Beispiele für die Licht- und Schattenseiten der Digitalisierung sind für mich autonom fliegende Drohnen. Ich wohne in der Nähe des Strandes in San Francisco; dort sehe ich ziemlich häufig, wie technikbegeisterte Geeks Drohnen in der Größe von Radkappen den Strand rauf und runter fliegen lassen. Sie haben die Männer mit den hochklassigen Modellflugzeugen fast vollständig abgelöst. Die beinah wie Raumschiffe der NASA anmutenden Drohnen sind technische Wunderwerke – innerhalb von Sekunden können sie wie Helikopter in die Höhe schnellen, bis sie außer Sicht sind – und dann tauchen sie genauso unvermutet wieder auf. Dank eines eingebauten GPS-Systems schießen sie vor und zurück, sind dabei nahezu lautlos und fliegen ungesehen durch die Luft. Ziemlich beeindruckend, nicht wahr?

Drohnen können aber auch sehr übergriffig sein. Die meisten Männer haben kleine GoPro-Kameras in ihre Miniraumschiffe eingebaut und filmen alles und jeden in Sichtweite. Frauen, die in Bikinis und Badeanzügen auf ihrem Strandlaken liegen, haben keine Ahnung, dass nur vier Meter über ihren Köpfen eine Sonde jede ihrer Bewegungen, jedes Haarezurückstreichen aufzeichnet. Beinah wie *Versteckte Kamera* – im wahrsten Sinn des Wortes. Bis zur Überwachung der Nachbarn ist es da nur noch ein kleiner Schritt. Noch verstörender ist ein verrückter Russe, der auf YouTube bekannt wurde, weil er Maschinengewehre an seine Drohnen montierte und damit auf Schaufensterpuppen schoss – und das in drastisch-brutaler Weise filmte.[2]

Wo Licht ist, ist auch Schatten. Der bekannte Fahrdienst Uber ermöglicht Menschen, die vom Service normaler Taxiunternehmen enttäuscht sind, eine neue Form der Personenbeförderung; aber das Unternehmen überflutet auf diese Weise die Straßen mit Zehntausenden von Autos und verursacht Staus mit hohem Kohlendioxidausstoß. Man wird nun vielleicht etwas früher abgeholt, dafür steckt man unterwegs 25 Minuten länger im Verkehr fest. Ähnlich Airbnb: Das Unternehmen hat eine beliebte Alternative zu Hotels geschaffen, die einerseits für Reisende günstiger und bequem ist und es andererseits Menschen ermöglicht, sich etwas dazuzuverdienen, indem sie leer stehende Zimmer vermieten; inzwischen ist Airbnb jedoch unterwandert von professionellen Immobilienfirmen, die wissen, dass sie ihre Einkünfte verdoppeln können, indem sie Mieter hinausdrängen und ganze Häuser für Touristen freihalten. Der Bestand an bezahlbarem Wohnraum für Mieter wird weniger, die Profite der Immobilienfirmen steigen, ebenso die Einkünfte der Gründer von Airbnb, die schon in jungen Jahren Milliardäre sind.

Viele der neuen Technologien verschaffen uns mehr Freiheiten und gesellschaftlichen Fortschritt; andere jedoch könnten auf düstere Abwege führen und in der Zukunft eine aufgeblähte »Big-Brother-Stasi« hervorbringen. Deshalb sollten wir die Start-up- beziehungsweise digitale Wirtschaft nicht einfach als »amerikanisch« und mithin »gut« begeistert begrüßen; es ist wichtig, sie kritisch zu betrachten.

Ich lebe seit mehr als zwanzig Jahren im Epizentrum Silicon Valley. Als Bürger und als Journalist habe ich zahlreiche »Tech-Bubbles« kommen und gehen sehen, habe beobachtet, wie Start-ups aufstiegen und abstürzten. Der »Start-up-Nationalpark«, wie ich das Silicon Valley gern nenne, hat ohne jede Frage neue, vielversprechende Produkte und Dienstleistungen entwickelt – und dabei auf ebenso erstaunliche wie erschreckende Weise unsere persönlichen Daten erfasst. Aber die grundlegendste Veränderung betrifft die Art, wie Menschen in Zukunft arbeiten werden. Die neueren Unternehmen des Plattformkapitalismus wie Uber und Airbnb, aber auch Upwork, TaskRabbit, Instacart und Dutzende weitere haben Produkte und Services geschaffen, die nachgewiesenermaßen attraktiv für ihre Nutzer sind; die digitalen Plattformen bieten in einem gewissen Maß tatsächlich neue Formen des Arbeitens und neue Einkommensmöglichkeiten, besonders für Menschen, die flexible Kurzzeitarbeit suchen, oder für jene, die einen erschwerten Zugang zum Arbeitsmarkt haben (in der Regel Minderheiten, Immigranten, Berufseinsteiger und in einem gewissen Umfang Frauen). Diese Plattformen sind ebenfalls interessant für Menschen, die sich etwas dazuverdienen wollen, indem sie ihr Eigentum »monetarisieren«, also zu Geld machen, zum Beispiel durch die Vermietung ihrer Privaträume oder ihres Autos an Fremde, mit denen sie über verschiedene Apps und Websites in Kontakt kommen.

Die Start-up-Wirtschaft eröffnet also einerseits Wege, um

Geld zu verdienen. Andererseits folgen die Führungsetagen vieler dieser US-Unternehmen der Philosophie eines extremen »Wirtschaftslibertarismus«, indem sie sich jeglicher Regulierung entziehen und Arbeitskräfte bevorzugen, deren Einsatz sie an- und ausschalten können wie Glühbirnen. Sie beschäftigen eine gewaltige Menge an Subunternehmern, Freiberuflern, Zeitarbeitern oder sogenannten Solo-Selbstständigen (Selbstständige ohne Mitarbeiter), die sie nach Gutdünken anheuern und entlassen können. Viele der Digitalunternehmen zahlen geringe Löhne, bieten keinerlei soziale Absicherung oder Krankenversicherung und fühlen sich zu keiner partnerschaftlichen Arbeitgeber-Arbeitnehmer-Beziehung verpflichtet. Sie können Arbeitskräfte einfach abstoßen, indem sie sie ohne Vorwarnung oder Kündigungsfrist von der digitalen Plattform ausschließen: *fired by algorithm*. Außerdem entziehen sie sich ihrer Steuerpflicht und nutzen ihre finanziellen Mittel stattdessen, um ein Heer von Anwälten nach Gesetzeslücken suchen zu lassen. Die Europäische Kommission hat erst im Sommer 2016 Apple zu einer Steuernachzahlung von 13 Milliarden Euro (plus Zinsen) verpflichtet – das entspricht ungefähr dem Bruttoinlandsprodukt von Island oder Zypern. Seit Jahren gewährt die Republik Irland Apple illegale Steuerermäßigungen, so dass der Konzern deutlich weniger Steuern zahlt als andere Unternehmen. Apple hatte 2014 Unternehmenssteuern in Höhe von 0,005 Prozent auf seinen Gewinn gezahlt. Die Zeitschrift *The Economist* schätzte vor einiger Zeit, dass weltweit rund 20 Billionen US-Dollar an Unternehmensgewinnen in Offshore-Steueroasen versteckt werden. Niemand zahlt gern Steuern, aber sie sind heutzutage unerlässlich, um die staatlichen Sozialausgaben zu finanzieren und so eine moderne, zivilisierte Gesellschaft zu ermöglichen. Wie wir noch sehen werden, gestalten die Unternehmen des Plattformkapitalismus – und das beschränkt sich beileibe nicht auf Web- oder App-gestützte Technologiefirmen – ihre Geschäftspraktiken und ihre Strukturen in einer Weise aus, die letztendlich genau die Gesellschaft aushöhlt, die sie angeblich ins 21. Jahrhundert führen wollen.

Viele dieser Unternehmen haben große und clevere Pressekampagnen finanziert: »Think different«, »Just Do It«, »Nachbarn helfen Nachbarn« und »Weltweit zu Hause« rufen sie ihren Kunden aufmunternd zu. Sie wenden sich insbesondere an junge Menschen und behaupten gern, dass die »Millennials«, die »Generation Y«, ganz besonders darauf ansprechen. Die heutige Jugend wird oft beschrieben als eine Art postkapitalistische, computeraffine Generation, die mit der Unsicherheit – euphemistisch Flexibilität genannt – dieser Art Erwerbstätigkeit gut zurechtkommt. Die technikfixierte Kultur hält die Idee hoch, dass junge Schulabgänger schlechte Berufsaussichten mit einem Schulterzucken abtun und stattdessen der Idee des »Do it yourself« anhängen, dass sie Gründer und Macher sind, eine Million Mark Zuckerbergs in den Startlöchern. Aber wie wir sehen werden, gehört auch eine falsche Sicht auf die Realität zum Silicon-Valley-Hype dazu.

Leider keine Fehleinschätzung ist die Besorgnis angesichts der radikalen und alarmierenden Entwicklungen, die die Überwachung moderner Arbeitsplätze und die digitale Kontrolle der Arbeitnehmer mit sich bringen. Einige Beschäftigte haben keine freie Minute mehr, weil sie von ihren Auftraggebern genötigt werden, Apps zu installieren, mit deren Hilfe ihr Aufenthaltsort jederzeit erfasst werden kann. Viele Unternehmen überwachen die Tastendrücke und Mausbewegungen ihrer Kontraktarbeiter am Computer; regelmäßige heimliche Screenshots der Bildschirme erlauben so etwas wie einen »Blick über die Schulter« der Mitarbeiter. Angesichts dieser Realität stellt sich die Frage: Bleiben Computer ein hilfreiches Werkzeug für uns Menschen, oder werden wir zu Werkzeugen des Computers, der unsere Arbeitsleistung aufzeichnet und kontrolliert?

Die Start-up-Mentalität, die das Silicon Valley antreibt, kann äußerst innovativ sein, aber sie neigt zu Blindheit gegenüber ihren zerstörerischen Aspekten. Kalifornien und die Vereinigten Staaten sind Deutschland und Europa um einige Jahre voraus in diesen Entwicklungen, die die gesellschaftlichen, politischen und wirtschaftlichen Verhältnisse umkrempeln werden. Dennoch können Letztere schon jetzt eine Menge lernen von den Versuchen der USA, die disruptiven Unternehmen zu regulieren und in die Steuerpflicht zu nehmen. Auch wenn viele Versuche gescheitert sind, kann Deutschland zumindest erkennen, was man *vermeiden* sollte, wenn man die Start-up-Wirtschaft regulieren und in bestimmte Bahnen lenken möchte.

Das könnte in Deutschland niemals passieren ...

Beim Blick auf diese wirtschaftlichen Trends in den USA denken viele Deutsche, dass ein derartiger Wild-West-Kapitalismus in Europas führender Volkswirtschaft niemals Fuß fassen könnte. Deutschland und der größte Teil Europas sind anders, humaner und zivilisierter, lautet die vorherrschende Überzeugung. Sicherlich sind die Gesellschaften diesseits und jenseits des Atlantiks in vielen Punkten verschieden – das ist Thema eines meiner Bücher: *Europe's Promise: Why the European Way Is the Best Hope in an Insecure Age* –, aber diese Unterschiede könnten nivelliert werden, wenn der Druck der Globalisierung und des weltweiten Wettbewerbs dafür sorgt, dass sich die Volkswirtschaften im Lauf der Zeit immer weiter einander annähern.

Einige »amerikanische« Trends sind längst in Deutschland angekommen, so gibt es immer mehr Menschen mit befristeten Arbeitsverträgen – ob Zeitarbeiter, Freiberufler oder Auftragnehmer mit Werkverträgen. In den vergangenen 20 Jahren, insbesondere als Konsequenz der Finanzkrise 2008, die ihren Ursprung an der Wall Street hatte, gefolgt von der Eurokrise 2010, musste Deutschland ebenso wie die übrigen Staaten Europas erleben, dass Kernelemente des Sozialstaats zurückgebaut wurden. Viele wirtschaftliche Errungenschaften der Nachkriegszeit stehen inzwischen auf tönernen Füßen. Dazu kommt, dass es heute in Deutschland deutlich mehr Einwanderer gibt, sowohl aus EU- als auch aus anderen Staaten, die bereit sind, schlecht bezahlte, niedrige Jobs anzunehmen; sie bilden eine zusätzliche Beschäftigtenreserve.

Bundeskanzlerin Angela Merkel hat in den vergangenen turbulenten Jahren eine besonnenere Hand bewiesen als viele andere Staatschefs; während ihrer Regierungszeit hat das deutsche Staatsschiff Fahrt aufgenommen. Doch immer mehr deutsche Arbeitnehmer genießen heute immer weniger finanzielle Sicherheit bei stagnierenden Löhnen und wachsenden Gesundheitskosten. Das Rentensystem wurde so weit aufgeweicht, dass erschreckend viele junge Deutsche, mit denen ich gesprochen habe, skeptisch sind, ob sie überhaupt jemals eine staatliche Rente erhalten werden. Das Vertrauen in den Generationenvertrag, auf dem das deutsche System basiert, schwindet.

Deutschland und Europa befinden sich in einer gefährlichen Phase. Am Horizont kündigt sich eine neue Zukunft an, und aus der heutigen Perspektive ist es schwierig, die bevorstehenden Risiken zu beurteilen. Es wäre eine Tragödie, wenn Deutschland und Europa in zwanzig Jahren zurückschauten und sagen müssten: »Oha, damals, als die Internetwirtschaft ihren Anfang nahm, haben wir die Lage falsch eingeschätzt. Wir haben nicht die richtigen Gesetze und Richtlinien erlassen, um diese kraftvolle Technologie in sinnvolle Bahnen zu lenken.«

Im wahrsten Sinn des Wortes steht in den nächsten fünfzehn bis zwanzig Jahren die Zukunft der Arbeit auf dem Spiel und mit ihr die Zukunft unserer Gesellschaften, die sich aus einer bestimmten Form von Arbeit entwickelt haben. Während der letzten Jahrzehnte gehörten die Arbeitnehmer in Deutschland, den USA, in Frankreich, Großbritannien und anderen europäischen Ländern zu den produktivsten und wohlhabendsten der Welt. Unsere politischen Systeme sind in der Lage, die Wirtschaft in einer Weise zu regulieren, die es erlaubt, dass breite Teile der Bevölkerung vom Wohlstand profitieren.

Künftig jedoch wird dieser Wohlstand bedroht werden durch die machtvollen neuen digitalen Technologien, die im Kontext der Globalisierung zu einer »Disruption« der Grundlagen führen können, die den Erfolg unserer Volkswirtschaften erst ermöglichten. Das McKinsey Global Institute, die Forschungseinrichtung der bekannten Unternehmensberatung, geht davon aus, dass digitale Plattformen sowohl in den USA wie auch in Europa die Art und Weise verändern werden, wie wir künftig arbeiten, und »das rasche Wachstum der größten Plattformen legt nahe, dass wir gerade erst anfangen, ihre Macht zu begreifen«.[3]

Im Aufstieg populistischer Politiker, Parteien und Bewegungen – wie Donald Trump, der Alternative für Deutschland (AfD) und dem Brexit – spiegelt sich die wachsende Angst und Unzufriedenheit vieler Bürger wider. Während die mächtigen Technologieunternehmen wie plündernde Freibeuter über den Globus ziehen, sich willkürlich entscheiden, welche Gesetze und Regularien sie einhalten wollen, und ihre Einkünfte in Steueroasen verstecken, sind ihre Profite so hoch wie nie zuvor. Sogenannte Freihandelsabkommen verleihen Unternehmen das quasi-göttliche Recht souveräne Regierungen zu verklagen. Dabei werden Gesetze zum Schutz der Umwelt und der Gesundheit und Sicherheit des Menschen aufgehoben und die demokratische Regierungsgewalt ausgehöhlt. Die Arbeitsmärkte auf beiden Seiten des Atlantiks zerfallen in immer mehr Teilmärkte, die Einkommen stagnieren, besonders die des Mittelstands, und die Zahl der prekären Arbeitsverhältnisse steigt. Mehr und mehr Menschen haben das Gefühl, dass sich die Welt gegen sie verschworen hat. Das Ergebnis ist eine Gesellschaft, die sich aufspaltet in Gewinner und Verlierer; davon profitieren Populisten, die nun wütend wettern gegen den Status quo, eine stete Erinnerung an die Unsicherheiten unserer Zeit.

Die Mitgliedsstaaten der Europäischen Union (EU) erleben diese Zustände in unterschiedlichen Ausprägungen und unterschiedlichem Maß. Aber das Beispiel Griechenlands zeigt, dass die Krise eines relativ kleinen Mitgliedsstaates Auswirkungen auf alle anderen hat. Kein Staat kann sich dem entziehen.

Als stärkster Wirtschaftsmacht der Europäischen Union ist es an Deutschland, in den nächsten Jahrzehnten eine Führungsrolle zu übernehmen. Wie seine Nachbarn hat auch Deutschland Erfahrungen gemacht mit der Segmentierung des Arbeitsmarktes, mit einem stagnierenden Lohnniveau, mit der Verschlechterung der Jobqualität. Obwohl eine gewisse Erholung nach der weltweiten Finanz- und der Eurokrise zu verzeichnen ist, liegt der neue »Normalzustand« erkennbar hinter dem der Vorkrisenzeit; so gibt es in Deutschland heute zum Beispiel weniger unbefristete Vollzeitbeschäftigung als noch vor 15 Jahren. Dafür gibt es jetzt Millionen von Angestellten mit Zeitverträgen.

Zudem hinkt Deutschland in einem wichtigen Punkt den USA nur wenige Jahre hinterher: der »Job-Ungleichheit«, bei der einige Arbeitsstellen »ungleicher« sind als andere. Mehr und mehr Arbeitgeber verpflichten »unabhängige« Auftragnehmer – Leih- und Kurzzeitarbeiter, Minijobber etc. –, die sie schneller entlassen können und für die sie keine oder kaum Sozialabgaben leisten müssen. Auf diese Weise lassen sich die Lohnkosten drastisch senken, aber die Gesellschaft zahlt einen hohen Preis dafür, besonders weil diese Art von Beschäftigungsverhältnissen sich schneller verbreitet als alle anderen.

All das wirft schwierige Fragen auf hinsichtlich der zukünftigen wirtschaftlichen Entwicklung sowohl in Deutschland, in der Eurozone, der EU als auch in den USA.

Deutschlands Weg in die Zukunft

In diesem Buch möchte ich darlegen, warum Deutschland nicht auf die USA warten, sondern die Führungsrolle übernehmen sollte bei der Ausgestaltung der Digitalisierung der weltweiten Wirtschaft. Ich bin immer wieder erstaunt – und auch dankbar –, wie sehr Deutschland die USA schätzt und respektiert, vielleicht sogar etwas zu viel. Deutsche, wie Europäer überhaupt, neigen zu übermäßiger Selbstkritik in europäischen Fragen, sie beklagen Fehler in jeder EU-Entscheidung oder jeder Direktive der Europäischen Kommission. Wenn es aber um die USA geht, sind sie sehr viel nachsichtiger. Sie scheinen sich immer noch, wie in Zeiten des Kalten Krieges, als Juniorpartner zu verstehen, der auf der Rückbank sitzt, während Amerika das Steuer in der Hand hat. Der Platz im Fond hat seine Vorteile: Man muss keine Verantwortung für die eingeschlagene Richtung übernehmen und kann schwierige Entscheidungen dem Fahrer überlassen. Wenn etwas schiefläuft, kann man ihm die Schuld zuschieben.

Doch die USA haben mit der Wahl Donald Trumps den Wagen über die Klippen gesteuert – wie schon zuvor unter George W. Bush und sogar mit der Obama-Regierung, die die deutsche Kanzlerin und andere Regierungschefs der Welt ausspioniert und sogenannte »Frei-«handelsabkommen vorangebracht hat, die die Arbeitnehmerrechte, den Umweltschutz und die demokratische Rechenschaftspflicht aushöhlen. Angesichts dieser Situation sollte Deutschland noch einmal überdenken, ob es dem transatlantischen Partner wirklich so sehr entgegenkommen will. Deshalb zeige ich in diesem Buch, wie Deutschland Vorreiter sein kann, wenn es um die Gestaltung der neuen Ära der Digitalisierung geht. Mit einer einfachen Nachahmung dessen, was schon anderswo probiert wurde, ist es nicht getan. Im Gegenteil: Das US-Modell eins zu eins zu kopieren wäre ein Garant für geringen Erfolg, wenn nicht sogar für ein Scheitern.

Die USA haben sehr viele Pluspunkte, aber jeder, der die amerikanische Politik beobachtet, muss erkennen, dass das Land in viele Lager gespalten ist, deren Antagonismus so schnell nicht zu überwinden sein wird. Inzwischen hat die Ungleichheit ein alarmierendes Ausmaß erreicht, Umweltschutzmaßnahmen kommen nur zentimeterweise voran, und die Bundesregierung tut sich schwer mit zukunftsweisendem Handeln. Aus erster Hand weiß ich, dass in San Francisco Großes geleistet wurde in Sachen Innovation und Unternehmertum; aber das »Start-up-Modell« hat auch eindeutige Schattenseiten. Die Technologieunternehmen haben den Weg Amerikas zu einer Freelance-Gesellschaft beschleunigt, in der immer mehr Menschen schlecht bezahlte Kurzzeitjobs haben und mehrere Jobs gleichzeitig ausüben mit unzureichender Sozialabsicherung und nur wenig Beschäftigungssicherheit. Die partnerschaftliche Beziehung von Arbeitgebern und Arbeitnehmern ist dabei, sich aufzulösen. Zu viele politische Entscheidungsträger in den USA sind unkritische Anhänger der Technologie wie auch der Wirtschaftsideologie des Laisser-faire. Sie haben keine Einwände dagegen, die machtvollen digitalen Technologien sich in den Händen der ultra-neoliberalen Geschäftsführer des Silicon Valley entfalten zu lassen. Wenn wir jedoch diese Technologien in Bahnen lenken wollen, die ihre positiven Seiten befördern, sind die richtigen

Werte und eine entsprechende Philosophie notwendig. Daran aber mangelt es den USA heute grundlegend.

Das ist allerdings kein Phänomen, das die USA allein betrifft. Den Druck einer neoliberalen Ausgestaltung der Globalisierung spürt auch Europa, er transformiert Deutschland und seine Nachbarstaaten in eine Freelance-Gesellschaft ähnlich der der USA. In Deutschland wie überall in Europa gibt es mehr prekäre, befristete und kurzzeitige Arbeitsverhältnisse denn je seit Ende des Zweiten Weltkriegs. Dies bereitet zusammen mit der wachsenden Zahl der Arbeitnehmer, die sich abmühen, eine angemessene Beschäftigung zu finden, den Boden für eine digitale Wirtschaft, die – wie in den USA – weitere beunruhigende Entwicklungen heraufbeschwören wird.

Wie wird zum Beispiel der sehr erfolgreiche deutsche Mittelstand mit seiner generationenalten, familienähnlichen Unternehmenskultur und seiner starken regionalen Verankerung mit dem wachsenden Druck der weltweit agierenden Plattformen zurechtkommen? Werden kleinere und mittlere Unternehmen (KMU) abgehängt werden beim Versuch, in die digitale Wirtschaft einzusteigen? Wie werden Staaten ihre Steuerpolitik anpassen, um die Einkünfte der plattformkapitalistischen Unternehmen gegen deren Willen zu erfassen und zu besteuern? Wie werden sie mit Erwerbstätigen umgehen, die verdeckte Einnahmen beziehen über Arbeitsvermittlungsplattformen, die es ihnen erlauben, für ein Unternehmen tätig zu sein, das seinen Sitz in einem anderen Land hat? Wie sollen diese finanziellen Transaktionen nachvollziehbar und erfassbar gemacht werden für Behörden, die bislang nur konventionelle Methoden nutzen? Wird dieses Katz-und-Maus-Spiel zwischen Aufsichtsbehörden und sich entziehenden Unternehmen die Finanzierung des Sozialstaates gefährden?

Der Wohlstand in Deutschland beruht zu einem gewissen Maß auf Solidarität und Mitbestimmung zwischen den unterschiedlichen Wirtschaftssektoren und auf der konstruktiven Zusammenarbeit von Arbeitgebern, Arbeitnehmern und Gewerkschaften. Aber eine unkontrollierte digitale Wirtschaft tendiert stark dazu, diese sozialen Komponenten zu untergraben, und führt zu einem »zerrissenen« Arbeitsleben.[4] Einige Entscheidungsträger in der deutschen Wirtschaft und Politik nehmen diese Realität inzwischen wahr, andere jedoch unterschätzen die Auswirkungen der machtvollen Kräfte. Sie alle werden in den nächsten Jahren schwierige und weitreichende Entscheidungen treffen müssen.

In diesem Buch frage ich nicht nur, was Deutschland unternehmen sollte, um den zukünftigen Erfolg der Wirtschaft sicherzustellen, sondern auch, wie es Europa – und die Welt – ins 21. Jahrhundert führen kann. Dafür habe ich mit mehr als zwei Dutzend Führungspersonen aus Politik, Wirtschaft, Arbeit, Forschung und Politikberatung aus Deutschland wie aus anderen Ländern Europas gesprochen. Es war äußerst erhellend und führte zu der Erkenntnis, dass die digitale Zukunft mit den richtigen Strategien und Regularien sehr positiv werden kann. Mit den falschen Strategien jedoch steuern wir geradewegs in ein Albtraumszenario von historischer Beispiellosigkeit – eine roboterisierte, hoch technisierte, überwachungsdurchtränkte Dystopie. Es steht viel auf dem Spiel. Ist Deutschland bereit, die führende Rolle zu übernehmen?

Zum Glück verfügt Deutschland über eine Reihe von Standortvorteilen, die es ihm ermöglichen, nicht nur seinen Charakter zu bewahren angesichts der Umbrüche des digitalen Zeitalters, sondern diese Technologien sogar für einen wachsenden Wohlstand nutzbar zu machen. Es ist überdies denkbar, dass die digitale Wirtschaft in Deutschland besser funktionieren kann als in den USA, weil der Sozialstaat, die Wirtschaftsdemokratie sowie die »sichtbare Hand« des Staates weiter entwickelt sind. Wie ich in meinem Buch *Europe's Promise* ausführlich dargelegt habe, unterscheidet sich

Deutschlands »sozialer Kapitalismus« in wesentlichen Punkten vom »Silicon-Valley-Wall-Street-Kapitalismus« der USA. Deutsche sind zum Beispiel fest davon überzeugt, dass der Staat als Regulierer eine wichtige Rolle spielt, wie ein Dirigent, der alle Musiker eines Orchesters in Einklang bringt. Zudem gibt es hier etliche Unternehmensführer, die Wert auf eine gute Beziehung zu ihren Mitarbeitern und die sozialen Aspekte des Arbeitsmarktes legen. Die Gewerkschaften sind immer noch einflussreich; sie haben inzwischen begonnen, sich mit Start-ups und den Mitarbeitern der digitalen Wirtschaft zu beschäftigen. Die Sozialpartnerschaft basiert auf der Einsicht, dass gute Jobs und angemessene Löhne zufriedene Mitarbeiter hervorbringen, die glückliche Konsumenten werden, was letztlich zu einer Aufwärtsspirale führt aus Gewinnen, Reinvestitionen und einer stabilen Mittelschicht.

In Deutschland gibt es außerdem ein wichtiges Instrument zur Demokratisierung der Wirtschaft, das 2016 seinen vierzigsten Geburtstag gefeiert hat: das Mitbestimmungsgesetz. Es gewährleistet und regelt die Aufnahme von gewählten Arbeitnehmervertretern in die Aufsichtsräte; hinzu kommt das Betriebsverfassungsgesetz, das die Wahl von Betriebsräten regelt. Dies ist die Basis für eine partnerschaftliche Kultur, die eine zentrale Rolle spielen kann in der notwendigen Diskussion darüber, wie Deutschlands lebendige soziale Marktwirtschaft im digitalen Zeitalter erhalten werden kann. Der Dialog hat bereits begonnen mit den Initiativen »Industrie 4.0« und »Arbeiten 4.0«, die von verschiedenen Bundesministerien und Institutionen unterstützt wurden. In ihm kamen die Sozialpartner zusammen, um sich darüber auszutauschen, wie ein Gesellschaftsvertrag für das digitale Zeitalter aussehen könnte.

Aber gleichzeitig gibt es in Deutschland ein paar antiquierte und recht hinderliche Dinge. Da ist die schon erwähnte übermäßig respektvolle Haltung gegenüber den USA und allen Dingen, die US-amerikanisch sind; in extremen Fällen kann dies dazu führen, dass manches ohne Nachdenken imitiert wird. Viele Deutsche, die betonen, wie notwendig mehr Innovation ist, tendieren dazu, sich zu stark am Silicon Valley zu orientieren. Wie ich noch ausführen werde, kann Deutschland weder ein zweites Silicon Valley schaffen, noch sollte es das überhaupt anstreben. Stattdessen muss sich Deutschland nach einer neuen Art von Innovation umsehen, sich Anregungen holen bei den erfolgreichsten Lösungen weltweit, und diese dann integrieren in die Stärke, für die es bekannt ist: Dinge zu entwickeln, anzuwenden und umzusetzen. Deutschland muss sich außerdem von einem veralteten Verständnis von Arbeit verabschieden, das geprägt ist von überkommenen Methoden der Erfassung, Messung und Beurteilung von Arbeitskraft. Befristete Kurzzeit- und »unabhängige« Arbeitsverhältnisse werden ebenso wie unbefristete Vollbeschäftigung die Bausteine des digitalen Zeitalters werden, und Industriestaaten müssen einen Weg finden, wie aus schlechten Jobs gute gemacht werden können.

Indem es eine eigene Richtung einschlägt, kann Deutschland einen neuen Weg der Innovation beschreiten, der es ihm erlaubt, die Welt ins 21. Jahrhundert zu führen. Arbeitgeber- wie Arbeitnehmervertreter sollten nicht warten, bis die Auswirkungen der digitalen Wirtschaft so stark sind, dass es für eine ausgewogene Strategie zu spät ist. Deutsche und europäische Entscheider sollten diesen frühen Moment nutzen, in dem alles noch beeinflussbar ist, um nun vorzustoßen und den unsicheren Boden, auf dem die Erwerbstätigen mit prekären und schlecht abgesicherten Beschäftigungsverhältnissen stehen, zu konsolidieren, zu stärken und zu sichern, und zwar sowohl als Selbstzweck wie auch als Schutzwall gegen eine weitere Erosion guter Vollzeitjobs. Die entsprechende Strategie müsste auf den deutschen Stärken fußen, und zwar in einer Art, die die Verteilung des Wohlstands und die Aufwärtsspirale des sozialen Kapitalismus fördert. Die falsche Strategie hingegen wird Deutschland und Europa immer tiefer hineinführen in die prekäre Freelance-Gesellschaft.

Deutschland kann eine Führungsrolle einnehmen, wenn es darum geht, sicherzustellen, dass eine zunehmend technologisierte Wirtschaft nicht die Schere zwischen »Besitzenden« und »Besitzlosen« weiter auseinanderklaffen lässt. Die richtigen Regelungen sowie innovative Strategien werden es Deutschland erlauben, dafür zu sorgen, dass Technologie allen zugutekommt und nicht nur einigen wenigen. Es ist Zeit für Deutschland, mutig eine eigene Version von Führung und Vision zu entwerfen, statt ein Klon der USA sein zu wollen. Deutschlands sozialer Kapitalismus kann der Schlüssel sein für ein neues Konzept, das auf die Herausforderungen des schnell aufziehenden digitalen Zeitalters angemessen antwortet.

1
Zurück in die Zukunft: die Freelance-Gesellschaft US-amerikanischer Prägung

»Unabhängige« Arbeitnehmer: nur dem Namen nach

Wenn man die vielen Überschriften in den Medien in Deutschland und Europa liest über Start-ups, Robotik und Automation, fragt man sich unwillkürlich: Was wird mit meinem Job passieren? Wie wird Erwerbstätigkeit in zehn, fünfzehn oder fünfundzwanzig Jahren aussehen? Die Zukunft nähert sich in Riesenschritten, und ihre Vorboten sind in den USA bereits zu sehen.

Da ist zum Beispiel Chris Young, ein Fließbandarbeiter im Nissan-Produktionswerk in Smyrna, Tennessee. Chris arbeitet Seite an Seite mit zig anderen Arbeitern, jeder von ihnen macht mehr oder minder denselben Job. Aber Chris trägt nicht wie viele seiner Kollegen das begehrte Nissan-Trikot – denn Chris ist nicht bei Nissan angestellt.

Er hat einen befristeten Vertrag mit Yates Services, einem privaten Subunternehmen, das die Mehrheit der Arbeiter bei Nissan stellt. Chris Young baut dieselben Infinit SUV wie die Angestellten von Nissan, aber er und die anderen Zeitarbeiter von Yates bekommen nur die Hälfte dessen, was die Mitarbeiter von Nissan verdienen: zwischen 10 und 18 US-Dollar pro Stunde – weniger als ein Drittel dessen, was deutsche Arbeiter in der Autoindustrie verdienen. Als Zeitarbeiter erhält Chris außerdem weniger Sozialleistungen und hat kaum Beschäftigungssicherheit. US-Autohersteller setzen zunehmend auf ein Zweiklassensystem, und der niedrigeren Klasse anzugehören bedeutet für Chris, dass er es sich nicht leisten kann, krank zu werden, weil er nicht bezahlt wird, wenn er deswegen ausfällt. Sein Einkommen ist so niedrig, dass er sich kein neues Auto leisten kann (sein altes hat einen Tachostand von 320 000 Kilometern), eine bittere Ironie für jemanden, der in der Automobilindustrie arbeitet. Genauso wenig kann er eine Hypothek aufnehmen oder etwas für den Ruhestand zurücklegen, und er verdient kaum so viel, dass es für seine sechsköpfige Familie reicht.

Mitunter muss Chris sieben Tage pro Woche arbeiten, mit Zehnstundenschichten an Samstagen und Sonntagen – trotz der schweren Schmerzen im Handgelenk, die aus den immer gleichen Handgriffen resultieren (verstärkt durch einen Motorradunfall einige Jahre zuvor). »Niemand schert sich darum, dass du von den sieben Tagen Arbeit pro Woche völlig erschöpft bist. Du brauchst irgendwelche Mittel, um wach zu bleiben, oder du brauchst was, um einschlafen zu können oder gegen die Schmerzen«, sagt er. »Jedem, mit dem ich arbeite, tut irgendwas weh, die Hände, die Finger, der Rücken, die Füße oder sonst was. Wenn du das nicht willst, räumst du deinen Spind aus und gehst woanders hin.«[1]

Chris Young ist nur einer von Millionen US-Arbeitern, die sich mehr und mehr auf unsicherem wirtschaftlichem Grund befinden. Die Arbeiterschaft in den USA zählte ebenso wie die in Deutschland und Europa zu den produktivsten und wohlhabendsten der Welt. Doch seit der Finanzkrise 2008 haben sich weltweit alarmierende Veränderungen vollzogen: Gute, unbefristete Vollzeitstellen wurden in schlechte Jobs umgewandelt; in Kurzzeitjobs, die in wachsendem Maß mit Zeitarbeitern, Subunternehmern, Selbstständigen, Minijobbern und Tagelöhner besetzt werden. Das ist, wie das Beispiel von Chris Young zeigt, kein Phänomen, das auf die Start-up-Wirtschaft beschränkt ist, sondern im gleichen Maß in der traditionellen Wirtschaft zu finden ist. Und es sind nicht nur

Jobs für Geringqualifizierte betroffen, auch für Stellen, für die ein qualifizierter Berufsabschluss notwendig ist, werden immer mehr »irreguläre« oder »selbstständige« Arbeitskräfte angeheuert.

Die Jobs der Automobil- und anderen Industriebranchen bildeten lange Jahre das Rückgrat der amerikanischen Volkswirtschaft, sie boten hohe Löhne, Beschäftigungssicherheit und ermöglichten den Einstieg in den amerikanischen Traum. Die Mittelschicht ist durch diese Jobs entstanden, genauso wie die wohlhabende Konsumgesellschaft der USA, auf die alle Welt neidisch blickte. Heute schuftet sich eine wachsende Zahl von Menschen wie Chris Young als Zeitarbeiter in Mc-Jobs ab, die einen sozialen Abstieg bedeuten und von denen man kaum leben kann. Einige dieser »Zeitarbeiter« sind seit Jahren bei ein und derselben Firma (und werden »Dauerzeitarbeiter« genannt). Sie werden behandelt, als wären sie nichts als Kanonenfutter für die Industrie.

Zeitarbeiter sind nicht die einzigen mit einem Zweiter-Klasse-Status; neben ihnen gibt es eine weitere Kategorie ausgebeuteter Erwerbstätiger: die »unabhängigen Subunternehmer«. Nehmen wir zum Beispiel Fritz Elienberg; er richtete fünf Jahre lang als Vollzeitangestellter für die RCN Corporation in Boston Kabel- und Internetanschlüsse ein. An sechs Morgen der Woche betraten er und ein Dutzend weiterer Mitarbeiter um 6:30 Uhr das RCN-Gebäude, wo sie ihren Arbeitsplan für den anstehenden Tag erhielten. Fritz hatte einen Schreibtisch mit Telefon und arbeitete viel, zehn bis vierzehn Stunden am Tag. Allerdings erhielt er nie den anderthalbfachen Überstundentarif. Eines Tages dann fiel ihm während der Arbeitszeit eine Leiter auf den Fuß, und er verletzte sich ernsthaft, aber die Ausgleichszahlungen für den Arbeitsunfall deckten nicht die Kosten der medizinischen Behandlung. Warum? Wie sich herausstellte, war Fritz Elienberg als »unabhängiger Subunternehmer« angestellt, was bedeutete,

dass RCN ihn nicht als regulären Angestellten einstufte. Für
RCN war er ein Unternehmer mit einer eigenen Firma, sein
»eigener Boss«, und somit nicht direkt angestellt bei RCN.

»Ich komme mir nicht vor wie ein unabhängiger Unternehmer« sagt Fritz Elienberg. »Ich habe nicht das Gefühl, dass
ich mein eigener Boss bin. Ich habe immer geglaubt, ich bin
angestellt. Eine Win-win-Situation für die – eine Lose-lose-
Situation für uns. Wir bekommen keinen Überstundenaus-
gleich, keine Lohnfortzahlung im Krankheitsfall oder während des Urlaubs, sind weder kranken- noch rentenversi-
chert.« Als Fritz krank wurde, verklagte er RCN auf eine
Überstundenvergütung und die Zahlung entgangener Leistungen. In Reaktion darauf feuerte ihn RCN und fügte damit
Elienbergs Beschwerdeliste noch Vergeltung hinzu.[2]

Arbeitsplätze in der Produktion, im Transportwesen und
in der Telekommunikationsbranche waren früher gute, stabile
Jobs, die hart arbeitenden Menschen wie Fritz Elienberg und
Chris Young erlaubten, mit ihren Familien ein anständiges
Mittelklasseleben zu führen. Wenn sogar Menschen in diesen
Wirtschaftszweigen in der heutigen New Economy zu kämpfen haben, dann stellen Sie sich nur mal vor, wie es für Menschen im Niedriglohnbereich sein muss, die sich in der Fast-
food-Branche für Arbeitgeber wie McDonald's abschuften.
Oder im Hotelgewerbe, im Einzelhandel oder in anderen
Dienstleistungsjobs wie beispielsweise bei Walmart. Die Einkommen im Fastfood-Gewerbe sind derart gering, dass mehr
als die Hälfte der Arbeitnehmer dort Sozialhilfe bezieht; das
kostet die amerikanischen Steuerzahler 7 Milliarden US-Dollar im Jahr. Und während die Steuerzahler das Fastfood subventionieren, das sie essen, verdienen die Geschäftsführer in
dieser Branche durchschnittlich 26,7 Millionen US-Dollar;
ein CEO verdient 1200-mal mehr als ein Angestellter, damit
ist das Lohngefälle höher als in jeder anderen Branche.[3] Ein
freundliches Ronald-McDonald-Lächeln zur Schau zu tragen

wird zunehmend schwieriger, wenn man gleichzeitig damit zurechtkommen muss, dass man sich den amerikanischen Traum abschminken kann.

Viele Amerikaner wundert es nicht, dass die Qualität der Arbeitsstellen im Fastfood-Sektor unterdurchschnittlich ist, es ist für sie sogar halbwegs in Ordnung. Solche Jobs macht man, wenn man sie nun mal machen muss und nur so lange, bis man etwas Besseres findet. Aber immer mehr Berufstätige der Mittelklasse fühlen ebenfalls die bitteren Auswirkungen eines verringerten Einkommens und eines sich auflösenden Sicherheitsnetzes.

Apotheker werden ersetzt durch Roboter, die 10 000 Rezepte am Tag einlösen können. Viele Journalisten, sogar die preisgekrönten von führenden Zeitungen, wurden entlassen und sind nun freischaffend; sie schreiben für jedes Medium, das ihnen einen Knochen zuwirft. Grafikdesigner und Webpage-Entwickler hangeln sich von Job zu Job und strampeln sich ab, den nächsten Auftrag zu ergattern. Legionen von Freelancern in der Technikbranche vermieten sich an die Bosse des Silicon Valley und versuchen, irgendwie den Kopf über Wasser zu halten. Viele Universitätsprofessoren haben heute eine »außerordentliche Professur«, was nur ein schicker Name ist für »zeitlich befristete Anstellung«; sie sind kaum mehr als fahrendes akademisches Volk, das ohne Aussicht auf eine Festanstellung von Universität zu Universität zieht, in den USA auch *freeway flyer* genannt. Es gibt freiberufliche Filmemacher, Drehbuchautoren, Fotografen, Lektoren und Übersetzer, die viel Zeit damit verbringen, nach dem nächsten Auftrag zu suchen, Zeit, in der sie kein Einkommen haben.

Vom einfachsten Fastfood-Angestellten bis zur mächtigen Autoindustrie, von Akademikern über Journalisten und Softwareentwickler bis nach Hollywood – nahezu jeder fühlt die Zwangslage. Diese Trends und Dynamiken haben sich in den letzten drei Jahrzehnten herausgebildet, sie trugen dazu bei, dass das Einkommensniveau für US-Arbeitnehmer für den größten Teil der Zeit stagnierte. Die Weltwirtschaftskrise von 2008/2009 beschleunigte diese Entwicklung und verursachte wirtschaftliche Ungleichheit in einem Ausmaß, wie es sie seit der Großen Depression, der Weltwirtschaftkrise der 1930er-Jahre, nicht mehr gegeben hat.

Eine Auswertung der Survey of Consumer Finances (SCF; eine alle drei Jahre stattfindende statistische Erhebung unter anderem zur finanziellen Situation US-amerikanischer Haushalte) kam zu dem Ergebnis, dass heute die obersten 10 Prozent der Familien der USA über drei Viertel des nationalen Vermögens verfügen, während der Anteil, der im Besitz der unteren Hälfte ist, auf 1,1 Prozent zurückgegangen ist (zum Vergleich: Die reichsten 10 Prozent deutscher Haushalte verfügen über 60 Prozent des nationalen Vermögens, während die unteren 50 Prozent 2,5 Prozent besitzen).[4] Die Ungleichheit bei den Einkommen ist auf beunruhigende Weise genauso schlecht wie 1928:[5] Das oberste Promille der Amerikaner – lediglich 160 000 Familien – verfügt über nahezu ein Viertel des nationalen Vermögens, ein Anteil, der sich in den letzten zwei Dekaden mehr als verdoppelt hat.[6] Erschreckenderweise ist das Vermögen, das von den unteren 90 Prozent der Bevölkerung gehalten wird, heute nicht höher als zu Zeiten unserer Großeltern. Es scheint, als ob der New Deal, also die Reformen, die unter US-Präsident Franklin D. Roosevelt verabschiedet wurden, um die gewaltige Ungleichheit und die Armut auf dem Höhepunkt der Großen Depression zu lindern, nie stattgefunden hätte.

Die Zukunftsaussichten sind nicht viel erfreulicher. Anders als frühere wirtschaftliche Erholungsphasen bedeutet die neueste »Erholung« kaum eine Veränderung für die überwiegende Mehrheit der Amerikaner und wurde zum Einfallstor für Populisten wie Donald Trump. US-Unternehmen konnten ihre Profite seit 2008 um 30 Prozent steigern, 2013 strichen sie sogar die historische Höchstsumme von 2 Billionen US-Dollar ein[7] – gleichzeitig ist der Anteil an Steuergeldern auf Bundesebene, die von US-Unternehmen gezahlt wurden, drastisch zurückgegangen: von 33 Prozent im Jahr 1952 auf gerade einmal 11 Prozent heute. Statt ihre Gewinne in den USA zu reinvestieren, verschieben Unternehmen Billionen von US-Dollar in Steueroasen und werden sogar noch als »gewitzte Schlitzohren« bezeichnet.[8] Aufgrund nur geringer Investitionen in Arbeitsplätze und Arbeitsmittel schwindet die Qualität von Arbeitsstellen. Nahezu die Hälfte der neuen Jobs, die während der sogenannten Wirtschaftserholung entstanden sind, werden mit kaum mehr als dem Mindestlohn vergütet. Nach sechs Jahren Wirtschaftserholung gibt es rund zwei Millionen weniger Jobs im mittleren und höheren Einkommensbereich als vor der Rezession und 1,85 Millionen mehr Jobs in den Niedriglohnsegmenten.[9] Konsequenterweise fiel der Anteil der Löhne am Nationaleinkommen auf seinen niedrigsten Stand seit dem Zweiten Weltkrieg; das tatsächliche Medianeinkommen ist immer noch 1,6 Prozent niedriger als 2007.[10]

Die über Jahrzehnte beklagenswerte Bilanz der US-Volkswirtschaft und ihr stagnierendes Lohnniveau war das Vorspiel zur Weltwirtschaftskrise – Unternehmen profitierten von der Situation, indem sie Gesetzeslücken ausnutzten und verstärkt Drittfirmen engagierten, um ihre Lohnkosten zu reduzieren und die Zuständigkeit für ihre Arbeitnehmer zu kappen. Es gibt viele Gründe, warum Unternehmen auf »unabhängige« Subunternehmer, Freelancer und andere Formen prekärer Arbeitsverhältnisse zurückgreifen. Doch in erster Linie geht es darum, Sozialabgaben, Entschädigungen bei Arbeitsunfällen oder bei Arbeitsunfähigkeit, die Bezahlung von kurzen Pausen, Überstunden, Feier- und Urlaubstagen oder Lohnfortzahlungen im Krankheitsfall zu vermeiden. Das Ergebnis sind gewaltige Einsparungen von rund 30 Prozent bei den

Lohnkosten. Zudem haben in den USA unabhängige Auftragnehmer nicht das Recht, einer Gewerkschaft beizutreten
oder eine Gewerkschaft zu gründen. Sie haben kaum oder gar
keine Beschäftigungssicherheit. Dieses »Unabhängige-Auftragnehmer-Schlupfloch«, wie es in den USA genannt wird,
ist ein enormer Anreiz, alle Varianten nicht-regulärer Arbeitnehmer zu engagieren.

Es gibt zahlreiche Beispiele dafür, wie sich Unternehmen
aller oder der meisten ihrer regulär Beschäftigten entledigt
haben, um sie im Anschluss wieder anzuheuern – aber dann
eben als Zeitarbeiter oder unabhängige Subunternehmer.
Merck, mit Hauptsitz in Darmstadt, ist nicht nur einer der
weltgrößten Pharmakonzerne, sondern auch der älteste – mit
einer Geschichte, die bis ins Jahr 1668 zurückreicht. Als das
Unternehmen unter Druck geriet und seine Kosten reduzieren musste, verkaufte es sein Werk in Philadelphia an eine Firma, die alle 400 Angestellten entließ – und sie anschließend als
»unabhängige« Auftragnehmer wieder verpflichtete. Merck
schloss mit diesem Unternehmen einen Vertrag ab, sodass dieses nun weiterhin Antibiotika für den deutschen Pharmakon-
zern herstellt, mit genau denselben Angestellten wie zuvor.[11]

Zahlreiche Studien beschäftigen sich damit, wie sich der
Umgang von Unternehmen mit den verschiedenen Arbeit-
nehmerkategorien verändert hat. Eine Untersuchung des
Ökonomen Larry Katz von der Harvard University stellte
fest, dass die derzeitige Erhebungsmethode des Bureau of Labor Statistics, des US-Büros für Arbeitskräftestatistiken, den
Anteil der prekären Arbeitsverhältnisse unterschätzt. Die
Studie kam zu dem Schluss, dass der Nettobeschäftigungszu-
wachs, den es in der US-Volkswirtschaft seit 2005 gegeben
hat, ausschließlich aus »alternativen Arbeitsvereinbarungen«
resultiert.[12] Andere Studien kommen zu vergleichbaren Ergebnissen.[13]

Diese Auflösung der Arbeitgeber-Arbeitnehmer-Beziehung ist die weitreichendste »Disruption«, die sich in der US-Wirtschaft vollzieht (wie wir sehen werden, trifft dies auch auf die Volkswirtschaften von Deutschland sowie allen europäischen Ländern zu). Die Zahlen zeigen recht eindeutig, dass zwar viele Menschen nach der Weltwirtschaftskrise wieder Arbeit gefunden haben, dass ihr neuer Arbeitsplatz aber weniger sicher, schlechter bezahlt und nicht mit einer sozialen Absicherung verbunden ist. Waren diese Menschen zuvor eingebunden in eine partnerschaftliche Beziehung zwischen Arbeitgeber und Arbeitnehmer, so sind sie nun »unabhängig«, was bedeutet, dass sie selbst dafür verantwortlich sind, ob sie sich über Wasser halten können oder untergehen. Kurz gesagt: Es ist eine »schöne neue Welt«, in der große Unsicherheit und hohes Risiko die Norm werden und in der aus soliden Arbeitsplätzen miese Jobs geworden sind. Viele der hinausgedrängten Arbeitnehmer werden heute wie gesichtsloses Maschinenfutter in den Schmelzofen der Start-up-Wirtschaft geschaufelt, von Unternehmen, die sich unter der euphemistischen Bezeichnung »Sharing Economy« sammeln. Aber wie wir noch sehen werden, ist es mit dem Teilen nicht weit her.

Die neueste »Disruption« des Silicon Valley: die Sharing Economy

Dadurch, dass mehr und mehr Unternehmen das »Unabhängige-Auftragnehmer-Schlupfloch« ausnutzen, verstärkt sich der Druck auf Arbeitnehmer und ihre Jobs immens. Zusätzlich geht vom Silicon Valley, flankiert von Investmentbanken der Wall Street und von Risikokapitalgebern, die nächste seismografische Erschütterung aus, die an den Grundfesten der amerikanischen Arbeitnehmerschaft und Wirtschaft rüttelt – die Sharing Economy, diese überlappt sich teils mit der Start-up-, On-Demand- und der Gig-Economy – alle diese Wirtschaftsformen sind Teil des sogenannten Plattformkapitalismus. Ihre von neuen Technologien getragenen Unternehmen machen es einfacher denn je, Mitarbeiter anzuheuern und zu feuern. Das führt zu einem weiteren Abbau der sozialen Komponenten der Arbeitsmärkte.

Die Start-up-Wirtschaft umschließt eine große Anzahl von Unternehmen aus diversen Branchen mit unterschiedlichen Berufsgruppen. Die Unternehmen sind beispielsweise im Transportwesen aktiv (alternative Fahrdienste wie Uber und Lyft oder – in Europa – Hailo und BlaBlaCar), im Lieferservice (Deliveroo, Foodora, Postmates oder Instacart), in der Vermittlung von Kurzzeitjobs und Clickwork (TaskRabbit, Upwork, Washio und Handy; in Deutschland etwa AppJobber und Clickworker), in Vermietung und Tausch (Etsy, Peerby, Parking Panda, Yerdle) oder in der Wohnraumvermietung (Airbnb, VRBO; Wimdu in Deutschland). Viele dieser Unternehmen sind explizit kommerziell ausgerichtet und wollen Gewinn erzielen, andere sind soziale Projekte, denen es um Umweltschutz geht, um weniger Verbrauch und die Reduktion von Abfall, indem sie gegen eine geringe Gebühr auf ihrer Plattform den Austausch von Gütern und Dienstleistungen ermöglichen.

Aber ungeachtet ihrer Unterschiede in Angebot und Branche haben alle Unternehmen der Sharing Economy eine charakteristische Gemeinsamkeit: Sie nutzen innovative Web- und App-basierte Plattformen, um Käufer und Verkäufer (sowie Menschen, denen es um nichtkommerziellen Austausch geht) von Waren, Aufträgen und Dienstleistungen zusammenzubringen. Das Unternehmen, das die Plattform betreibt, erhebt eine Vermittlungsgebühr (je nach Anbieter in der Regel zwischen 10 und 30 Prozent des Wertes der Transaktion). Das Geniale an diesen digitalen Plattformen ist, dass man über Uber eine Mitfahrgelegenheit bestellen, dank TaskRabbit einen Gartentisch anstreichen lassen, über Airbnb ein

Zimmer oder über Spinlister ein Fahrrad anmieten oder über Washio die Wäsche erledigen lassen kann, ohne auch nur einmal mit einem menschlichen Verkäufer oder einer Mittelsperson interagieren zu müssen. Es handelt sich um virtuelle On-Demand-Internetgeschäfte, die rund um die Uhr geöffnet sind. Vorläufer dieser Geschäftsidee, die die sogenannten Transaktionskosten dramatisch senkt, waren Websites wie eBay und Amazon, deren Gründer unglaublich reich geworden sind.

Die CEOs vieler dieser Unternehmen sind brillant darin, ihre Plattform als den größten denkbaren Vorteil für ihre Kunden anzupreisen. Die Plattformen profitieren von einer Aura, die Komfort mit einem Hauch Revolution verbindet: Komfort *als* Revolution. Die Idee der Sharing Economy klingt total super – umweltpolitisch korrekt, überparteilich, anti-individualistisch, und das alles eingehüllt in das kuschlig warme Vokabular des »Teilens«. Was kann man daran nicht mögen? Die Vision hat einen utopischen Beiklang, der unglaublich verführerisch ist in einer Welt, in der sowohl der Staat als auch die Wirtschaft uns im Stich gelassen zu haben scheinen, indem sie uns 2008 in das größte Wirtschaftsdesaster seit den 1930er-Jahren und 2010 in die Eurokrise geführt haben.

Führende Visionäre sagen zudem, dass die Sharing Economy darüber hinaus eine gangbare Alternative dazu bietet, in Jobs ohne Aufstiegsaussichten die Drecksarbeit zu erledigen. Anstatt seine Seele ans weiße Establishment zu verkaufen, kann man sich als Mikrounternehmer selbstständig machen. Die Arbeit kommt direkt auf den Computer, über das Internet oder dank Apps auf das Smartphone, und alles, was man zu tun hat, ist, zu warten und von Zeit zu Zeit die App zu checken, ob der nächste Auftrag schon da ist. Man ist nicht länger ein erbärmlicher Lohnsklave, der sich abstrampelt, damit andere reich werden – man führt sein eigenes Mikrobusiness, kann arbeiten, wann man will, tun, was man will,

genießt eine freie Zeiteinteilung, die es einem erlaubt, der
Meister seines eigenen Geschicks zu sein. Diese Do-it-your-
self-Economy (DIY-Economy) schickt sich an, die alte post-
industrielle Wirtschaft zu ersetzen, indem sie die »Arbeiter
befreit«, damit wir alle »unabhängige Unternehmer« werden
können und »für uns selbst arbeiten«, mit dem Versprechen,
dass jeder von uns »der Boss im eigenen Unternehmen« wird,
wie es die TaskRabbit-Gründerin Leah Busque formuliert
hat. Busque erklärt, ihr ginge es darum, zu – nun – »revolutionieren, wie Menschen arbeiten«.[14] Nicht gerade ein kleines
Ziel, und Medien wie *The Economist, Forbes, New York
Times, TechCrunch, Fast Company* und *Wired* haben für den
Generationenwechsel getrommelt.[15]

In der Theorie klingt das großartig, ebenso in der Bericht-
erstattung, aber die Realität ist weniger erfreulich. Viele dieser
unabhängigen Auftragnehmer vermieten sich selbst für immer kleinere Kurzzeitjobs (»Gigs« und »Mikro-Gigs« genannt), ohne Anspruch auf Sozialleistungen oder die Aussicht
auf weitere Aufträge, während die Unternehmen ein hübsches Sümmchen einstreichen. All diese Auftragnehmer der
Start-up-Wirtschaft werden offiziell als »unabhängige Subunternehmer« geführt – sie erhalten lediglich ein Honorar von
dem Unternehmen, mit dem sie einen Vertrag haben. Mehr
und mehr von ihnen arbeiten für verschiedene Auftraggeber –
manchmal sogar am selben Tag –, sodass ihre Arbeitstage von
immer kleineren »Mikro-Gigs« zerstückelt werden.

Der Prototyp für diese neue Art von Start-up ist Upwork
mit Sitz in San Francisco. Es ist eine Art eBay für Jobs, mit
gerade einmal 250 Festangestellten, die die neueste digitale
Technologie nutzen, um zehn Millionen Subunternehmer
und Freelancer weltweit zu koordinieren. Upwork markiert
die nächste Phase des Silicon-Valley-Wall-Street-Kapitalismus: eine dramatische Umwälzung des Verhältnisses von regulär Angestellten eines Unternehmens zu unabhängigen

Auftragnehmern und Zeitarbeitern. Über Upwork kann eine gewaltige Anzahl von Auftragnehmern gefunden werden, darunter Fachleute wie Architekten, Ingenieure, Anwälte, Steuerberater, Unternehmensberater, ebenso qualifizierte Dienstleister wie Website- und App-Designer, Übersetzer, Softwareentwickler, Logo- und Grafikdesigner. Auftragnehmer aus Industriestaaten wie den USA, Deutschland, aus Europa und anderen Ländern buhlen gemeinsam mit Menschen aus beispielsweise Indien, Thailand, China, Brasilien, den Philippinen um Aufträge.

Kurz gesagt: Es ist eine Online-Auktion, in der Auftragnehmer sich gegenseitig unterbieten in einer Abwärtsspirale, in der günstige Arbeitskräfte aus Entwicklungsländern die Honorare der Industriestaaten untergraben. Meine statistische Auswertung der Website von Upwork belegt, dass weniger als ein Fünftel der Jobsuchenden in Deutschland, Europa und den USA ein Honorar unter 10 US-Dollar pro Stunde verlangt, während es in Indien, China, Thailand oder auf den Philippinen die Hälfte bis zu zwei Drittel sind. Mehr als eine halbe Million US-Amerikaner bettelt mithilfe der Website um Arbeit – und nahezu eine halbe Million Arbeiter aus Indien konkurriert mit ihnen. Upwork repräsentiert eine neue Stufe in der Entwicklung des Kapitalismus; im Prinzip ist es ein staatenloses Unternehmen, das die Logik der Globalisierung und des freien Handels fortdenkt bis zu einem Punkt, an dem die Auftragnehmer in einer »virtuellen Fabrikhalle« einem bislang unbekannten Grad an Schutzlosigkeit und Unsicherheit ausgeliefert sind. Upwork ist das größte Unternehmen in der digitalen Zeitarbeitsbranche, man schätzt, dass seine Einkünfte bis 2020 eine Höhe von 46 Milliarden US-Dollar erreichen werden. Seine schlanke, effiziente Arbeitsstruktur und die vielen Auftragnehmer im Verhältnis zu den wenigen Angestellten machen es als Modell zukünftiger Unternehmen zu einem Wunschtraum für Investoren.

Upwork ist nur eines von Dutzenden solcher Start-ups, die dem Silicon Valley entstammen. Wie arbeiten diese digitalen Start-up-Plattformen in der Praxis? Nehmen wir als Beispiel Frederic Larson, der dreißig Jahre lang bei der angesehenen Zeitung *San Francisco Chronicle* als Fotograf angestellt war und in dieser Zeit mehrere Preise gewann. Einmal war er sogar für den Pulitzer-Preis nominiert. Als er Anfang sechzig war, wurde er unerwartet ein Opfer der Weltwirtschaftskrise 2008: Die Zeitung entließ ihn und zog ihm damit den Boden unter den Füßen weg. Finanziell war er nicht so gut gestellt, dass er in Frührente hätte gehen können – seine beiden Kinder gingen noch aufs College –, und er war zu alt, um noch einmal ganz neu anzufangen. So wurde er aus einer unbefristeten Anstellung in einem guten Job als erfolgreicher Fachmann in das prekäre Leben eines Freelancers katapultiert.

Was also tun? Um eines der beliebtesten Worte der Start-up-Economy zu benutzen: Er *monetarisierte*. Das heißt, er begann, seine »Aktivposten« zu vermieten, also: seinen persönlichen Besitz.

Frederic Larson besitzt ein schönes Haus im grünen Marin County (am anderen Ende der Golden Gate Bridge), das er nun über die Plattform von Airbnb zwölf Nächte pro Monat für 100 US-Dollar je Nacht vermietete. Eine Einkommensquelle, keine Frage, aber die Einkünfte waren minimal im Vergleich zu seinem vorherigen Gehalt – ganz abgesehen davon, dass aus einem Profifotografen ein Gastwirt in seinem eigenen Haus wurde. Diese Demütigung wurde vergrößert durch die Kränkung, dass er sich in den Nächten, in denen er Gäste hatte, in einen abgelegenen Raum seines Hauses zurückziehen musste und nur in der örtlichen Sporthalle duschen konnte. Zwölf Nächte – oder 40 Prozent – eines Monats versteckte er sich in einem Kaninchenbau innerhalb seines eigenen Hauses, während vollkommen Fremde sturmfreie Bude hatten.

Aber hey, so kam Geld rein. Deshalb stellte sich die Frage: Welche weiteren »Aktivposten« konnte er »monetarisieren«? Nun, wie wäre es mit dem schicken Toyota Prius, einem Hybridauto? Vier Abende pro Woche machte er mithilfe des Fahrdienstes Lyft aus seinem Auto ein Taxi. Nun war dieser preisgekrönte Fotograf auch noch Taxifahrer – in seinem eigenen Auto. Da seine alte Karriere auf Eis lag, wenn nicht sogar ganz vorbei war, suchte er nach Websites und Apps, über die er Teile seiner teuren Kameraausrüstung vermieten konnte.[16]

Willkommen in der Sharing Economy. Frederic Larson und Millionen wie er sind in zunehmendem Maß gezwungen, sich abzumühen, um irgendetwas von Wert zu finden, damit Geld hereinkommt. Mehr und mehr Menschen mit geringem Einkommen müssen nicht nur ihre Häuser und Autos, sondern ihr ganzes Leben darauf abklopfen, ob es sich »monetarisieren« lässt. Das wirtschaftsfreundliche Magazin *Forbes,* ein Fürsprecher des Plattformkapitalismus, schwärmte überschwänglich von den Aussichten: »Nur wenige Quadratmeter in einer Auffahrt können nun Einkommen generieren via Parking Panda. Ein hundefreundlicher Raum in Ihrem Haus kann eine Tierpension werden via DogVacay. Über Snap-Good kann ein Bohrer, der nutzlos in der Garage herumliegt, nun 10 US-Dollar pro Tag einbringen, indem Sie ihn an jemanden vermieten, der schnell eine Trockenmauer in seinem Haus errichten will. Auf Liquid kann für 20 US-Dollar pro Tag ein ungenutztes Fahrrad für Touristen bereitgestellt werden, die auf der Suche nach einem günstigen fahrbaren Untersatz sind für ihren Stadtbesuch.«

Freddie Larson zählt zu den glücklicheren Menschen. Er hat eine erfolgreiche Karriere hinter sich und verfügt über ein paar Besitztümer, die er monetarisieren kann. Wie aber steht es um jene, die nur eines haben, das sie vermieten können: ihre Arbeitskraft?

Für sie haben sich die Entscheider der Sharing Economy

etwas anderes ausgedacht – etwas, das in seinen Auswirkungen beinah mittelalterlich ist: Upwork & Co. Neben Upwork gibt es in San Francisco Start-ups wie beispielsweise Fiverr, TaskRabbit, Handy, Guru, Zaarly oder Freelancer.com. Das sind alles Websites und mobile Apps, die als »Arbeitsmakler« fungieren: Hier treten Auftragnehmer ohne jede soziale Absicherung gegeneinander an und feilschen um Aufträge, wobei zumeist derjenige den Zuschlag erhält, der das niedrigste Angebot macht.

Nehmen wir zum Beispiel Leena Chitnis, eine Fulbright-Stipendiatin, die ein Wirtschaftsstudium an der Syracuse University in New York absolviert hat. Um sich während ihrer Suche nach einer Festanstellung zu finanzieren, erledigte Leena Chitnis Mikro-Gigs über Fiverr. Fiverr ist eine Online-Jobbörse, die Anbieter und Abnehmer von unterschiedlichen Aufträgen und Dienstleistungen zusammenbringt, deren Honorar gerade mal 5 US-Dollar pro Job beträgt (also einen Fünfer, daher der Name des Unternehmens). Nachdem sie 27 Aufträge erfüllt hatte, stellt Leena fest, dass sie insgesamt 176 US-Dollar verdient hatte. »Ich habe Bettler gesehen, die auf der Straße innerhalb weniger Stunden mehr eingenommen haben als ich«, meint sie.

Charlie Pye, ein weiterer Multi-Mikrounternehmer aus den USA, versuchte, mittels TaskRabbit, Uber und weiteren Websites seinen Lebensunterhalt zu bestreiten. Aber er musste feststellen, dass er wie in einem Hamsterrad auf der Stelle rotierte. »Die Honorare, die angeboten werden, sehen im ersten Moment ganz anständig aus, aber nur, bis du merkst, dass du die Hälfte deiner Zeit damit verbringst, [zwischen deinen Gigs] zu pendeln oder dich mit Spinnern herumzuärgern, wovon weder das eine noch das andere bezahlt wird. Davon muss man dann die 15 Prozent abziehen, die man als Selbstständiger in den USA an Steuern abführen muss [um sowohl den Arbeitgeber- als auch den Arbeitnehmeranteil der Sozialabgaben abzudecken], wie auch die Gebühr, die die Site nimmt [normalerweise 10 bis 30 Prozent von jedem Gig]. Bei einigen Jobs konkurriert man mit Leuten aus Entwicklungs-ländern, und da wird es dann wirklich ätzend.«[17]

Befürworter dieser neuen Art des Arbeitens heben gern die Flexibilität hervor, die diese Arbeiter genießen und die es ih-nen erlaubt, ihre Zeit frei einzuteilen, um sich der Familie, den Freunden und den Hobbys widmen zu können. Das klingt wirklich super, wer würde nicht gern über seine Zeit frei verfügen können? Aber in vielen Fällen ist die Freude daran nur von kurzer Dauer und viel zu romantisiert. Jake Blumgart, ein freier Autor, fasst die Widersprüche treffend zusammen.

»Es stimmt schon«, sagt er, »wenn du vollkommen selbst-ständig bist, kannst du deine Arbeitszeit frei gestalten. Aber diese Freiheit ist eine Illusion, wenn du genügend Geld ver-dienen willst, um die Gesundheitsfürsorge zu bezahlen, Geld zurückzulegen, eine gewisse Altersvorsorge zu schaffen und den Anschluss an die Mittelschicht nicht zu verlieren. Als Freelancer habe ich immer mehr als fünfzig Stunden pro Wo-che gearbeitet, oftmals fast sechzig Stunden, und immer musst du auch Zeit am Wochenende investieren.«[18] Es ist schwierig, sich seine Zeit frei einzuteilen, wenn man rund um die Uhr arbeitet.

Kurz gesagt: Um ein ausreichendes Einkommen zu haben, müssen Freelancer in der Start-up-Wirtschaft sich unermüd-lich abstrampeln, um die verschiedenen Kurzzeit-Gigs unter einen Hut zu bekommen, von denen einige zwei Wochen, an-dere zwei Tage und wieder andere nur zwei Stunden dauern. Aber nicht, dass Sie nun denken, bei Chitnis, Pye und Blum-gart würde es sich um arbeitsscheue, missmutige Charaktere handeln: Lukas Biewald, Mitgründer und CEO von Crowd-Flower, einem weiteren Job-on-Demand-Unternehmen aus San Francisco, nimmt die Unternehmerperspektive ein: »Letztendlich zahlen wir den Menschen zwischen 2 und 3 US-Dollar pro Stunde«, sagte er in einem Interview.[19]

Das ist weniger als die Hälfte des in den USA bundesweit geltenden Mindestlohns. Biewald und andere Unternehmen wie Uber können sich das herausnehmen, weil ihre Mitarbeiter als Subunternehmer nicht unter die entsprechenden Arbeitsgesetze fallen. CrowdFlower und Uber machen sich den Vorteil zunutze, dass es schwierig ist, die Onlinetransaktionen wie auch die Art der Tätigkeiten nachzuvollziehen, die die Auftragnehmer ausführen. Menschen, die dem ausgeliefert sind, berichten, dass sie oftmals zusätzlich unbezahlte Arbeit für einen Auftraggeber leisten müssen; erheben sie dagegen Einspruch, können sie durch eine schlechte Bewertung vonseiten des Auftraggebers abgestraft werden, was dazu führen kann, dass sie ohne Vorwarnung von der Plattform ausgeschlossen werden.

Ansprüche auf den Mindestlohn gelten hier also nicht. Tausende Auftragnehmer der Sharing Economy können Horrorgeschichten von ihren Erfahrungen in der »An/Aus«-Wirtschaft erzählen. Die Arbeitsbedingungen sind so schlecht, dass es inzwischen sogar Kunden auffällt. Eine Nutzerin von TaskRabbit, eine Kolumnistin des *San Francisco Chronicle,* die einen »Rabbit« (ja, die Auftragnehmer bei TaskRabbit werden tatsächlich »Hasen« genannt) für die Hausarbeit engagieren wollte, war überrascht, wie niedrig die Honorarforderungen all der Anbieter waren, die auf ihre Annonce antworteten. Offensichtlich, so schreibt sie, seien diese Menschen »ganz wild darauf, für weniger Geld pro Stunde zu arbeiten, als ich als Teenager fürs Babysitten bekommen habe«.[20] Während sich ihr Posteingang mit immer niedrigeren Angeboten von verzweifelten »Hasen« auf der Suche nach Arbeit füllte, fühlte sie sich, als würde sie Kandidaten der Spielshow *Der Preis ist heiß* beobachten.

Aber es handelt sich hier mitnichten um eine Spielshow,

und die Beteiligten sind keine Kandidaten. Es sind sogenannte »unabhängige«, »selbstständige« Arbeitnehmer – Auftragshasen, Subunternehmer, Zeitarbeiter, Tagelöhner, Clickworker, Crowdworker, Freelancer, Gig-Nehmer, Solo-Selbstständige, vorübergehend Beschäftigte und Dauerzeitarbeiter. Dies ist sozusagen ein neues Klassifizierungsschema für eine Arbeitnehmerschaft, die segmentiert wird in verwirrend viele Kategorien von Arbeit, die im Prinzip eine neue Form von Zwangsarbeit darstellen.

Die Zahl dieser »Arbeitsvermittlungen« ist in den USA ebenso wie in Europa angestiegen. Zudem gibt es neben Upwork eine wachsende Anzahl »dezentralisierter« Unternehmen wie beispielsweise WordPress, Basecamp, Genuitec und GitHub, deren virtuelle Arbeitnehmerschaft über die ganze Welt verstreut ist und von einer kleinen Zentrale aus kontrolliert wird. Die Anzahl dieser »dezentralisierten« Erwerbstätigen hat sich während des letzten Jahrzehnts verdoppelt.[21] Viele der Freiberufler und selbstständigen Vertragsarbeiter sind kaum bessergestellt als unterbezahlte Tagelöhner, sie verschachern ihre Arbeitskraft im direkten Wettbewerb mit anderen. Es ist kein Zufall, dass in der größten wirtschaftlichen Krise seit hundert Jahren diese On-Demand-Unternehmen an Zugkraft gewonnen haben – mit der Folge, dass die gefährdetsten Arbeitnehmer auch diejenigen mit nach unten ziehen, die am gesichertsten schienen. Die Gurus der Start-up-Economy präsentieren diese gern als Ausweg aus den sich seit Jahrzehnten verschlechternden Arbeitsbedingungen und Arbeitsangeboten, aber ein Uber-Fahrer, mit dem ich sprach, spottete über den Ausdruck »Sharing Economy«: »Das ist eher eine ›Kampf um die Krümel‹-Economy.«

Fürsprecher des Plattformkapitalismus heben hervor, dass Uber, Airbnb, TaskRabbit, Handy und andere Unternehmen niedrigpreisige, für jeden erschwingliche Dienstleistungen ermöglichen, was den Kunden zugutekäme; und Millionen von Verbrauchern nehmen diese Services durchaus gern an. »Die Kunden zuerst« lautet eine der Kardinaltugenden des Silicon Valley. Die Fürsprecher betonen außerdem, dass diese Unternehmen für Arbeitnehmer in einer schwierigen Wirtschaftslage eine zusätzliche Einkommensquelle darstellen; darin steckt durchaus ein Körnchen Wahrheit. Einige hoch qualifizierte Berufsgruppen, beispielsweise in der Technologiebranche, können als Freelancer und Subunternehmer tatsächlich angemessene Honorare einfordern und auch die Flexibilität genießen: Wer einen bestimmten Auftraggeber nicht mag, wechselt einfach zu einem anderen. Aber viele der schlechter bezahlten Berufsgruppen stehen den Dynamiken irregulärer Arbeitsverhältnisse eher ohnmächtig gegenüber. Lediglich wenn man unterbeschäftigt ist oder gar keinen Job hat, sind Mikro-Gigs immer noch besser, als niedergeschlagen und mittellos Däumchen zu drehen. Und jenen, die vom regulären Arbeitsmarkt ausgeschlossen sind – also Menschen, die in der Regel Probleme haben, eine Anstellung zu finden wie beispielweise Einwanderer, Berufseinsteiger, bis zu einem gewissen Grad auch Frauen und ältere Menschen –, können Gig-Jobs den Weg in befristete Jobs oder in Kurzzeitarbeit ebnen.

Jedem, der Geld verdient über diese Plattformen, zum Beispiel als Uber-Fahrer oder als Taskrabbit, sage ich: »Wenn es für dich funktioniert und du so ein Einkommen hast, dann bleib dabei, solange du kannst.« Aber Ubers interne Zahlen zeigen, dass die Hälfte ihrer Fahrer innerhalb eines Jahres wieder aufhört, denn letztlich handelt es sich nicht um einen guten Job. Viele Amerikaner, die durch die Weltwirtschaftskrise 2008 ihre unbefristete Arbeitsstelle verloren haben und in die unsichere Welt der prekären Arbeit abgerutscht sind, leben inzwischen in einem Paralleluniversum. Sie hetzen von Job zu Job, schließen Verträge mit den unterschiedlichsten Auftraggebern ab, verdienen weniger als vorher, während sie gleichzeitig weniger Beschäftigungssicherheit haben. Einige verdienen ihren Lebensunterhalt von zu Hause aus oder in einem sogenannten Co-Working-Space, in dem man sich Büroräume und Kosten teilt, jedoch unabhängig voneinander im eigenen Eckchen vor sich hin schuftet, umgeben von anderen Click- oder Crowdworkern – so genannt, weil sie ihre Arbeit an jedem Ort für jeden Auftraggeber online erledigen können.

Es gibt viele Überschneidungen zwischen den einzelnen Kategorien von »unabhängiger« Arbeit – viele Menschen wechseln von Kurzzeit- zu Vollzeit- zu Zeitarbeit, von Solo-Selbstständigkeit zum Subunternehmertum zur Freiberuflichkeit, vom Minijobber zum Gig-Nehmer und wieder zurück – und zwar während ihres gesamten Arbeitslebens. Rebecca Smith, stellvertretende Direktorin des National Employment Law Projects (NELP), einer Nichtregierungsorganisation, die sich in der Rechtshilfe insbesondere für Geringverdienende und Arbeitslose engagiert, sagt, dass Unternehmen wie Upwork, TaskRabbit, Postmate und Uber gern so auftreten, als wären sie hip, cool und völlig anders als die herkömmlichen Arbeitgeber, und zwar, weil sie sämtliche Arbeitsabläufe mithilfe moderner Technologien verwalten. »Aber im Grunde«, erklärt sie, »agieren sie wie die Vermittlungsagenturen für Wanderarbeiter in der Landwirtschaft oder der Textilproduktion in alten Zeiten.«

Die Zukunft der Arbeit in der »Kampf um die Krümel«-Economy

Wenn wir einen genaueren Blick darauf werfen, was diese Art von Arbeit für die Gesellschaft wie auch für die Zukunft der Arbeit bedeutet, müssen wir feststellen, dass dies wesentliche Fragen zu der eigentlichen Bedeutung von Arbeit aufwirft. Denn die »Kampf um die Krümel«-Economy macht aus der anhaltenden Tragödie der Arbeit eine tiefgreifende existenzielle Krise.

In einer regulären Anstellung wird ein Arbeitnehmer für ein bestimmtes Stundenkontingent pro Tag, Woche, Monat oder Jahr bezahlt. Kurze Pausen, Toilettenbesuche, Meetings, Fortbildungen – all dies ist inklusive. Sogar die Zeit an der Kaffeemaschine oder in der Cafeteria mit Kollegen ist in der bezahlten Zeit eingeschlossen (und das sind die Orte, an denen die besten Ideen entstehen!). Sicherlich, es gibt Menschen, die dieses Arrangement missbraucht haben, aber im Großen und Ganzen hat es sich über mehr als sechzig Jahre sowohl für Arbeitnehmer als auch für Arbeitgeber bewährt, und zwar in den USA, in Deutschland wie auch anderswo.

Aber der Vormarsch der Freelance-Gesellschaft bedeutet eine massive Umwälzung dieser Übereinkunft. Im Namen der Hypereffizienz werden nun die »freien« Bereiche eines Arbeitstags beschnitten. Mikro-Gigs, die über Firmen wie TaskRabbit und Upwork vermittelt werden, reduzieren den Wert einer Arbeitskraft auf die genaue Minutenzahl, die sie braucht, um einen Gartentisch zu streichen, eine Website zu gestalten, einen Text zu übersetzen, den Boden zu wischen oder ein bestimmtes Produkt herzustellen. Es gibt keine jährlichen oder monatlichen Festgehälter. Das ist so, als ob ein Spitzenfußballer wie Miroslav Klose nur für die Tore bezahlt würde, die er schießt, und nicht für die übrige Zeit auf dem Spielfeld oder beim Training; oder wenn ein Küchenchef lediglich pro zubereitetem Essen oder ein Arzt pro Patient beziehungsweise Operation bezahlt wird. Die neuen digitalen Plattformen sind äußerst geschickt darin, einen Job in einzelne Tätigkeiten aufzuspalten, sodass Unternehmen letztlich nur noch für die konkreten, genau definierten Arbeitsschritte zahlen.

Kurz gesagt: Das ist ein Rückschritt zur Akkordarbeit des 19. Jahrhunderts, ohne Vergütung für die Arbeitsvorbereitung, für Weiterbildung oder Recherche. Es wird lediglich für ein bestimmtes Produkt oder eine bestimmte Dienstleistung bezahlt und erst bei Lieferung. In dieser modernen Fassung der Akkordarbeit wird die Arbeitsleistung konstant überwacht, analysiert und durch das Unternehmen beurteilt. Hinzu kommt die Kundenzufriedenheit, denn auch die Verbraucher bewerten die Leistung mit ein bis fünf Punkten oder Sternen, alles protokolliert im Smartphone, das nun eher einem algorithmischen Aufseher gleicht als einem Instrument zur Befreiung. Wenn die Bewertungen zu niedrig ausfallen, wird man automatisch von der Plattform ausgeschlossen. *Fired by algorithm* – gefeuert durch Algorithmus.

Dieser Rückschritt zu einer modernen Version der Arbeitsverhältnisse des 19. Jahrhunderts ist schlimm genug, aber es wird noch schlimmer. Arun Sundararajan, Professor an der wirtschaftswissenschaftlichen Fakultät der New York University und Fürsprecher der Sharing Economy, ist begeistert von der Hypereffizienz dieses neuen Wirtschaftskonzepts mitsamt seiner Erfassung der Kundenzufriedenheit.[22] Auf diese Weise, erklärt er, »nutzen die Menschen die zur Verfügung stehende Zeit effizienter«. Wir sähen Zeiten entgegen, in denen einige der Erwerbstätigen über »ein Portfolio an Tätigkeiten [verfügen werden], um Einkommen zu generieren – du kannst ein Uber-Fahrer, ein Instacart-Auslieferer, ein Airbnb-Vermieter und ein Taskrabbit sein«, sagt er.[23] Verdienstmöglichkeiten ergäben sich automatisch durch Benachrichtigungen über Jobangebote, die man auf sein Smartphone erhält.

Im nächsten Schritt (über die Klippe hinaus) können wir sogar »klicken und verdienen«, während wir in der Schlange von Starbucks auf einen Latte macchiato warten oder im Wartezimmer eines Arztes oder auf dem Heimweg im Bus sitzen. Amazons App Mechanical Turk wie auch eine App mit dem Namen Spare5 ermöglichen es uns, Geld durch »Nanojobs« zu verdienen – durch Aufträge, die noch kleiner sind als Mikrojobs. Man loggt sich in die App ein und verdient Geld von überall aus. Das ist nur der nächste logische Schritt der Sharing Economy, also gehen wir vorwärts, wagen wir den Sprung.

Einer dieser Nanojobs ist zum Beispiel das Taggen von Fotos – das Zuordnen von Stichworten – für Onlinehändler, um Kleidungsstücke oder Hotelzimmer mit toller Aussicht zu beschreiben, alles Dinge, die helfen, dass Menschen bei der Suche im Internet schneller auf das treffen, was sie suchen. Sarah Kessler vom Magazin *Fast Company's* hat es ausprobiert, sie hat zwei Stunden pro Tag Foto-Slideshows mit Stichworten versehen, fürstlich bezahlt mit 5 US-Cent pro Foto. Jede Slideshow bestand aus fünf Fotos, und für jedes Foto gab es elf Seiten mit Auswahlmöglichkeiten an Stichworten. »Es gibt Slideshows von Katzen auf Sofas, Katzen auf Betten, Hunde auf Betten. Katzen in Waschbecken. Hunde mit Keksen, Katzen mit Pizza«, sagt Kessler. »Letztendlich waren 55 Klicks nötig, um 5 US-Cent zu verdienen. Ich kam auf 1,94 US-Dollar pro Stunde.«[24]

Eine andere Nanojobberin versuchte ihr Glück, indem sie Fotos für den Internethändler Zulily taggte: Sie ordnete Frauenschuhen Stichworte wie »Sandale« und »Ballerinas« zu, damit bei der Onlinesuche die richtigen Paare angezeigt wurden. Und der Verdienst? Rund 1,30 US-Dollar pro Stunde. Aber hey, das macht man schließlich in der Freizeit, nicht wahr? Freizeit gibt es umsonst. Wer braucht schon Freizeit?

Sundararajan beschreibt diese Effizienz mit einem Begriff, der an George Orwell erinnert: Er nennt es »die Auszeit monetarisieren«. Lassen Sie das einmal auf sich wirken: *die Auszeit monetarisieren.* Entspannung braucht kein Mensch – was für eine Zeitverschwendung. Während wir auf etwas warten, können wir nun ein bisschen Geld durch Nanojobs nebenher machen. Wenn das für Sie wie eine verlockende Zukunft klingt, dann nichts wie ran an Mechanical Turk und Spare5.

Wenn man arbeitslos ist, ist jede Art von Einkünften hilfreich. Aber diese Erwerbstätigen leben auf dieser Job-für-

Job-Basis, sie sind unter Vertrag bei zahlreichen Auftraggebern. Als Krönung werden sie nicht bezahlt für die vielen Stunden, die es dauert, nach dem nächsten Job zu suchen. Viele Jobber beschweren sich, dass es Stunden und Tage in Anspruch nimmt, um den nächsten Gig zu ergattern, sie nehmen an Online-Auktionen teil, stellen ihre Angebote ein – aber viele Aufträge kommen dabei nicht heraus. Die Arbeit – ebenso wie der Verdienst – ist nicht berechen- oder vorhersehbar. Zusätzlich müssen diese »unabhängigen« Arbeitnehmer ihr Einkommen von verschiedenen Auftraggebern aktiv eintreiben, indem sie Rechnungen stellen; sie müssen die vollen Kosten für ihren Arbeitsplatz und sämtliche Arbeitsmittel tragen; sie müssen die Krankenversicherung vollständig allein zahlen und sich um ihre Altersvorsorge selbst kümmern, ohne dass sie dafür Zuschüsse oder einen Rentensparplan von Arbeitgeberseite erhalten; sie müssen selbst die Einkommensteuer an die Finanzbehörden abführen – und als unabhängige Subunternehmer werden sie in den USA bei den Sozialabgaben doppelt zur Kasse gebeten, weil sie sowohl als Arbeitgeber als auch als Arbeitnehmer eingestuft werden und deshalb, wie schon erwähnt, den Arbeitgeber- *und* den Arbeitnehmeranteil bezahlen müssen (was bedeutet, dass sie zusätzlich fast 8 Prozent Abgaben auf jeden eingenommenen US-Dollar zahlen).

Sie müssen nicht nur Rechnungen an alle ihre Auftraggeber verschicken, sie müssen auch prüfen, ob sie beglichen wurden. Die amerikanische Freelancers Union hat festgestellt, dass rund 70 Prozent der Freiberufler von mindestens einem Auftraggeber nicht bezahlt werden, was diese durchschnittlich 6000 US-Dollar pro Jahr kostet. Sie müssen ihre eigenen Buchhalter und Rechnungsprüfer sein, Fähigkeiten, über die nicht jeder verfügt. Sogar diejenigen, deren Einkünfte ausreichend hoch sind, müssen mit der quälenden Unsicherheit leben, woher der nächste Auftrag kommen mag und wie lange es gut gehen kann, so viele Bälle gleichzeitig in der Luft zu halten. Viele ehemals einfache und übersichtliche Bereiche des Lebens sind nun wesentlich komplizierter geworden. Professor Irvin Schonfeld von der City University of New York, ein Experte auf dem Gebiet der Occupational Health Psychology, einer Grenzdisziplin zwischen der Klinischen Psychologie und der Arbeits- und Organisationspsychologie, ist Koautor einer Studie, die zu dem Schluss kam, dass die beiden häufigsten Stressoren von Selbstständigen die Einkommensunsicherheit und die extrem hohe Arbeitsbelastung sind. Viele der Selbstständigen, die an der Studie teilnahmen, litten unter Angst und Depressionen.

Die Nanoisierung der Arbeit in immer kleinere Gigs ist eine schräge und verrückte Lehre aus dem Silicon Valley. Sie ist der folgerichtige Höhepunkt einer technologiegetriebenen Doktrin, der es vor allem darum geht, menschliche Wesen hypereffizient einzusetzen, als wären sie Maschinen. Oder vielleicht korrekter: als wären Menschen einfach weiteres Maschinenfutter. Arun Sundarararjan sagt, dass »Angebote wie Spare5 diejenigen Menschen ermächtigen, die selbst entscheiden wollen, wann und wie sie arbeiten – selbst wenn es nur für Peanuts ist«.[25] Wahrscheinlicher ist jedoch, dass sie jeden in »psychotische Entrepreneurs« verwandeln, wie der Technologiekritiker Evgeny Morozov es nennt – immer gestresst, ängstlich und um den nächsten Job buhlend, während jede Interaktion aufgezeichnet, bewertet und gespeichert wird.[26] Robert Reich, Arbeitsminister während der US-Präsidentschaft von Bill Clinton, fragt: »Können Sie sich vorstellen, was passiert, wenn wir in einer Wirtschaft leben, die den Menschen zum Hilfsarbeiter des Computers degradiert, in der jeder rund um die Uhr Akkordarbeit leistet und niemand weiß, wann der nächste Job kommt und wie viel er einbringen wird? Was für ein Privatleben können wir dann noch führen, welche Art von Beziehungen, welche Art von Familien?«[27]

Aus diesem Grund bedeutet die »Kampf um die Krümel«-Ökonomie mehr als eine Tragödie für die Arbeitswelt – sie beschwört eine Existenzkrise herauf. Das ist ein Hyper-Neoliberalismus, der überall und aus allem und jedem Märkte generiert. Laut der Ökonomin Juliet Schor wirft uns das zurück in ein »postindustrielles kleinbäuerliches Lebensmodell« mit »einer Mixtur aus verschiedenen Tätigkeiten und Einkommensarten sowie unterschiedlichen Zugängen zu Gütern und Leistungen, beispielsweise über Tauschhandel. Darauf steuern wir zu.«[28] Das McKinsey Global Institute fügt hinzu, dass »die industrielle Revolution große Teile der Arbeiterschaft aus der Selbstständigkeit in Arbeitsverhältnisse mit regelmäßiger Lohnzahlung gebracht hat. Nun schickt sich die digitale Revolution an, diese Entwicklung umzukehren.«[29] Und zwar sowohl in den USA als auch in Europa.

In den Medien wurde oft thematisiert, dass jüngere Menschen, die Millennials der Generation Y, die mit blinkenden Computergadgets aufgewachsen sind, mit der App-basierten digitalen Wirtschaft besser zurechtkommen als ältere Menschen. Aber die den *digital natives* unterstellte Affinität ist reichlich übertrieben. Und dennoch halten die Medien an der Idee fest, dass die Generation Y besonders gut gerüstet sei für ein Leben mit flexiblen Kurzzeitbeschäftigungen und dass die Jugend eher am persönlichen Glück als an einer lukrativen Karriere interessiert sei und nicht so sehr danach strebe, Besitztümer wie Haus und Auto anzuhäufen. Das stimmt zweifellos, aber es trifft im Prinzip auf die jungen Menschen einer jeden Nachkriegsgeneration zu, ob nun Beatniks, Hippies, Discogänger, die Reagan-Jugend, die Generation X oder andere. Die meisten Menschen Mitte zwanzig lassen sich Zeit damit, in Vollzeitkarrieren einzusteigen. Aber viele Millennials, die sich ihrem dreißigsten Geburtstag nähern, beginnen wie die vorhergehenden Generationen Ausschau zu halten nach einem geregelten Arbeitsverhältnis und einem gesicherten Einkommen; sie denken darüber nach, eine Familie zu gründen, ein Haus zu kaufen oder sich ein Auto anzuschaffen. Und womit sie dann konfrontiert sind, ist eine harsche Realität: Viele von ihnen werden schlechter bezahlt und arbeiten auf einem niedrigen Qualifikationsniveau mit schlechteren Berufsaussichten als ihre Eltern und Großeltern.[30]

Das sei kein Grund zur Sorge, behaupten die Gurus der Start-up-Wirtschaft, denn diese Millennials seien Macher und Gründer mit Eigeninitiative, eine Million Mark Zuckerbergs, die nur darauf warten loszulegen. Aber auch das ist eine Übertreibung: In Wirklichkeit ist die Zahl der jüngeren Menschen, die ein eigenes Unternehmen aufbauen, in den USA auf einem so niedrigen Niveau wie seit 24 Jahren nicht mehr.[31] Und der tatsächliche Grund, warum viele Millennials nicht auf Besitz aus sind, ist ganz schlicht, dass sie ihn sich nicht leisten können. Viele junge Menschen sind so mittellos, dass sie nach dem College zurück zu ihren Eltern ziehen. Die Zukunftsaussichten sind für die meisten von ihnen düsterer denn je; wie sich zeigt, war man mit einem Bachelorabschluss *vor* der digitalen Revolution besser dran als heute.

Der Blick auf die Entwicklung der US-Volkswirtschaft in den letzten Jahrzehnten erklärt die neueste Wendung: Das verstärkte Ausnutzen der Gesetzeslücke, die den Einsatz von unabhängigen Subunternehmern in Unternehmen erleichtert, höhlt in hohem Tempo die Beziehung zwischen Arbeitgeber und Arbeitnehmer aus, die über viele Jahrzehnte hinweg entstanden ist. In der Start-up-Wirtschaft haben Arbeitgeber einen starken Anreiz, ihre gesamte Belegschaft zu entlassen und die Personalkosten auf drastische Weise zu senken, indem sie mehr und mehr irreguläre, »unabhängige« Auftragnehmer engagieren. Die Apps und Websites der Sharing beziehungsweise Start-up-Economy machen dies leichter als je zuvor. Und da diese Plattformen immer besser und rationeller funktionieren, warum sollte da nicht *jeder* Arbeitgeber den größten Teil seiner Belegschaft entlassen und durch so viele Zeit-arbeiter, Subunternehmer und Freelancer ersetzen wie nur möglich? Jeder Unternehmer würde fahrlässig handeln, täte er nicht das Gleiche wie seine Konkurrenz. Diese falschen Anreize bedrohen weltweit die Arbeitnehmerschaft und ma-chen aus Erwerbstätigen wenig mehr als Tagelöhner. »Eine Rückkehr zum Feudalismus ist im Augenblick durchaus möglich«, sagt Professor Nathan Schneider von der Universi-ty of Colorado-Boulder.[32] Und tatsächlich haben diese Platt-formen trotz ihres modernen Auftretens etwas Mittelalter-liches, auch wenn sie es mit dem New-Age-Vokabular des Teilens bemänteln.

Willkommen in der Freelance-Gesellschaft. Millionen von US-Amerikanern leben bereits in dieser neuen Realität – als Vorboten dessen, was auf zig Millionen Arbeitnehmer in den USA, Deutschland und Europa noch zukommen wird. Sie sind die neuen Arbeitskräfte des digitalen Zeitalters, gezwun-gen von gewaltigen ökonomischen Kräften, von Job zu Job zu wechseln, von Auftraggeber zu Auftraggeber, ausgestattet mit einem viel zu kleinen Sicherheitsnetz, das sie kaum auf-fangen kann, wenn sie fallen. Millionen von Erwerbstätigen verlieren den festen Boden unter den Füßen, wenn sie zu Freiberuflern, Zeitarbeitern oder Minijobbern werden, wenn sie von Gigs leben oder Uber-iziert werden. Für ein Land wie Deutschland, dessen wirtschaftlicher Erfolg auf seiner Sozial-wirtschaft und seiner einzigartigen Form eines sozialen Ka-pitalismus basiert, stellen diese Veränderungen eine direkte Bedrohung dar. Die Stabilität des deutschen Modells ist in Gefahr.

2
Start-up-Himmel –
oder Start-up-Hölle?

Deutschland und Europa setzen seit einiger Zeit im großen Stil auf die Entwicklung einer eigenen Digitalwirtschaft. Um das zu fördern, was mitunter als die »vierte industrielle Revolution« beschrieben wird, werden Millionen von Euros investiert und Prioritäten neu gewichtet. In einer Rede betonte Kanzlerin Angela Merkel, wie bedeutsam es sei, eine »Start-up-Kultur« zu entwickeln, da Start-ups die »Hefe« seien, dank derer die deutsche Wirtschaft wachse.[1] Viele große deutsche Unternehmen wie beispielsweise Axel Springer, Bosch, Siemens, aber auch Konzerne aus der Automobilindustrie und anderen Branchen setzen verstärkt auf die digitale Wirtschaft. Einige von ihnen haben sogenannte Acceleratoren – Beschleuniger – für Start-ups ins Leben gerufen. Dabei handelt es sich um Tochterfirmen, die Startkapital und Unterstützung für Gründer bereitstellen. Mit ihrer »Digitalen Agenda 2014–2017« und Initiativen wie »Industrie 4.0« und »Arbeiten 4.0« unterstreicht die Bundesregierung ihre Absicht, Deutschland zum »digitalen Wachstumsland Nummer eins in Europa« zu machen. Dies soll mithilfe von Steuererleichterungen sowie staatlicher Förderung für Gründer, Investoren und Firmen vonstattengehen.

Für die Europäische Kommission ist die digitale Wirtschaft »der wichtigste Treiber für Innovation, Wettbewerbsfähigkeit und Wachstum«.[2] Deshalb versucht sie, Start-ups den Zugang zu Risikokapital zu erleichtern. So wurde beispielsweise das Programm »Horizont 2020« ins Leben gerufen, das 2016 mehr als 350 Millionen Euro bereitstellte, um EU-weit die Gründung von Start-ups zu fördern, in der Hoffnung, auf diese Weise einem europäischen Technologiegiganten auf die Sprünge zu helfen, der Facebook oder Google Konkurrenz machen kann. Mit ihrer Initiative »Startup Europe« möchte die EU-Kommission die entsprechenden Voraussetzungen schaffen; dazu gehören Empfehlungen für digitale Strategien der Mitgliedsstaaten sowie die Unterstützung durch die »Digital Champions«, den »Startup Europe Leaders Club« sowie das »Tech All Stars«-Programm und den »Europioneer Award«. Mehrere europäische Länder, darunter insbesondere Großbritannien, Schweden, Frankreich, Österreich, die Schweiz und die Niederlande, treiben die Digitalisierung der Wirtschaft bereits in großem Maß voran.

Da ich viele Jahre mitten im »Start-up-Himmel«, dem Silicon Valley, gelebt habe, denke ich angesichts solcher Entwicklungen oft: »Seid vorsichtig mit dem, was ihr euch wünscht!« Zwar steigern Innovation und mutiges Unternehmertum mit neuen Geschäftsmodellen, Produkten und Dienstleistungen in verschiedener Hinsicht unsere Lebensqualität, gleichzeitig jedoch hat das Start-up-Modell auch negative Auswirkungen. Deutschland und Europa sollten deshalb gut darüber nachdenken, ob sie den Gurus des Silicon Valley und ihren Lehren blind folgen wollen.

Wenn Fehler zu Erfolgen werden und Erfolge zu Fehlern

Wie wir im vorherigen Kapitel gesehen haben, fördert die gar nicht so teilende »Sharing« Economy den Rückschritt in die ungesicherte Selbstständigkeit und die Akkordarbeit des 19. Jahrhunderts. Das hat nicht nur Auswirkungen auf die einzelnen Arbeitnehmer und die Erwerbsbevölkerung als Ganzes, auch die Unternehmen selbst unterliegen großen Umbrüchen, die unter anderem ihre Geschäftsmodelle grundlegend infrage stellen.

Was sich niemand in Deutschland eingestehen möchte, ist das offene Geheimnis des Silicon Valley: Sieben von zehn Start-ups in den USA scheitern, und neun von zehn erzielen nie einen Gewinn.[3] US-amerikanische Firmen wie Cherry (Autowaschanlagen), Prim (Wäscheservice), Rewinery (Wein), HomeJoy (Gebäudereinigung) und andere, die als digitale Pioniere ihrer Branche gepriesen wurden, sind allesamt bankrottgegangen, einige mit Getöse, die meisten von ihnen jedoch ganz leise. Das beste Beispiel ist SnapGood, ein Unternehmen, das Journalisten auch heute noch gern heranziehen, um zu zeigen, wie ein cooles, hippes Start-up es Menschen ermöglicht, mit ungenutzten Dingen Geld zu verdienen, indem sie beispielsweise Bohrmaschinen, die langsam Staub ansetzen, oder überzählige Fahrräder vermieten – obwohl SnapGoods schon im August 2012 von der Bildfläche verschwunden ist. Nur in der Fantasie der Fürsprecher der digitalen Wirtschaft lebt es noch fort. In den späten 1990er-Jahren, im Zuge der Technologieblase, gab es ebenfalls eine Welle von Firmenpleiten: Betroffen waren bekannte Silicon-Valley-Start-ups wie Pets.com, Urbanfetch, Kozmo, Webvan, Computer.com – alle gescheitert bis spätestens 2001.[4]

Angesichts dieser Leistungsbilanz wirkt das Start-up-Konzept des Silicon Valley nicht gerade wie etwas, in das man Kapital investieren sollte – es gleicht eher einem Glücksspiel, ist mehr ein Hightech-Kasino als ein bewusstes Zusammenspiel von Planung, Innovation und Investition. Laut Schätzungen gibt es gegenwärtig rund 6000 Start-ups in Deutschland – wenn sie nicht erfolgreicher agieren als jene im Silicon Valley, werden 4500 davon scheitern und nur 600 einen Gewinn erwirtschaften. Gründungsförderer von Start-ups verteidigen ihr Vorgehen vehement als notwendig, da man niemals weiß, welches Investment sich schlussendlich auszahlen wird; deshalb muss man in viele Ideen investieren, damit bei einigen davon die Rechnung aufgeht. Würden jedoch Regierungsprogramme eine solch schlechte Erfolgsquote aufweisen, würden Steuerzahler auf die Barrikaden gehen.

Eine derartige Misserfolgsquote führt in Verbindung mit hohen Investitionssummen zu instabilen Blasen, die die geografische Region, in der Start-ups angesiedelt sind, erheblich schädigen können. Zunächst kommt es zu einem Aufschwung: Es ist viel Risikokapital im Umlauf, fantastische Pläne werden geschmiedet, darunter mehr als eine verrückte Idee. Eine Studie kam zu dem Ergebnis, dass Start-ups in erster Linie daran scheitern, dass keine Nachfrage nach ihrem Produkt oder ihrer Dienstleistung existiert – 42 Prozent der befragten Start-up-Gründer gaben das an.[5] Führen Sie sich das mal vor Augen: Diese frischgebackenen Unternehmen ziehen eine unfassbar hohe Summe an Gründungskapital an Land und haben noch nicht einmal eine Marktanalyse gemacht, um zu klären, ob ihre Produkte überhaupt attraktiv für Kunden sind. Im Hightech-Silicon-Valley beherrschen Schall und Rauch die Szenerie, sodass die CEOs oft wie High-Tech-Zirkuszauberer klingen.

In der Boomphase von Technologieblasen werden scharenweise junge Programmierer und Computercracks engagiert, die das neue Mekka regelrecht fluten. Viele von ihnen verdienen sehr gut, was die Preise für Häuser und Wohnungen in die Höhe treibt und Verkehrsstaus sowie steigende Inflation nach sich zieht, was wiederum das langfristige Raumordnungsverfahren der Region verzerrt. Platzt die Blase, wird ein Unternehmen nach dem anderen zahlungsunfähig; es kommt zu Entlassungen. Bald gibt es eine Menge arbeitsloser Geeks im Panikmodus. Die Preise auf dem Wohnungsmarkt, die erst durch ihren Zustrom in unvorstellbare Höhen getrieben wurden, sind plötzlich unerschwinglich für die völlig oder teilweise mittellosen Computercracks. Mehr und mehr Häuser werden zwangsversteigert. Restaurants und Bars, die auf die hohen Nettogehälter ihrer Kunden angewiesen sind, bleiben plötzlich leer. Die öffentlichen Haushalte sind überlastet, weil die Zahl der Arbeitslosen steigt, und die kommunalen Einkünfte gehen zurück, was zu Einsparungen und Entlassungen im öffentlichen Dienst führt. Die Blase platzt, und Tausende leiden darunter.

Es ist bezeichnend, dass innerhalb des »Start-up-Himmels« Silicon Valley die soziale Ungleichheit sehr stark ausgeprägt ist. In einer Region, die sich rühmt, einige der weltweit höchstbewerteten Unternehmen und die größte Dichte an Milliardären pro Quadratkilometer aufzuweisen, hat die Lebensmittelausgabe an Bedürftige den höchsten Stand seit zehn Jahren erreicht und ist die Zahl der Obdachlosen um 20 Prozent gewachsen. Betroffen sind aber nicht nur die Unterprivilegierten und Mittellosen, auch die Mittelschicht wird aus dem Silicon Valley hinausgedrängt wie Marmelade aus einem Berliner.

Kate Downing, eine Unternehmensanwältin, die für eine Technologiefirma in Palo Alto arbeitet, also mitten im Herzen des Silicon Valley, schilderte in einem offenen Brief, warum sie und ihr Mann, ein Softwareentwickler, aus dem Silicon Valley wegziehen müssen:

»Nachdem wir viele Jahre versucht haben, in Palo Alto zurechtzukommen, sehen mein Ehemann und ich keinen Weg mehr, wie wir hier bleiben und gleichzeitig eine Familie gründen können.« Sie und ihr Mann verfügen gemeinsam zwar über ein sehr hohes Nettoeinkommen, aber das reicht nicht, kostet doch ein Einzimmerapartment in Palo Alto durchschnittlich 2739 US-Dollar und ein Zweizimmerapartment 3659 US-Dollar pro Monat; der durchschnittliche Kaufpreis für ein Einfamilienhaus liegt bei 1,2 Millionen US-Dollar. »Ich mag mir gar nicht vorstellen, was aus Palo Alto werden und wofür es stehen wird, wenn junge Familien keine Chance haben, hier Wurzeln zu schlagen, und stattdessen die Kommune fest im Griff ist von mittelalten reichen Managern und

Investoren«, schreibt Downing. »Aus der einst blühenden Stadt wird ein ausgehöhltes Museum werden.«[6]

Ein Museum, das zu besuchen sich nur sehr wenige Menschen leisten können. Ich habe miterlebt, wie sich San Francisco durch die geplatzten Technologieblasen Anfang 2000 und dann wieder 2008 kämpfen musste. Wenn man die Argumente pro und kontra die Start-up-Economy gegeneinander aufrechnet, darf dieser Kollateralschaden auf der Minusseite nicht vergessen werden.

Die hohlen Unternehmen der Start-up-Wirtschaft

Doch nicht nur die Unternehmen und die Regionen, in denen sie angesiedelt sind, verändern sich, auch das grundlegende Konzept unternehmerischer Tätigkeit ist einem dramatischen Wandel unterworfen. Eine Konsequenz der Digitalisierung und der Globalisierung ist die Neudefinition des unternehmerischen Handelns in einer Form, die besonders das deutsche Wirtschaftssystem bedroht. Der Erfolg der deutschen Wirtschaft basiert auf betrieblicher Mitbestimmung und der Sozialpartnerschaft von Arbeitnehmer und Arbeitgeber. Wenn aber die Start-up-Wirtschaft eines tut, dann die partnerschaftliche Beziehung zwischen Arbeitgebern und Arbeitnehmern aufzukündigen.

Sowohl in den USA als auch in Deutschland war die Zeit direkt nach dem Zweiten Weltkrieg dominiert von vertikal strukturierten Industrien wie etwa der Automobilbranche. Die komplette Fertigung, die Entwicklung, das Design, das Marketing und der Vertrieb: Alles war wortwörtlich unter einem Dach gebündelt. Gemäß den Gesellschaftsverträgen auf beiden Seiten des Atlantiks wurde in der Nachkriegszeit ein großer Teil der Gewinne an die Mitarbeiter ausgeschüttet (in Form von höheren Löhnen und Sozialleistungen). Viele dieser großen Unternehmen wie GM, Ford, IBM und General Electric in den USA oder Volkswagen, Siemens, BMW und Daimler in Deutschland schufen Hunderttausende sicherer Arbeitsplätze. Daraus erwuchs eine stabile Mittelschicht.

In den 1980er- und 1990er-Jahren brachte dieses Modell einen neuen Typus von Unternehmen hervor: Nike oder Apple sind Beispiele dafür. Sie lagerten Teile der Produktion in Billiglohnländer aus – in erster Linie nach China und Indien –, um die Personalkosten deutlich zu senken. Wesentliche Bereiche wie Design, Entwicklung und Marketing blieben allerdings immer noch innerhalb der Unternehmen angesiedelt, und ein großer Teil der Gewinne kam immer noch der vor Ort arbeitenden Belegschaft zugute, allerdings nicht den ausländischen Zulieferern und ihren bitterarmen und überlasteten (und gelegentlich selbstmörderischen) Arbeitnehmern; ein Beispiel hierfür ist Foxconn in China. Diese neue Art von Unternehmen generierte bei Weitem nicht so große Mengen an Arbeitsplätzen im heimischen Markt. Apple ist zwar eines der ertragsstärksten Unternehmen der Welt, hat aber laut seiner Website nur rund 66 000 Angestellte in den USA, gerade mal ein Fünftel der Belegschaften von Automobilunternehmen oder von Firmen wie IBM oder Siemens.

Aktuell wird auch dieses Unternehmensmodell umdefiniert – zu einem neuen Typus, der von Unternehmen wie dem Fahrdienst Uber, dem Übernachtungsservice Airbnb und Jobmaklern wie Upwork und TaskRabbit verkörpert wird. Ihr Vorgänger war Amazon, das vorgemacht hat, wie man etwas über das Internet vermarktet und verkauft. Dieser neue Unternehmenstypus besteht aus wenig mehr als einer Website und einer App, einer Handvoll Führungskräfte und regulärer Angestellte, die mithilfe von Technologie ein Heer von Freelancern, Zeitarbeitern, Subunternehmern und Kurzzeitarbeitern verwalten. Wie wir bereits gesehen haben, reduzieren Unternehmen in den USA mithilfe nichtregulärer oder

»unabhängiger« Arbeitskräfte ihre Personalkosten um rund 30 Prozent, weil sie weder in die Kranken-, Renten-, Unfall- oder Arbeitslosenversicherung einzahlen, noch die Kosten von Kranken- und Urlaubstagen oder andere Sozialleistungen tragen müssen. Anders als die Unternehmen früherer Generationen teilt dieser Typus Gewinne nur mit einer kleinen Belegschaft und natürlich nicht mit den Tausenden von Vertragsarbeitern, die sie angeheuert haben. Zudem stehen diesen »unabhängigen« Arbeitskräften kaum Arbeitnehmerrechte und kein Kündigungsschutz zu. In den Vereinigten Staaten haben diese Erwerbstätigen nicht das Recht, einer Gewerkschaft beizutreten oder eine zu gründen. Gemäß der Vision der Vordenker des Silicon Valley und ihres Hyper-Neoliberalismus streben die Geschäftsführer eine maximale »Flexibilisierung der Arbeit« an: Sie wollen ein Arbeitskräfteangebot, das sie an- und abschalten können wie einen riesigen HD-Fernseher.

Es handelt sich hierbei um »hohle Unternehmen«, weil sie wie leere Hüllen sind, in extremer Weise darauf ausgerichtet, »lean and mean« – schlank und fies – zu sein, statt ein großes Unternehmen aufzubauen, das langfristig angelegt ist und das Wohl der Mitarbeiter und der Gemeinde im Blick hat. Hohle Unternehmen sind kaum mit ihren unterschiedlichen Arbeitsbereichen verbunden und suchen nach immer weiteren Teilen, die sie auslagern können. Wie bereits im vorherigen Kapitel dargestellt, ist Upwork der Prototyp für diese neue digitale Unternehmensform. Seine nur 250 regulären Angestellten koordinieren mithilfe moderner Technologie zehn Millionen Subunternehmer und Freelancer, die über die ganze Welt verteilt sind und online in einer Art Arbeitsauktion gegeneinander antreten, mit dem Ergebnis, dass sich die Honorare in einer Abwärtsspirale befinden.

Die meisten neuen digitalen Start-ups nutzen ein ähnliches Auftragsvermittlungssystem. Uber beschäftigt gerade einmal rund 6700 Vollzeitmitarbeiter, die mithilfe neuester App-Technologie ein Heer an Fahrern verwalten, die vom Unternehmen als »unabhängige Subunternehmer« eingestuft werden. Ubers geschätzter Marktwert liegt bei 70 Milliarden US-Dollar und ist damit höher als der von BMW, GM und Volkswagen, obwohl es nichts herstellt, nicht einen einzigen Pkw besitzt und darauf pocht, keinen Fahrer direkt angestellt zu haben. Das zweite extrem erfolgreiche Unternehmen dieser Art ist Airbnb, dessen Marktwert auf 30 Milliarden US-Dollar geschätzt wird – mehr als dreimal so hoch wie die weltweit aktive Hotelkette Hyatt mit ihrer fünfzigjährigen Tradition –, obwohl das Unternehmen nicht ein einziges Hotel besitzt und lediglich rund 2400 Leute beschäftigt, die mit neuester Technologie mehr als 650 000 Gastgeber weltweit managen.

Befürworter dieser Unternehmensform verweisen auf ihren kommerziellen Erfolg, der für sich selbst spräche. Eingeführte Silicon-Valley-Unternehmen wie Apple oder Google, aber auch einige Start-ups neueren Datums gehören zu den höchstbewerteten an den Börsen. Aber diese Firmen haben eine sehr eng gefasste Definition dessen, was ein »großes Unternehmen« ausmacht. Viele von ihnen haben nie Gewinn generiert und definieren damit um, was unter dem Begriff »Erfolg« zu verstehen ist. Alles in allem ist die Bilanz dieser Konzentration von finanziellem Vermögen und technologischer Macht ziemlich durchwachsen. Wie wir gleich sehen werden, sind zum Beispiel die größten und am höchsten bewerteten Unternehmen des Silicon Valley alles andere als Jobmotoren. Im Gegenteil: Auf lange Sicht zerstören sie sogar Arbeitsplätze.

Silicon Valley – der Jobkiller?

In der Vergangenheit haben Technologie und Innovation die Wirtschaft vorangebracht und neue Arbeitsplätze geschaffen. Zwar bedeutete die Einführung neuer Methoden oftmals einen kurzfristigen Rückgang an Arbeitsplätzen für bestimmte Berufsgruppen und Branchen – so ersetzten Traktoren Landarbeiter und Ackergäule –, doch auf längere Sicht führten neue Technologien zu mehr Jobs, zu einer Ausdifferenzierung von Berufen und ermöglichten höhere Lebensstandards. Technologie beförderte zudem oft den Export und machte erfolgreiche Handelsnationen wohlhabender.

Aber gilt das auch heute noch? Viele Experten sind unschlüssig. Das Pew Research Center fragte im Rahmen einer Studie rund 1900 Experten aus Technologie, Informations- und Kommunikationstechnik und verwandten Bereichen, ob »vernetzte, automatisierte, zu künstlicher Intelligenz fähige Anwendungen und robotische Geräte […] bis 2025 mehr Arbeitsplätze vernichten als erschaffen« werden. Wenn man davon ausgeht, dass die Befragten an den Wert und die Wichtigkeit ihrer Arbeit in der Technologiebranche glauben, ist die Antwort überraschend. Fast die Hälfte (48 Prozent) geht von einer Zukunft aus, in der Roboter und digitale Maschinen »eine erhebliche Menge sowohl an Arbeitern als auch an Angestellten« ersetzt haben werden; gleichzeitig sorgen sich viele, dass »dies zu einem enormen Anstieg der Einkommensungleichheit, Massen an faktisch arbeitslosen Menschen und zu einer Destabilisierung der Gesellschaft« führen wird.[7]

Technologieförderer wie Erik Brynjolfsson und Andrew McAfee gehen in ihrem Bestseller *The Second Machine Age. Wie die nächste digitale Revolution unser aller Leben verändern wird* davon aus, dass zwar ein paar Arbeitsplätze für Menschen verloren gehen, jedoch dank der Technologie neue entstehen werden, genauso wie es in der Vergangenheit immer

wieder war, wenn neue Maschinen und Technologien eingeführt wurden.[8] Mark Nall jedoch, Programmleiter bei der
NASA, erklärt: »Im Vergleich zu den früheren Umwälzungen, als zum Beispiel Landwirtschaftsmaschinen die Landarbeiter ersetzten, dafür aber Fabrikarbeitsplätze schufen, sind
die heutigen Maschinen, die Robotik und die künstliche Intelligenz anders. Aufgrund ihrer Vielseitigkeit und ihrer wachsenden Leistungsfähigkeit werden nicht nur einzelne Segmen-
te der Wirtschaft betroffen sein, sondern ganze Landstriche.«[9]

Eine Studie der Universität Oxford, in die mehr als 700 Berufsgruppen einbezogen wurden, schätzt, dass in den nächsten zwanzig Jahren 47 Prozent der bestehenden Arbeitsplätze
in den Vereinigten Staaten durch die Computerisierung vernichtet werden könnten;[10] eine Studie der Brüsseler Denkfabrik BRUEGEL kommt unter Verwendung der Oxforder
Methoden zu dem Schluss, dass in Deutschland 51 Prozent
der Arbeitsplätze gefährdet sind, in Österreich 54 Prozent, in
Frankreich und den Niederlanden je 49,5 Prozent. Wenn das
zutrifft, sind nahezu achtzig Millionen Arbeitnehmer in Europa von »technologiebedingter Arbeitslosigkeit« bedroht.[11]
Einige Berufsgruppen werden voraussichtlich stärker betroffen sein als andere: Eine aktuelle McKinsey-Studie geht davon aus, dass Automation in den USA 73 Prozent der Jobs in
der Lebensmittelbranche sowie in Beherbergung und Gastronomie gefährdet, 66 Prozent im Finanz- und Versicherungs-
wesen, 53 Prozent im Einzelhandel und 59 Prozent in der
Fertigung.[12]

Diese Prognosen werden von Experten kontrovers und leidenschaftlich diskutiert. Jeder schaut in seine Kristallkugel
und versucht die Zukunft vorherzusagen, weil so viel auf dem
Spiel steht. Einig ist man sich, dass uns große gesellschaftliche
Umwälzungen bevorstehen. Denn die gesichtslose Technologie der Roboter, der Automation, der algorithmenbestimm-
ten »smarten« Maschinen, der *Virtual* beziehungsweise *Aug-*

mented Reality und der künstlichen Intelligenz wird sich stetig weiterentwickeln, was die Rolle der Menschen dramatisch verändern wird. Farhad Manjoo, der Technologieexperte der *New York Times,* geht davon aus, dass »Maschinen mit künstlicher Intelligenz so geschickt und schnell werden, dass sie Menschen ersetzen können«, und zwar in weitaus mehr Branchen, als es Maschinen je zuvor taten.[13] Nahezu in jedem Straßenzug, jedem Viertel, jeder Stadt, annähernd in jeder Branche und an jedem Arbeitsplatz werden die Auswirkungen davon zu spüren sein, wenn immer ausgeklügeltere Roboter, Software und Computeralgorithmen Aufgaben übernehmen, die vorher Menschen vorbehalten waren.

An der Klinik der University of California in San Francisco – nicht weit von meinem Haus – arbeitet ein mächtiger Superapotheker unermüdlich, 24 Stunden am Tag, sieben Tage die Woche; er löst Arzneimittelrezepte ein – annähernd 10 000 am Tag. PillPick, ein Roboter, der von einer Schweizer Firma entwickelt wurde, ähnelt einem gigantischen Süßigkeitenautomaten und überragt all seine Kollegen. Er besteht aus einem Gewirr von Fördergurten, Druckluftleitungen und Armen, die mittels Saugluft Tabletten aufnehmen und dabei wirken wie die plumpen Versionen von Elefantenrüsseln. Diese Arme tauchen in Hunderte von Behältern, in denen oral oder per Spritze zu verabreichende Medikamente lagern. Die einzige Aufgabe, die Menschen in diesem Prozess zukommt, ist es, die Behälter mit den richtigen Medikamenten aufzufüllen. Innerhalb nur weniger Sekunden greift PillPicks saugkräftiger Arm in eine Box und nimmt eine Tablette auf. Der Automat tütet sie ein, versieht den Plastikbeutel mit einem Barcode und deponiert ihn auf einem Steckplatz, wo er auf die Auslieferung an den richtigen Patienten wartet. Werden die Medikamente ausgegeben, scannt eine Pflegekraft den Barcode, sodass der Weg jedes Medikaments detailliert zurückverfolgt werden kann.

Was folgen wird, ist nur allzu klar: Den Pharma-Bot zu installieren kostet 7 Millionen US-Dollar, das ist weniger als das Jahresgehalt aller Apotheker, die durch ihn eingespart werden. Und er fragt nicht nach einer Gehaltserhöhung, er wird nie krank, braucht weder eine Kranken- noch eine Rentenversicherung, und er beschwert sich nicht, dass er überarbeitet ist. Wir stehen erst am Anfang der Einführung solch neuer Technologien. Viele von ihnen sind zweifellos technische Wunderwerke. Sie stellen eine enorme Steigerung der Arbeitsproduktivität in Aussicht, was in der Vergangenheit den Wohlstand einer Gesellschaft gesteigert hat. Doch die modernen Technologien können, wie gesagt, auch gefährliche Konsequenzen haben.

Die führenden Unternehmen des Silicon Valley haben zwar erstaunliche Produkte geschaffen, jedoch nur wenige Arbeitsplätze. Facebook (12 000 Angestellte), Google (60 000 angestellte Mitarbeiter) und sogar Apple (66 000 Angestellte) sind unzuverlässige Jobmotoren im Vergleich zu den Unternehmen der traditionellen Wirtschaft wie Toyota, Volkswagen, BMW, Ford, IBM, Siemens und GE, die jeweils Hunderttausende beschäftigen. Twitter, eines der neuesten Einhörner, beschäftigt weniger als 4000 Mitarbeiter, und wie wir schon gesehen haben, verwalten bei Uber und Airbnb jeweils ein paar Tausend Festangestellte Millionen schlecht bezahlter Subunternehmer. Verteidiger halten dagegen, dass Uber Hunderttausende Jobs für Fahrer geschaffen hat, aber Ubers firmeninterne Statistik zeigt, dass die meisten Fahrer nur in geringem Umfang arbeiten: fünfzehn Stunden pro Woche oder weniger; zudem waren viele von ihnen zuvor für Taxiunternehmen tätig, sodass der Nettozuwachs an Arbeitsplätzen schlussendlich weniger ist als zunächst angenommen.

Als die US-Computer- und Elektronikkette Circuit City Bankrott machte, verloren mehr Leute ihren Arbeitsplatz, als insgesamt bei Facebook, Yelp, Zynga, LinkedIn, Zillow, Tableau, Zulily und Box tätig sind, erklärt Gerald Davis, Professor für Soziologie an der University of Michigan, in seinem Buch *The Vanishing American Corporation*. Die Technologiegurus prahlen sogar damit, dass mithilfe ihrer Innovationen Software und Algorithmen in immer smartere Maschinen implementiert werden, um letztlich Menschen zu *ersetzen*. Sogar Investoren geben zu, was auch die negative Arbeitsplatzbilanz der Silicon-Valley-Unternehmen zeigt: dass die Schaffung einer ausreichenden Menge Jobs nicht länger garantiert ist (weshalb einige der Technologieführer beginnen, Konzepte wie ein garantiertes Grundeinkommen zu befürworten, um der Kritik zu begegnen, die sie für die Zerstörung von Arbeitsplätzen einstecken müssen).

Lassen Sie uns einen Blick auf autonome Fahrzeuge werfen, um besser zu verstehen, in welcher Hinsicht diese Technologien mit Werten und Zielen kollidieren. Ich glaube kaum, dass wir in absehbarer Zeit selbst fahrende Autos auf unseren Straßen sehen werden, mal abgesehen von vereinzelten Experimenten und Marketingmaßnahmen, wie jener von Uber im September 2016 in Pittsburgh. Dort kutschierten autonome Autos einen Tag lang Fahrgäste durch die Stadt; allerdings musste ein Uber-Fahrer stets dabei sein, um notfalls ins Steuer greifen zu können. Der Werbegag offenbarte neben Blechschäden und Kratzern zahlreiche weitere Schwierigkeiten, die diese Fahrzeuge mit sich bringen. So waren die begleitenden Fahrer laut Berichten in mindestens 30 Prozent der Zeit gezwungen, die Kontrolle zu übernehmen. Dass Autos überhaupt selbsttätig fahren können, ist faszinierend, jedoch bewies dieses Experiment in erster Linie, dass die Technik noch nicht ausgereift ist.

Jenseits der technologischen Fragen gibt es weitere gewichtige Hürden wie beispielsweise die komplexen Probleme der gesetzlichen Haftpflicht, der Versicherung, der Akzeptanz durch Verbraucher und Versicherer. Bradley Stertz, Leiter der

Unternehmenskommunikation bei Audi, meint, ein vollständig automatisiertes Gefährt ohne jeden Fahrer liegt noch
zwanzig bis dreißig Jahre in der Zukunft. »Das Auto dazu zu
bringen, jede erdenkliche Situation zu verstehen, ist eine riesige Herausforderung«, erklärt er. Frank Sgambati, Leiter des
Bereichs Marketing und Produktinnovation bei Bosch, ist
überzeugt, mit dem ersten »vollständig automatisierten« Gefährt von Bosch sei nicht vor 2025 zu rechnen. Die Technologie muss narrensicher sein, bevor Millionen dieser Fahrzeuge
für den Straßenverkehr zugelassen werden können; und der
Unfall eines Tesla-Autos im Autopilot-Modus im Sommer
2016 zeigt, dass Narrensicherheit noch nicht gegeben ist.[14]

Selbst fahrende Pkws sind demnach noch Zukunftsmusik,
doch vermutlich werden autonome Lieferwagen auf Auto-
bahnen und Landstraßen sehr viel früher Wirklichkeit. Das
Fahren auf einer Autobahn stellt eine sehr viel geringere technologische Herausforderung dar, und auch Fragen der Haftpflicht sind einfacher zu klären. Ein Punkt, der genauere Be-
trachtung verdient. Rund zwei Millionen US-Amerikaner
sind Lastwagenfahrer – die mit Abstand größte Berufsgruppe
unter männlichen US-Arbeitnehmern –, und mehr als 600 000
Deutsche verdienen als Lastwagenfahrer ihren Lebensunterhalt. All diese Arbeitsplätze sind in Gefahr. Ist es wirklich
eine gute Idee, eine Technologie von der Leine zu lassen, die
Millionen Jobs auslöschen wird? Die Fähigkeiten, die ein
Lastwagenfahrer braucht, und die Erfahrungen, die er mit-
bringt, sind nicht so einfach auf einen anderen Beruf zu übertragen. Wäre es nicht besser, wenn Menschen eine einträgliche
Anstellung hätten? »Disruption« und »schöpferische Zerstörung« sind schön und gut, aber sollten wir nicht sicherstellen,
dass sich Schöpfung und Zerstörung die Waage halten? Wer
profitiert von diesem Wandel? Ist es wirklich die Gesellschaft – oder eine Handvoll Unternehmen, die ihre Lohnkosten reduzieren können?

Laut der Boston Consulting Group führen derzeit Maschinen 10 Prozent aller Fertigungsaufgaben aus, bis zum Jahr 2025 wird der Anteil auf rund 25 Prozent anwachsen. Der Grund sind ein paar einfache betriebswirtschaftliche Berechnungen: Ein menschlicher Punktschweißer zum Beispiel kostet rund 25 US-Dollar pro Stunde, während für einen Roboter – der schneller und akkurater arbeitet – 8 US-Dollar anfallen. Der Einzelhandelsgigant Amazon »beschäftigt« 15 000 Lagerroboter, die Waren aus den Regalen holen und Pakete packen.[15] Heute gibt es in den Vereinigten Staaten rund zwei Millionen weniger Arbeitsplätze in der Produktion als noch 2007, dem Jahr vor der Weltwirtschaftskrise, und das liegt nicht in erster Linie an den niedrigeren Löhnen in China oder Mexiko, wie US-Präsident Trump und andere Freihandelsgegner behaupten. Der tatsächliche Schuldige ist die Technologie.[16] Wie Edward Luce von der *Financial Times* aufzeigen konnte, sind sogar in den Jahren, in denen die Fertigungsindustrie der US-amerikanischen Wirtschaft deutlich *zugelegt* hat, nur wenige Arbeitsplätze hinzugekommen. »Das liegt an den Robotern«, sagt Luce, »und das wirft ein zunehmend bitteres Paradox auf: Je mehr Roboter es gibt, umso besser ist es für das wirtschaftliche Gesamtwachstum (weil sie die Produktivität steigern); und umso schwieriger wird es für die Mittelschicht.«[17]

Diese Trends werden sich in Zukunft noch verstärken. Die »unsichtbare Hand« des Marktes hat nun einen Roboterarm, und der ist nicht daran interessiert zu teilen. Wie US-Nationalökonom Nouriel Roubini sagt: »In der Fabrik der Zukunft arbeiten voraussichtlich 1000 Roboter und ein Mensch, der sie überwacht.«[18] Eine ganze Reihe von Technologieexperten fragt sich, ob es letztlich darauf hinauslaufen wird, dass Roboter so viele Aufgaben übernehmen, wie Algorithmen es erlauben, während die Gewinne an die Manager und die Eigentümer der Roboter fließen. Dem größten Teil der Menschen bliebe nichts weiter als jene gering qualifizierte, schlecht bezahlte Arbeit, die nicht automatisiert werden kann – nämlich den Knopf zu drücken, der den Algorithmus startet, und ähnliche eintönige Aufgaben sowie viele kleine, schlecht bezahlte Gelegenheitsjobs –, während er versucht, genügend zusammenzukratzen, um in der »Kampf um die Krümel«-Economy zu überleben.

Angesichts dieser Beweislast scheint der Standpunkt, dass neue Jobs schon irgendwie auftauchen werden, eher heikel und – was ziemlich ironisch ist, wenn man bedenkt, dass es Technologen und Wissenschaftler sind, die ihn vertreten – blindgläubig. Die schiere Menge an Arbeitsplätzen, die verloren gehen, ist beängstigend. Wenn diese Technologien sich weiter verbreiten, wird der Wettbewerbsdruck der globalisierten Wirtschaft und die innere Logik des Silicon-Valley-Wall-Street-Kapitalismus dazu führen, dass US-Unternehmen ihre eigene Belegschaft ausschlachten. Wenn die Prognosen der nachwachsenden Arbeitsplätze falsch sind, wird die wachsende »Joblücke« verheerend sein. Entsprechende Warnsignale sind bereits zu finden: 2010 berichtete die *Washington Post,* dass die Nettobilanz der neu geschaffenen Jobs in den Vereinigten Staaten im ersten Jahrzehnt des 21. Jahrhunderts bei null lag.[19] Ein verlorenes Jahrzehnt für die amerikanische Arbeitnehmerschaft und die Arbeitsplatzbeschaffung. Nach dem Zweiten Weltkrieg wies kein Jahrzehnt ein Jobwachstum unter 20 Prozent auf, sogar die 1970er-Jahre, geprägt von Stagflation und Energiekrisen, waren ein Jahrzehnt mit einem Jobzuwachs von 27 Prozent.

Die Start-up-Unternehmen und die Sharing Economy versprechen zwar, Arbeitsplätze zu schaffen, doch letztlich tun sie wenig, um diese besorgniserregenden Trends umzukehren. Im Gegenteil: Sie verschärfen die schlimmsten Tendenzen.

Die gewissenlosen Unternehmen der Start-up-Wirtschaft

Der neuere Typus von Start-up-Unternehmen der USA weist eine weitere beunruhigende Eigenschaft auf: Er weigert sich, Gesetze zu befolgen oder Steuern zu zahlen. Diese Firmen setzen sich über Unternehmensverantwortlichkeit und -haftung hinweg. Start-ups wie Uber und Airbnb haben in einer Stadt nach der anderen die Bestimmungen gebrochen, die das Führen von Hotels oder Taxiunternehmen regeln. Sie setzen auf drastische Weise ein neues Vorgehen durch: Sie nehmen *erst* die Geschäftstätigkeit auf – und setzen sich erst *dann* mit gesetzlichen und steuerlichen Vorschriften auseinander, wenn sie bei Verstößen erwischt werden. Stellen Sie sich mal vor, Daimler würde überall auf der Welt Produktionsanlagen einrichten, ohne sich zuerst über die dort anfallenden Steuern und geltenden Gesetze zu informieren.

Airbnb, das größte Unternehmen für die Vermittlung privater Unterkünfte weltweit, erklärt beispielsweise, weil es in rund 34 000 Städten rund um die Welt aktiv ist, könne es sich unmöglich mit den jeweils vor Ort geltenden Vorschriften und Steuerbestimmungen auskennen. Es seien einfach zu viele. Airbnb nimmt außerdem für sich in Anspruch, kein Hotel- oder Gaststättenbetrieb, sondern eine *Technologiefirma* zu sein. Das Unternehmen behauptet, alles, was es tue, sei, Gäste und Gastgeber miteinander in Kontakt zu bringen, also sollte es auch in rechtlicher Hinsicht nicht wie ein Hotelbetrieb behandelt werden (was Brandschutz- und Sicherheitsbestimmungen einschließt).

Airbnb zahlt zwar US-bundesstaatliche Körperschaftssteuer auf seine Gewinne aus der Hotellerie, besteht aber darauf, keine Kurtaxe zu entrichten, die eine wichtige Einnahmequelle für Kommunen darstellt. Und es weigert sich, Übernachtungs- beziehungsweise Bettensteuer zu zahlen wie alle normalen Hotels. In diesem Punkt hat Airbnb in jüngster

Zeit allerdings ein wenig eingelenkt: Es sei zwar nicht gesetzlich verpflichtet, die Bettensteuer zu zahlen, tue dies aber dennoch *freiwillig* in rund 200 Orten (die exakte Anzahl ist strittig). Bei dieser Geschwindigkeit wird es ein halbes Jahrhundert dauern, bis das Unternehmen alle 34 000 Städte einbezieht, während in der Zwischenzeit den Kommunen Steuerzahlungen in der Höhe von Milliarden Euro verloren gehen.[20]

Nicht nur, dass Airbnb, Uber und weitere Start-up-Firmen bewusst zahlreiche Gesetze brechen, sie setzen auch Heerscharen von Anwälten und Lobbyisten sowie ihre große Kundenbasis ein, um die Durchsetzung von Gesetzen zu umgehen. Nur gelegentlich zahlen sie ein geringes Bußgeld, das als Betriebsausgabe abgeschrieben werden kann. Derartige Geschäftspraktiken ermutigen zu rücksichtslosem Verhalten und stellen einen Angriff auf staatliche Regulierung und Besteuerung dar. Sie haben zudem ein Katz-und-Maus-Spiel zwischen den Aufsichtsbehörden und den skrupellosen Unternehmen in Gang gesetzt. Agierten alle Unternehmen auf diese Weise, würde dies unweigerlich in ein wirtschaftliches Chaos führen und riesige Verluste an Steuereinnahmen bedeuten, die notwendig sind, um staatliche Dienste und das Sozialhilfesystem zu finanzieren.

Auch Uber zahlt in den Vereinigten Staaten Körperschaftssteuer auf seine beachtlichen Gewinne, die aus seinen Vermittlungsgebühren pro Fahrt (zwischen 25 und 30 Prozent des Fahrpreises) resultieren. Aber es hat ein komplexes Netz aus dreißig Niederlassungen im Ausland und in Steueroasen aufgebaut, von denen in der Karibik viele kaum mehr sind als Briefkastenfirmen, um sich im großen Stil seinen Steuerpflichten in den USA zu entziehen. Ebenso machen es Airbnb, Apple, Google, Microsoft und andere Unternehmen. An diesen Unternehmen könne man sehen, wie die Zukunft werden wird, sagt Stephen Shay, Anwalt und Experte für internationales Steuerrecht, der früher im US-Finanzministerium tätig war und heute an der Harvard University lehrt. »Die Art ihrer Geschäftstätigkeit und die Struktur ihrer Unternehmen erlauben es ihnen, einen großen Teil ihrer Profite außerhalb der USA zu verbergen. Wenn die Steuerbehörden keinen Weg finden, dagegen anzugehen, wird der Ausfall an Steuereinnahmen enorm sein.«[21]

Insofern geht es bei Airbnbs wie auch bei Ubers disruptivem Geschäftsmodell vor allem um etwas, das sich jeder wünscht: um Steuervermeidung. Steuerhinterziehung gehört zu den beliebtesten Sportarten des Silicon Valley. Die Europäische Kommission hat Apple im Sommer 2016 beschuldigt, eine Art »steuerfreies Bermudadreieck« zu betreiben. Es habe seine weltweiten Gewinne durch einen nur auf dem Papier existierenden Firmensitz in Irland geschleust, wo der Konzern angeblich illegale Steuervorteile in Milliardenhöhe genoss. Laut einem Bericht von Oxfam International entgeht Deutschland eine beträchtliche Menge an Steuereinnahmen von multinationalen US-Konzernen, die nur 0,7 Prozent ihrer Gewinne den deutschen Steuerbehörden melden, obwohl sie 2 Prozent ihrer Umsätze in Deutschland machen. Durch eine Reihe von Steuertricks gelingt es diesen Unternehmen, ihre Umsätze in ein nahes Steuerparadies wie die Niederlande oder Belgien zu schleusen.[22]

Uber umgeht aber nicht nur Steuerzahlungen. Sein Kerngeschäft ist die Vermittlung von Fahrdiensten; in Form und Preisstruktur ist dies das Gleiche, was jeder Taxi- oder Limousinenservice tut. Taxiunternehmen und Limousinenservices führen in den meisten Städten jedoch bestimmte Abgaben und Gebühren an die Kommunalverwaltung ab, in New York City zum Beispiel eine geringe Gebühr, die dem öffentlichen Personenverkehr zugutekommt. Uber jedoch verweigert diese gewerblichen Abgaben, weil es für sich reklamiert, kein Taxiunternehmen, sondern ein Technologieunternehmen zu

sein – das Unternehmen verweist darauf, dass es keine eigenen Taxis besitze und keine Fahrer direkt beschäftige, sondern seine Tätigkeit lediglich in der Web- und App-basierten
Vermittlung von Fahrer und Passagier liege (die vollständige
Firmenbezeichnung wurde vor ein paar Jahren in Uber Technologies geändert, was die sorgfältige rechtliche Positionie-
rung belegt).

Weil Uber darauf besteht, kein Taxiunternehmen zu sein,
nimmt es für sich auch in Anspruch, in seiner Geschäftstätigkeit nicht an die üblichen Taxilizenzen gebunden zu sein. Das
Unternehmen weigert sich zudem, Sicherheitsvorschriften
und Versicherungspflichten zu befolgen, eine Prüfung des
Strafregisters der Fahrer vorzunehmen und andere Anforderungen zu erfüllen. Stattdessen stellt es seine eigenen Regeln
auf. Überall, wo das Unternehmen tätig ist – also quasi weltweit –, missachtet es in der typischen Manier eines Outlaws
örtliche Gesetze und versucht Druck auf die Behörden vor
Ort auszuüben.

Airbnb stellt seine Technologie Hunderttausenden US-
Gastgebern zur Verfügung und ermöglichen ihnen so, zahlreiche Gesetze und Bestimmungen zu umgehen, darunter
Versicherungspflichten, Brandschutzverordnungen, Sicherheitsvorschriften, Steuergesetze, dazu Mietrecht und Vorschriften wie zum Beispiel, dass sich Vermieter von Fremden-
zimmern bei den kommunalen Behörden registrieren lassen
müssen. Airbnb begann als eine tolle Idee, die die neue digitale Technologie clever nutzte. Sie ermöglichte es Menschen,
ungenutzte Räume zu vermieten und sich ein bisschen dazuzuverdienen. Inzwischen aber ist die Plattform von professionellen Immobilienfirmen überlaufen. In beliebten Orten wie
Berlin, New York City, London, Paris, San Francisco, Barce-
lona oder Los Angeles wurden ganze Gebäude zwangs-
geräumt, darunter auch mietgebundene Wohnungen, um sie
dann in Airbnb-Touristenhotels umzuwandeln. Einige Airbnb-

Gastgeber verwalten Dutzende von Objekten; in New York City teilweise sogar mehr als 200 Liegenschaften. Laut eines an die Öffentlichkeit gelangten Memos der führenden Immobiliengesellschaft Coldwell Banker können Hauseigner ihre Einnahmen *verdoppeln,* indem sie über Airbnb an Touristen statt langfristig an Einheimische vermieten. Wenn dies im großen Stil getan wird, reduziert sich der Bestand an erschwinglichem Wohnraum für Einheimische, was dazu beiträgt, dass die Mieten in die Höhe schießen.

Diese professionellen »Gastgeber« sind nicht die normalen Menschen, die Airbnb laut eigener Aussage unterstützt und die seine Imageberater gern als das Gesicht des Unternehmens bezeichnen. Unabhängige Analysen der Website von Airbnb haben ergeben, dass 40 bis 50 Prozent der tatsächlichen Gast*aufenthalte* (im Verhältnis zu den *gelisteten* Gastgebern) und somit der Einkünfte, die Airbnb bezieht, auf professionelle Immobilienfirmen entfallen, die zahlreiche Objekte verwalten.[23] Für Berlin listet Airbnb über 15 000 Wohneinheiten auf, 61 Prozent davon sind ganze Wohnungen oder Häuser, nicht einzelne Zimmer. Viele werden von Profis verwaltet und von diesen zur Gänze dem Wohnungsmarkt entzogen, was zu steigenden Mieten in Berlin führt. Airbnb hat Zugriff auf all diese Daten und ist sich darüber im Klaren, dass es gegen kommunales Recht verstößt, tut aber wenig, um dies zu ändern – beispielsweise durch den Ausschluss von Immobilienfirmen von der Vermittlungsplattform. Der Grund ist offensichtlich: Die 30-Milliarden-US-Dollar-Bewertung Airbnbs resultiert in erster Linie aus den Einnahmen durch diese Profis. Das ist der Kern von Airbnbs Geschäftsmodell, und er hat nichts mit »Sharing«, also Teilen, zu tun.

Die optimale Balance finden

Vor vielen Jahren besuchte Walter Reuther, der Gewerkschaftsführer der United Auto Workers, ein Werk der Ford
Motor Company. Der Gastgeber, Henry Ford II., der Enkel
des Gründers, deutete auf die Roboter und fragte den Vor-
stand einer der größten US-Gewerkschaften: »Walter, wie
wollen Sie denn diese Kerle dazu bringen, den Gewerk-
schaftsbeitrag zu zahlen?« Ohne Zögern erwiderte Reuther:
»Henry, wie bringen Sie sie dazu, Ihre Autos zu kaufen?«[24]
In den Anfangsjahren unter dem ersten Henry Ford zahlte
die knauserige Geschäftsführung die niedrigsten Löhne, die
möglich waren. Doch schlussendlich musste Ford, übrigens
ein Hitler-Sympathisant, einsehen, dass es in ökonomischer
Hinsicht sinnvoller war, den Arbeitern mehr zu zahlen, damit
sie sich eines seiner Autos leisten konnten. Auf diese Weise
schuf Ford sich selbst mehr Abnehmer, wodurch die Unternehmensgewinne stiegen. Dies setzte eine Aufwärtsspirale in
Gang, von der beide Seiten profitierten. Diese Logik scheint
jedoch den kurzsichtigen Vertretern der neuen Digitalwirtschaft entfallen zu sein.

Vor einiger Zeit brachte mich ein Fahrservice zum Flughafen; der Fahrer erzählte mir, auf diese Weise bestreite er jetzt
seinen Lebensunterhalt, weil es seinen letzten Job – er war
Frachtspediteur bei einem Transportunternehmen gewesen –
aufgrund von Digitalisierung und Automation nicht mehr
gäbe. Nun fürchte er, dass ihn in ein paar Jahren fahrerlose
Autos erneut ersetzen würden. Was sollte er dann tun?

Automobilhersteller können mithilfe von Robotern güns-
tigere Pkws bauen. Die Kunden, die diese Autos kaufen, arbeiten als Verkäufer, Büroangestellte und als Kundenberater
an Bankschaltern. Wenn nun aber Lebensmittelläden, Waren-
häuser, Büros und Banken diese Verkäufer, Angestellten und
Kassierer ersetzen durch raffinierte Software, Geldautomaten

und bald vielleicht auch durch Roboter – wer wird dann die günstigen Autos kaufen? Wer kann sich all diese Produkte und Services leisten, wenn immer weniger Menschen einen Job haben?

Neue Technologien, Start-ups, Algorithmen und Automation – ebenso beeindruckend wie gefährlich – treiben Menschen von Job zu Job, sorgen dafür, dass sie ausrangiert und schließlich überflüssig werden. Die Schere zwischen den Besitzenden und den Besitzlosen wird immer größer werden. All diese Kräfte drohen das Gros der Arbeitsplätze auszulöschen, ohne Rücksicht auf die Folgen.

Ob nun in Deutschland, den USA oder anderen Staaten: Es hat Jahrhunderte gebraucht, bis sich ein politisches Bewusstsein und politische Bewegungen herausbildeten, damit dank Demonstrationen, Streiks, gesellschaftlicher Bewusstwerdung und sogar offener Rebellion die Wirtschaft demokratisiert wurde, damit sozialpartnerschaftliche Standards die Arbeitswelt regelten. Der Genius der Gesellschaftsverträge der Nachkriegszeit diesseits und jenseits des Atlantiks erlaubte es in größerem Maß als je zuvor, dass auch Arbeiter von der Technisierung und der daraus resultierenden Produktivitätssteigerung profitierten. Zudem gab es ausreichend verschiedene Berufe mit je unterschiedlichen Anforderungen, sodass Millionen von Arbeitnehmern den Arbeitsplatz finden konnten, für den sie qualifiziert waren, um sich dann langsam die Karriereleiter hochzuarbeiten. Dies führte nicht nur zu höheren Löhnen, einer sozialen Absicherung und einem gewissen Maß an Beschäftigungssicherheit, sondern gab Arbeitnehmern außerdem das Gefühl, etwas im Leben erreichen zu können und ihre eigene Version des Mittelklassetraums zu leben. Im Gegenzug entstanden Millionen von Verbrauchern, die ausreichend verdienten, um sich die Produkte und Services leisten zu können, wovon die Unternehmen profitieren, die sich ihrerseits wiederum für das Wohlergehen ihrer Arbeitnehmer, deren Familien und Gemeinschaften einsetzten. Alles in allem eine Aufwärtsspirale, störungsanfällig und sensibel zwar, aber getragen von einem verantwortungsbewussten Unternehmertum, das solide Arbeitsplätze schuf, wodurch der soziale Frieden über die Altersgruppen und Branchen hinweg gestärkt wurde.

Nun jedoch haben wir hohle Unternehmen, die lausige Jobs schaffen. Die Volkswirtschaften auf beiden Seiten des Atlantiks sind mit der existenziellen Frage konfrontiert, wie sich im 21. Jahrhundert dieses labile Gleichgewicht aufrechterhalten lässt. Wie finden wir die optimale Balance, die es Unternehmen, Arbeitnehmern, ihren Familien und Gemeinden gleichermaßen erlaubt zu prosperieren? Viele Führungspersonen in Wirtschaft und Politik scheinen gewillt, die Wirtschaftslektionen der Vergangenheit zu ignorieren. Entwickelte Volkswirtschaften rund um die Welt sind auf Konsumausgaben angewiesen, diese machen rund 70 Prozent der Gesamtwirtschaftsaktivität aus. Was wird geschehen, wenn es nicht mehr genug Menschen gibt, die eine ausreichend bezahlte Arbeit und somit Einkommen und Ersparnisse haben, um Waren und Dienstleistungen zu erwerben? Wenn es den Unternehmen an Kunden mangelt, müssen sie Arbeitnehmer entlassen – wodurch sie nur noch weniger Kunden haben und noch weniger Umsätze, was zu weiteren Entlassungen führt. Diese Dynamik würde in einer Abwärtsspirale von Rezession und Deflation münden. Schlussendlich würde die Wirtschaft einen gefährlichen Wendepunkt erreichen, den man als »ökonomische Singularität« bezeichnen kann: wenn die Wirtschaft sich im festen Griff reicher Eliten befindet, was dazu führt, dass es zu wenig Kunden mit genügend Kaufkraft gibt, um das Wirtschaftswachstum unserer Massengesellschaften aufrechtzuerhalten.

Es steht viel auf dem Spiel. Die neue digitalisierte – automatisierte, roboterisierte, freiberuflerisierte, Uber-isierte, subunternehmerisierte – Wirtschaft droht die Errungenschaften der Nachkriegszeit diesseits und jenseits des Atlantiks zu zerstören, und zwar endgültig. Wir taumeln blind einer Tragödie entgegen.

Die Frage ist, ob Deutschland die gleichen Fehler machen wird wie die Vereinigten Staaten. Oder wird die Bundesrepublik einen eigenen Weg finden und ein eigenes Wirtschaftsmodell, das es nicht nur ermöglicht, den erlangten Wohlstand für alle aufrechtzuerhalten, sondern auch ein Vorbild für Europa und die ganze Welt sein kann? Während die USA in eine Zeit politischer Unsicherheit hineinstolpern, wird Deutschland zum wichtigsten Hoffnungsträger für die Menschheit auf dem Weg durch das 21. Jahrhundert.

3
Freelance-Gesellschaft deutscher Prägung

1935 schrieb der große US-amerikanische Schriftsteller Sinclair Lewis, Sozialkritiker und Nobelpreisträger, den Roman *Bei uns ist das nicht möglich*. In diesem Buch geht es um die Machtübernahme durch Faschisten in Washington, D. C. Die Hauptfigur ist Buzz Windrip, der Führer einer gewalttätigen, paramilitärischen Bewegung mit dem Namen »Minute Men«; er wird zum Präsidenten gewählt, weil er im Wahlkampf als populistischer Demagoge auftritt, der verspricht, »to make America a proud, rich land again«, also »aus Amerika wieder ein stolzes, reiches Land zu machen«. 2004, siebzig Jahre später, beschwört Philip Roths Roman *Verschwörung gegen Amerika* das Schreckgespenst eines faschistischen, antisemitischen Regimes in den Vereinigten Staaten herauf; Ausgangspunkt ist die hypothetische Frage: Was wäre geschehen, wenn 1932 anstelle von Franklin Delano Roosevelt der Luftfahrtpionier Charles Lindbergh, ein Antisemit und Verehrer von Hitler und Goebbels, ins Weiße Haus gewählt worden wäre?

Derartige Führer gab es bislang nur zwischen den Buchdeckeln amerikanischer Prosa. Doch mit dem Aufstieg Donald Trumps wurde über die Überzeugung, dass »bei uns das nicht möglich sei«, ein Leichentuch geworfen. Es scheint, als gelte wieder einmal: Sag niemals nie.

Deshalb klingelten kleine Alarmglocken in meinen Ohren, wann immer jemand in Deutschland zu mir sagte: »Das kann hier nicht geschehen.« Mit »das« war Deutschlands Abstieg in eine US-inspirierte Art des »Cowboy-Kapitalismus« gemeint, in dem Ungleichheit, unternehmerische Profitgier und ungebremste Kommerzialisierung obsiegt haben. Deutschland ist anders, davon sind die meisten Menschen überzeugt. Deutschland mit seinem sozialen, humanen Kapitalismus, mit seinen Betriebsräten und der Mitbestimmung, mit seinem Mehrparteiensystem und der Teilfinanzierung von Wahlkämpfen durch öffentliche Mittel (früher: Wahlkampfkostenerstattung) zeigt, dass es seinen eigenen Weg geht. In den USA kann jemand wie Donald Trump die Präsidentschaftswahlen gewinnen, doch in Deutschland sind die Populisten, obgleich einflussreich, in ihre Schranken verwiesen.

Sag niemals nie. Ohne jeden Zweifel gibt es gewichtige Unterschiede zwischen den USA und Europa. Der Atlantik ist groß, und die jeweilige Geschichte ist sehr eigen und tief im Bewusstsein der Menschen verankert. Trotz der Unterschiede gibt es aber eine beunruhigende Entwicklung: Die Aushöhlung Deutschlands nach Vorbild der USA schreitet voran. Deutschland ist auf dem besten Weg, zu einer Freelance-Gesellschaft zu werden, in der immer schutzlosere Arbeitnehmer spüren, wie der Boden unter ihren Füßen wankt. Das schafft die Voraussetzungen für eine technologiegetriebene Zukunft, deren Folge sein kann, dass die soziale Marktwirtschaft, die als Motor von Deutschlands wirtschaftlicher Stärke fungiert, unterminiert wird. Anzeichen dieser Entwicklung sind bereits überall zu sehen.

Nehmen wir zum Beispiel Sabine. Sie ist Anfang dreißig, hat Kunstgeschichte in Nürnberg studiert und lebt in der Nähe ihrer betagten Eltern, um diesen zur Seite zu stehen. Die beste Arbeit, die sie finden konnte, ist als Näherin für ein Stoffgeschäft, für das sie aus provenzalischen Baumwollstoffen Tischdecken, Servietten, Möbelüberwürfe und Ähnliches fertigt. Sie mag ihre Arbeit im Grunde, aber die Bezahlung ist schlecht und für die vielen Arbeitsstunden unangemessen –

sie hat einen der berühmt-berüchtigten Minijobs, diese einzigartige deutsche Variante der Geringbeschäftigung, die es einem erlaubt, den Höchstbetrag von (Trommelwirbel!) 450 Euro im Monat zu verdienen. Wie soll man davon leben können? Um das Elend etwas zu mildern, muss Sabine davon keine Einkommensteuer abführen. Aber das kann nicht darüber hinwegtäuschen, dass diese Arbeit ihre monatlichen Kosten in keiner Weise deckt.

Dann ist da Kemalettin, vierzig Jahre alt, der seine feste Anstellung im Mercedes-Werk in Bremen verloren hat und nun in einem Minijob als Taxifahrer feststeckt, bei dem er 5 Euro pro Stunde verdient. Der »Arbeitsmarkt ist kaputt«, meint Kemalettin, weil »man kaum Geld verdienen kann«. Vor zwanzig Jahren, als er nach Deutschland kam, war das Leben einfacher, ein Arbeiter wie er verdiente genug, um sich ein gutes Auto kaufen zu können. »Es ist nicht mehr wie früher«, sagt er.[1]

Einige Menschen kombinieren Minijobs mit einer regulären Anstellung. Angela aus Bremen, Mitte fünfzig, arbeitet dreißig Stunden pro Woche als Krankenpflegerin in einer Klinik für Komapatienten. Aber das Einkommen reicht vorn und hinten nicht, besonders seit zwei ihrer Söhne studieren. Deshalb hat sie zusätzlich einen Minijob angenommen, drei Nächte im Monat in einem psychiatrischen Zentrum. Angela hat ihren Hauptarbeitgeber um eine Vollzeitstelle gebeten, aber bislang hat sich nichts getan. »Etwas läuft verkehrt in Deutschland, wenn du nicht von deiner Arbeit leben kannst«, sagt sie.[2]

Minijobs gibt es in zahlreichen Branchen, vom Einzelhandel über die Gesundheitsfürsorge bis zur Hausarbeit; es sind keine guten Jobs. In der Regel sind die Stundensätze niedrig, die Sozialleistungen entsprechen nicht denen regulärer Arbeitsplätze. Warum sind solche Jobs in Deutschland überhaupt möglich? Zum Teil sind die Hintergründe sexistisch: Es sind überwiegend Frauen, die solche Jobs machen – sie stellen rund zwei Drittel der Minijobber; und mehr als 90 Prozent der Stellen fallen unter die Kategorie haushaltsnahe Dienstleistungen.[3] Offenbar scheinen diese Arbeitnehmerinnen es der Gesellschaft nicht wert zu sein, in angemessenen Arbeitsverhältnissen beschäftigt zu werden. Viele verheiratete Minijobberinnen sind lediglich »zuverdienend«, während ihr Mann der Hauptverdiener ist. Für diese Frauen ist es schwierig, ihren Beschäftigungsstatus zu ändern, denn absurderweise schaffen die Steuerbefreiung und die Möglichkeit, über den Ehemann krankenversichert zu sein, einen perversen Anreiz, in der Welt der geringfügigen Beschäftigung zu verharren – es sei denn, die Arbeitnehmerin findet eines Tages einen Arbeitsplatz, der gut genug bezahlt ist, um das Loch zu stopfen, das durch die dann höhere Einkommensteuer und eigene Krankenkassenbeiträge entsteht. In vielen Fällen ist es finanziell sinnvoller, den Minijob beizubehalten.

Ein weiterer Grund, warum Minijobs so weit verbreitet sind, ist, dass sie es den Arbeitgebern ermöglichen, nicht nur die Lohnkosten niedrig zu halten, sondern auch die Anzahl der Arbeitnehmer je nach Bedarf anzupassen. Es gleicht dem »Glühbirnenprinzip«, das wir bereits aus den USA kennen: Arbeitsplätze können von den Unternehmen regelrecht an- und wieder ausgeschaltet werden. Wer einen Minijob hat, hat keine starke Verhandlungsposition, und die Löhne für diese Art Jobs stagnieren. Arbeitgeber haben deshalb keinerlei Anreiz, sie in reguläre Arbeitsverhältnisse mit besseren Gehältern und Sozialleistungen umzuwandeln. Aus diesem Grund bezeichnet Werner Eichhorst, Direktor für Arbeitsmarktpolitik Europa am Institut zur Zukunft der Arbeit (IZA), Minijobs als »Sackgasse«.[4]

Für jene, die nur einen einfachen Job mit einem geringen Stundenkontingent haben möchten – Eltern, die wegen der Kindererziehung zu Hause bleiben, Rentner, Studenten,

Menschen mit einem gut verdienenden Ehepartner oder jene, die sich zum regulären Einkommen etwas dazuverdienen wollen –, kann diese Art von Jobs eine Zeit lang okay sein. Aber für zwei Drittel der Minijobber ist es die *einzige* Einkommensmöglichkeit. Der überzeugendste Beweis, dass diese Jobs schlecht sind, ist die Tatsache, dass ihre Zahl abgenommen hat, nachdem 2015 der Mindestlohn von 8,50 Euro pro Stunde eingeführt wurde. Für viele Unternehmen rechneten sie sich nicht mehr. Dennoch gibt es in Deutschland immer noch rund sieben Millionen Menschen mit Minijobs, das sind rund 17 Prozent der Erwerbsbevölkerung. Der deutschen Wirtschaft ging es in den vergangenen Jahren relativ gut, besonders im internationalen Vergleich, doch der Aufschwung ist bei den Minijobbern nicht angekommen.

Auch die nächste Kategorie von Beschäftigungsverhältnissen, die Leiharbeit, bietet keinen Grund zum Feiern. Wie in den USA ist in Deutschland ein drastischer Anstieg der Zeitarbeit in zahlreichen Berufen und Branchen zu verzeichnen. Die Anzahl der Leiharbeiter ist seit 2004 um fast ein Drittel angewachsen auf mehr als 12 Prozent der Erwerbsbevölkerung; dies ist insbesondere eine Folge der Hartz-Reformen der Regierung Gerhard Schröder. Innerhalb dieses Zeitraums ist die Zahl der Aushilfskräfte – darunter fallen auch die Minijobber – noch stärker angestiegen: von 22 Prozent der Erwerbsbevölkerung auf rund 27 Prozent.[5] Während die Zahl der Leiharbeitskräfte zuletzt etwas zurückging, nimmt die Zahl der Aushilfskräfte weiterhin zu (siehe Abbildung); die Anzahl der regulären Festanstellungen (die Stammbelegschaft von Unternehmen) ist im selben Zeitraum zurückgegangen. Es mag überraschen, aber der Anteil sowohl von Leiharbeitern als auch von Aushilfskräften ist in Deutschland fast 50 Prozent höher als in den USA. Der Cowboy-Kapitalismus ist näher, als viele bislang dachten.

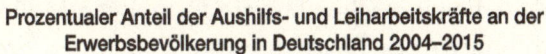

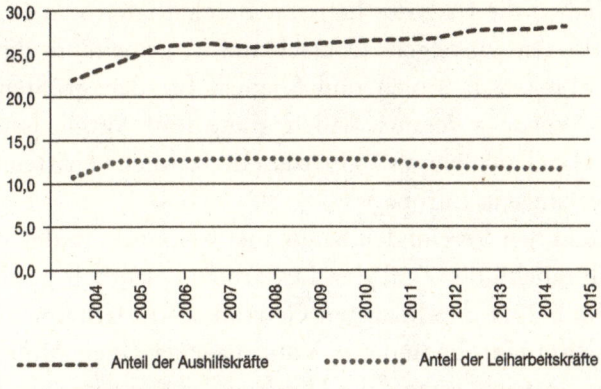

Prozentualer Anteil der Aushilfs- und Leiharbeitskräfte an der Erwerbsbevölkerung in Deutschland 2004–2015

- - - - - - Anteil der Aushilfskräfte ・・・・・・・・・・ Anteil der Leiharbeitskräfte

Quelle: EU-Arbeitskräfteerhebung (Berechnung von Eurofound)

Anders als in den USA sind Leiharbeiter in Deutschland bis zu einem gewissen Grad sozial abgesichert, auch wenn sie schlechter bezahlt werden als regulär Angestellte. Einen besonderen Fall stellen Werkverträge dar, die seit 2012 verstärkt die Leiharbeitsverträge ersetzen, da die Gewerkschaften für Leiharbeiter höhere Einkommen durchsetzen konnten. Bei einem Werkvertrag wird in erster Linie nach Leistung und nicht nach Stunden bezahlt, was an sich nicht verkehrt ist. Doch Christian Brunkhorst, Ressortleiter für Betriebs- und Branchenpolitik bei der IG Metall, erklärt: »Das Problem ist, dass Unternehmen in immer stärkerem Maß Werkverträge nutzen, um Arbeitsbedingungen zu verschlechtern, um Arbeitnehmerrechte außer Kraft zu setzen und um Lohndumping zu betreiben.«[6]

Deutschland ist nicht das einzige Land in Europa, das einen dramatischen Anstieg der Zeit- und Leiharbeiter zu verzeichnen hat. Laut Eurofound ist die Anzahl der Arbeitnehmer mit befristeter Anstellung in den Mitgliedsstaaten der Europäischen Union zwischen 2001 und 2012 um 25 Prozent gewachsen, reguläre Festanstellungen hingegen gerade mal um 7 Prozent. Zeitarbeiter machen fast ein Drittel (4,5 Millionen von 14,5 Millionen) des Nettozuwachses an neuen Stellen aus und ließen die Rate der befristet Beschäftigten von 11,2 auf 12,8 Prozent ansteigen. Deutschland ist gemeinsam mit Italien, Frankreich, Polen und Spanien für den größten Teil dieses Anstiegs verantwortlich; diese fünf Mitgliedsstaaten der EU stellen mehr als 70 Prozent der zeitlich befristeten Arbeitsverträge in Europa.[7]

Wie in den Vereinigten Staaten ist besonders in der Automobilbranche die Zahl der Leiharbeiter deutlich gestiegen. Als Audi 2011 den höchsten Gewinn seiner Unternehmensgeschichte einfuhr und der Vorstandschef einen Millionenbonus einstrich, erregte der Umgang des Konzerns mit Leiharbeitern öffentlich Aufmerksamkeit.

Da ist zum Beispiel Helen, 26, die tagtäglich am Band bei Audi arbeitet. Genau wie Chris Young, der Zeitarbeiter im Nissan-Werk in Tennessee, wird Helen nicht von Audi bezahlt. Ihr direkter Arbeitgeber ist Tuja, eine Zeitarbeitsvermittlung und Tochter des Schweizer Branchengiganten Adecco. Helen erhält weniger Gehalt als die regulären Audi-Angestellten, obwohl sie dieselbe Arbeit macht. Zudem bekommt sie weder einen Bonus noch Urlaubsgeld; das ist den regulär angestellten Arbeitern vorbehalten.

Ein weiteres Beispiel ist Nadja, 28, Projektassistentin in der Verwaltung von Audi. Auch Nadja arbeitet nicht für den Autokonzern. Ihr Arbeitgeber ist BFFT, ein Unternehmen, das auf Werkvertragsbasis den Ersatzteilvertrieb zwischen den VW-Töchtern organisiert. Nadja verdient monatlich 800 Euro weniger als ihre Kollegen, die bei Audi angestellt sind. Sie erhält ebenfalls weder Bonuszahlungen noch Urlaubsgeld, noch andere Zuwendungen, wie die Kollegen sie erhalten, die bei Audi angestellt sind, obwohl sie genau den gleichen Job macht.[8]

Besonders das BMW-Werk in Leipzig ist berühmt-berüchtigt für seine große Menge an Leiharbeitern, es gleicht beinah einer Sklavengaleere. Der Konzern, der weltweit die meisten Luxusautos verkauft, beschäftigt in seinem Werk in Ostdeutschland bis zu 30 Prozent Zeitarbeiter.[9] Das erreicht zwar noch nicht die 50-Prozent-Marke vieler US-amerikanischer Autohersteller, ist aber ein eindeutiges Warnsignal. Auf der Strecke bleibt dabei die Arbeitgeber-Arbeitnehmer-Beziehung ebenso wie die Sozialpartnerschaft der Tarifparteien, was verschärft wird durch die hohe Personalfluktuation. Die hohe Anzahl an Zeitarbeitern in nahezu allen Berufsgruppen und Branchen macht deutlich, wie ausgeprägt die Segmentierung des deutschen Arbeitsmarktes bereits ist.

Dann gibt es noch die ebenfalls sehr große Gruppe der Selbstständigen ohne Mitarbeiter, auch bekannt als Solo-Selbstständige. Sie sind das, was in der US-amerikanischen Rhetorik gern »Boss im eigenen Unternehmen« genannt wird, eine euphemistische Umschreibung für Freelancer, Subunternehmer und »unabhängige« Arbeitnehmer, die sich in der Gig-Economy abschuften. In Deutschland machen sie über 10 Prozent der Erwerbsbevölkerung aus und sind praktisch in jeder Berufsgruppe und Branche zu finden. Die meisten verdienen nicht besonders viel und müssen einen hohen Prozentsatz ihrer Einkünfte für Krankenversicherung und Altersvorsorge ausgeben (mehr dazu später). Solo-Selbstständige waren in den letzten Jahren sehr starken arbeitsrechtlichen Veränderungen unterworfen, da aufeinanderfolgende Regierungen im Versuch, die hohe Arbeitslosigkeit abzubauen und die globale Wettbewerbsfähigkeit Deutschlands aufrechtzuerhalten, jeweils die Beschlüsse der vorhergehenden Regierung aufgehoben haben. Das politische Pendel schwang von links nach rechts und schließlich in eine Große Koalition, und die Arbeitspolitik schwang mit.

Wie schon erwähnt, wurde Deutschland in den späten 1990er-Jahren wegen seiner hohen Arbeitslosigkeit, seiner geringen Produktivität, der anhaltenden Rezession und der schlechten Aussichten als der »kranke Mann Europas« bezeichnet. Fünf Millionen Arbeitslose und eine Erwerbslosenquote von 12 Prozent – der höchste Stand, seit 1933 Adolf Hitler an die Macht kam, was das Thema politisch stark auflud – setzten Deutschland unter großen Druck, die Verhältnisse drastisch zu ändern. Die rot-grüne Koalition unter Kanzler Gerhard Schröder wählte einen mehrgleisigen Ansatz aus Ausgaben und Einsparungen: die Hartz-Reformen als Teil der Agenda 2010. Zu den kostenintensiven Maßnahmen zählten Umschulungen, Fortbildungen und die Unterstützung von (Langzeit-)Arbeitslosen bei der Integration in den Arbeitsmarkt; Unternehmen erhielten zudem Darlehen, damit sie ihre Belegschaft aufstockten. Einsparungen ergaben sich aus Erleichterungen für Unternehmen beim Kündigungsschutz und die zeitliche Reduktion der Arbeitslosengeldzahlungen, da die vorherige Regelung zeitlich unbegrenzte Zahlungen ermöglicht hatte, was in manchen Fällen zu Missbrauch geführt hatte.[10]

Die Hartz-Reformen öffneten dem wachsenden Einsatz von Leiharbeitern, Freelancern, Aushilfskräften, Drittfirmen und Subunternehmern Tür und Tor. Sie erhöhten signifikant die Zahl der Minijobs. Eine weitere Folge war der verstärkte Abschluss von Werkverträgen, mit denen Erwerbstätige noch schlechter dastehen als mit Zeitarbeit und die aus arbeitsrechtlicher Sicht schwer anzufechten sind. Wie in den USA lernten Fremdfirmen und Subunternehmer schnell, wie sich Vorteile aus der Deregulierung ziehen ließen. In der Konsequenz wurden Wertschöpfungsketten zwar länger, die Verantwortlichkeit jedoch geringer als je zuvor: Von einem Subunternehmer zum nächsten wurden Arbeitsbedingungen und Löhne schlechter und schlechter. Schröders Agenda 2010 machte aus einem der am stärksten regulierten Arbeitsmärkte Europas einen der liberalisiertesten. In gewisser Weise spielten die Reformen der Regierung Schröder die *Quantität* von Jobs gegen ihre *Qualität* aus: Mit dem Ziel, mehr Arbeitsplätze zu schaffen und mehr Menschen in Lohn und Brot zu bringen, wurden Erwerbslose in prekäre Arbeitsverhältnisse gezwungen. Eine weitere Folge war, dass es Arbeitgebern nun leichter fiel, sich ihrer Festangestellten zu entledigen, um *gute* Arbeitsplätze in *prekäre* umzuwandeln.

Bestandteil der Hartz-Reformen war auch ein innovatives Angebot: Die Regierung stellte finanzielle Hilfen, Fortbildungen, Beratungen und andere Anreize bereit, damit Menschen ein Einzelunternehmen, also ihren »eigenen Betrieb«, gründeten – Selbstständigkeit als ein Weg aus der Arbeitslosigkeit. Das Ergebnis waren die sogenannten Ich-AGs – zusätzlich zu den Minijobs gab es nun also auch noch ein System von Miniunternehmen. Um es in Anlehnung an den chinesischen Staatschef Mao Zedong zu sagen: Lasst tausend Existenzgründer blühen.[11]

Dahinter steckte die schöne Vision eines Deutschlands in Form eines lebendigen Monopoly-Spiels mit lauter motivierten Existenzgründern und Selbstständigen. Aber in einem entscheidenden Punkt ergab dieses Konzept überhaupt keinen Sinn. Wie die nachfolgenden Jahre zeigten, ist es alles andere als einfach, »einen eigenen Betrieb« aufzubauen. Viel harte Arbeit, ein langer Atem sowie die Fähigkeit, sich selbst zu vermarkten, sind dafür notwendig, ebenso eine gewisse psychische Grundstruktur, nämlich die Bereitschaft, kräftig die Ellenbogen einzusetzen, um die eigene Firma nach vorn zu bringen. Nicht jeder besitzt diese Eigenschaften. Eine Reihe von Miniunternehmern strampelte sich ab, um den Lebensunterhalt zu verdienen, aber zunehmend wuchs die Erkenntnis, dass sie nicht genug zurücklegen konnten für ihre Rente. Zudem wurde ab 2006 die staatliche Unterstützung für aufstrebende Existenzgründer stark zurückgefahren, weil die Kosten viel höher waren als erwartet – was allerdings nicht wirklich überraschen konnte angesichts der vielen Misserfolge von Ich-AGs, deren Überlebenschancen kaum höher waren als die eines Schneeballs am Äquator.

Die Verringerung der Förderung war eine Bestätigung der schon früh geäußerten Kritik, die Ich-AGs würden keine Probleme lösen, sondern nur Geld verschlingen und Scheinselbstständigkeit fördern. Victoria Ringlab, Geschäftsführerin der Allianz Deutscher Designer, der Interessenvertretung selbstständiger Designer, musste im Gespräch mit mir zugeben, dass es in ihrem Beruf zu viele Scheinselbstständige gibt, die die Preise drücken, den staatlichen Gründungszuschuss (der den Existenzgründungszuschuss für Ich-AGs abgelöst hat) in Anspruch nehmen und »hoffen, dass die Gesellschaft sie irgendwie auffängt«. Andere Kreativbranchen sind mit ähnlichen Problemen konfrontiert. Läuft die staatliche Förderung aus, müssen viele dieser ehemaligen Existenzgründer wieder Arbeitslosenunterstützung beantragen.

Doch nachdem die Schocks der Weltwirtschaftskrise 2008 und der Eurokrise 2010 überwunden waren, hat Deutschlands Volkswirtschaft wieder Fahrt aufgenommen. Dank der Konjunkturprogramme der USA und Chinas (und nicht so sehr wegen des europäischen Austeritätsprinzips) begann die globale Wirtschaft zu wachsen, und die Lohneinsparungen der Hartz-Reformen in Kombination mit anderen innenpolitischen Maßnahmen wie der Ausweitung der Kurzzeitarbeit, der Verständigung zwischen den Tarifparteien und automatischen Stabilisatoren ermöglichten es Deutschland, seine Exportmaschinerie anzukurbeln. Dies führte zu einem großen Außenhandelsüberschuss und neuen Jobs – allerdings in erster Linie befristeten Kurzzeit- und prekären Jobs.[12]

Der Schlingerkurs der auf Schröder folgenden Regierungen veranschaulicht das Dilemma, mit dem alle modernen Volkswirtschaften konfrontiert sind: Wie lassen sich sowohl ausreichend viele als auch ausreichend gute Arbeitsplätze mit angemessener Bezahlung und entsprechenden Sozialleistungen schaffen, die die gesamtwirtschaftliche Verbrauchernachfrage steigern? Die Regierung Schröder verdient zumindest Anerkennung dafür, dass ihr Vorstoß unorthodox und innovativ war. Nur leider hat er in keiner Weise den Konflikt zwischen Qualität und Quantität von Arbeitsplätzen gelöst. In den nachfolgenden Jahren hat ohne jeden Zweifel die Qualität der Jobs gelitten ebenso wie die Anzahl der unbefristeten Arbeitsplätze. Der einzige Pluspunkt ist, dass sich nach den wenigen Jahren offizieller Ich-AG-Förderung eine Kultur der Selbstständigkeit und der Eigeninitiative in der deutschen Gesellschaft entfaltet hat. Dies führte zu einem ganzen Schwarm von unternehmerischen Arbeitsbienen, die nun in den Start-up-Biotopen in Berlin, Hamburg, München und weiteren Städten herumschwirren.

Es ist sehr aufschlussreich, die verschiedenen Typen von Jobs näher zu betrachten, die im Start-up-Milieu geschaffen wurden. Lutz, ein Freund von mir, nahm mich mit zu seinem Co-Working-Space im Berliner Stadtteil Neukölln, dessen Räume er sich mit einem Dutzend anderer Digitalentrepreneure – sogenannten Click- oder Crowdworkern – teilt. Zu dieser speziellen Art Kleinunternehmer, die ihre Arbeit an jedem beliebigen Ort online erledigen können, zählen Softwareentwickler, Computerprogrammierer, Videoproduzenten, Webdesigner, Übersetzer, Lektoren, Grafikdesigner und viele mehr. In der Silicon-Valley-Theorie ist jeder Clickworker »sein eigener Boss«, aber in der Realität verbringen viele von ihnen mehr Zeit damit, einen Auftrag zu suchen – wofür sie nicht bezahlt werden –, als einen zu bearbeiten.

Erschwerend kommt hinzu – als eine Erblast des Sozialversicherungssystems, das von Otto von Bismarck im späten 19. Jahrhundert eingeführt wurde –, dass ein Großteil dieser selbstständigen Auftragnehmer Krankenversicherung und andere Sozialabgaben aus eigener Tasche zu zahlen hat. Das ist nicht billig. Wäre Lutz bei einem Unternehmen angestellt, hätte er den Status eines abhängig Beschäftigten; in diesem Fall würden er und sein Arbeitgeber sich die Sozialausgaben teilen: Jeder müsste zum Beispiel für die Krankenversicherung einen Beitrag in Höhe von 7,3 Prozent von Lutz' Einkommen zahlen. Als Freiberufler aber muss Lutz' die gesamten 14,6 Prozent selbst tragen (und, je nach Krankenkasse, einen Zusatzbeitrag, der bei durchschnittlich 1,1 Prozent liegt): alles in allem beachtliche 300 bis 600 Euro pro Monat. Eine Studie des wissenschaftlichen Instituts der AOK kam zu dem Ergebnis, dass die meisten Selbstständigen erstaunliche 46,5 Prozent ihres Einkommens für die gesetzliche Krankenversicherung ausgeben.[13] Das ist nicht hinnehmbar. Es ist deshalb nicht überraschend, dass eine andere Studie zu dem Ergebnis kam, dass rund die Hälfte dieser Selbstständigen eine reguläre Anstellung mit vergleichbarem Arbeitsinhalt bevorzugen würde, wenn sie denn eine fänden – aber diese Jobs gibt es einfach nicht.[14] Stattdessen halten sich Freiberufler und Selbstständige mit kurzfristigen Aufträgen über Wasser, immer in der Hoffnung, mit vielen kleinen Jobs so viel zusammenkratzen zu können, dass es zum Leben reicht. Das geht mal besser, mal schlechter.

Lutz' Co-Working-Space heißt Mitosis, ein passender Name für einen Treffpunkt von Privatunternehmern, die ihre eigene geklonte Version eines Start-up-Unternehmens aufziehen wollen. »Co-Working« ist ein Schlagwort der digitalen Kultur geworden, genauso wie »bio«, meint Lutz: »Jeder Buchladen und jedes Café mit ein bisschen Platz bietet nun Co-Working-Space an.« Übers ganze Viertel verstreut finden sich Kaninchenbauten voller Solo-Selbstständiger und Clickworker, die versuchen, im Berliner Start-up-Irrgarten ihren Weg zu machen.

Unter anderem besuchte ich ein Treffen von Technikfreaks im bekannten Café St. Oberholz in der Nähe des Rosenthaler

Platzes. Dieses Café ist ein weiterer Hotspot der Szene, nicht so sehr Co-Working-Space als eher ein Inkubator, ein Brutkasten. Es ist ein Hipster-Biotop, in dem sich Einzelkämpfer und Teams in verschiedenen Phasen der Start-up-Planung tummeln. In den Stockwerken über dem Café gibt es Konferenzräume und ganze Appartements, in die sich Start-up-Unternehmen einmieten können. Das Treffen, an dem ich teilnahm, wurde ausgerichtet von einer Gruppe, die sich selbst »Silicon Allee« nennt. Der Ort pulsiert derart von dieser einzigartigen Start-up-Aufbruchsstimmung, die Augen der Akteure brennen mit so viel siegesgewisser Mark-Zuckerberg- und Steve-Jobs-Leidenschaft, dass ich nicht das Herz habe, ihnen zu sagen, dass mit großer Wahrscheinlichkeit – legt man die Misserfolgsquote von Start-ups zugrunde –, rund 70 Prozent von ihnen bald aus dem Rennen sein werden. Die raue Realität ist, dass so gut wie keines dieser Start-ups Gewinne einfahren wird, stattdessen sind sie abhängig von finanzieller Unterstützung – zumeist durch private Risikogeldgeber, aber in geringerem Maß auch vom Staat; von Fördergeldern, die in Wagnisse gesteckt werden, die nicht mehr Erfolgschancen haben als viele der Ich-AGs Mitte der 2000er-Jahre. Ist die Unterstützung aufgebraucht, gehen viele der Start-ups unter.

In München habe ich einen Termin mit Klaus. Klaus hat ein Kommunikations- und Beratungsunternehmen – irgendwie. Viele dieser Selbstständigen haben »irgendwie« ihr eigenes Unternehmen; aber zahlende Kunden sind in manchen Wochen und Monaten rar gesät, deshalb sind sie ständig auf der Suche nach Gigs und Mikro-Gigs, die Geld hereinbringen. Klaus erzählt mir von seiner Elternzeit, die er vor Kurzem genommen hat, und von dem bürokratischen Aufwand, den die Beantragung von Elterngeld mit sich brachte, weil er selbstständig ist. Der monatliche Zuschuss, der für alle Eltern vom Nettogehalt abhängt, wird für Selbstständige wie Klaus aufgrund der Einnahmen des Vorjahres berechnet. Nur leider war dies eines der schlechtesten Jahre seit Längerem; das Elterngeld fiel also ziemlich schmal aus. Warum nimmt man nicht den Durchschnitt von mehreren Jahren, fragt sich Klaus (ähnlich wie bei der Berechnung der Rentenhöhe). Dasselbe gilt für die Krankenversicherung – als »Geschäftsführer einer Ich-AG« muss Klaus den Beitrag – 14,6 Prozent seines Gehalts – komplett selbst zahlen. Nicht nur das, der Betrag wird aufgrund dessen berechnet, was er als Gewinn für das kommende Jahr *erwartet*. Wenn er am Ende mehr verdient hat, muss er nachzahlen. Es gab schon Jahre, da musste er rund 3000 Euro nachschießen, weil sein Gewinn höher war, als er überhaupt hatte vermuten können. Aber im entgegengesetzten Fall gelten nicht dieselben Regeln: Wenn er weniger verdient als erwartet, wird ihm nichts erstattet. Es funktioniert nur in eine Richtung. Die ganze Last und das gesamte Risiko liegen beim Auftragnehmer, nicht bei den Unternehmen, die ihn engagieren, oder beim Staat.

Zurück in Berlin, stieß ich auf dem Weg zur U-Bahn-Station Hermannplatz fast mit einem Auslieferer für Foodora zusammen. Dieses Start-up bietet einen schnellen Fahrradlieferdienst für Essen aus beliebten Restaurants an. Die Auslieferer erkennt man sofort an ihrem pinkfarbenen Outfit und dem Isolierbehälter in der Größe eines kleinen Fernsehgeräts auf dem Gepäckträger. Wie ihre Kollegen vom Konkurrenten Deliveroo beliefern diese modernen Wasserträger die Arbeitsbienen in den Inkubatoren, den Acceleratoren und Co-Working-Spaces überall in Berlin, München, Hamburg, in ganz Europa und besonders in London. Die schnelle Essenslieferung ist überlebenswichtig für die Start-up-Infrastruktur, ohne sie müssten viele der völlig fokussierten Arbeitsbienen verhungern. »Die Kunden schauen kaum von ihren (Computer-)Monitoren auf, wenn wir ihnen das Essen auf den Tisch stellen«, sagt ein Foodora-Auslieferer.[15] Ein Kollege von Deliveroo erzählt: »Einmal wurde ich dafür bezahlt, einen einzelnen Nutella-Crêpe in einem Restaurant zu holen und ihn an jemandes Schreibtisch abzuliefern.«[16] Manchmal, so berichtet er, liefert man etwas aus einem Restaurant ganz in der Nähe des Kunden, nur weil dieser zu beschäftigt (oder zu bequem) ist, kurz die Straße hinunterzugehen.

Diese Fahrradkuriere haben einen physisch anstrengenden und sogar gefährlichen Job. Wenn sie stürzen und sich verletzen, sind sie nicht durch eine gesetzliche Berufsunfallversicherung geschützt; und weil sie selbstständig sind, gibt es für die Unternehmen keine Pflicht, sie nach der Genesung wieder mit Aufträgen zu versehen. Wer begeisterter Radfahrer ist, mag diesen Job, zumindest für eine Weile. Aber nach einiger Zeit ermüdet die Freude daran, nicht zuletzt wegen der äußeren Umstände. Zum Beispiel sieht die Entlohnung in der Theorie besser aus als auf dem Konto: Die »gute Bezahlung«, die Deliveroo verspricht, entpuppt sich als Stundensatz von 7,50 Euro in einem Arbeitsverhältnis als Subunternehmer. Das ist ein ganzer Euro weniger als der Mindestlohn in Deutschland. Aber raten Sie mal! Freiberufler und Selbstständige fallen nicht unter die Regelung des gesetzlichen Mindestlohns. Die in Aussicht gestellten Boni für das Zurücklegen weiter Entfernungen und schneller Lieferung – auf undurchschaubare Weise errechnet durch die Algorithmen der Deliveroo- und Foodora-Apps – materialisieren sich eher selten. Ein ehemaliger Auslieferer berichtet: »Eigentlich gibt es einen Bonus bei schlechtem Wetter – aber für das Unternehmen ist das Wetter meist nicht schlecht genug.«

Jeder Beruf und jede Branche hat ihre jeweiligen Vorzüge und Nachteile, und für viele Selbstständige ist die freie Zeiteinteilung ein Pluspunkt. Theoretisch kann man seine Arbeitsphasen so planen, dass sie zum Leben passen, statt dass sich das Leben der Arbeit unterordnen muss. Steht etwas an, an dem man teilhaben möchte, oder müssen die Kinder zu

bestimmten Zeiten versorgt werden, dann lässt sich das organisieren. Das ist besonders attraktiv für jüngere Arbeitnehmer, viele von ihnen finden die Flexibilität zunächst span-
nend – wer mag es nicht, unabhängig vom »Nine to five«-Trott
zu sein? Wenn aber über Monate hinweg die Liste der Auftraggeber nicht wächst und wenn der Einkommensstrom
doch eher ein Rinnsal ist, wächst die Erschöpfung vieler
Selbstständigen. Oft mangelt es nicht nur an einem ausreichenden Einkommen, sie müssen sich stets auch abkämpfen,
den nächsten Auftrag zu ergattern. Krankenversicherung und
Rücklagen für das Alter erweisen sich oftmals als zu teuer,
wenn man sein »eigener Boss« ist. Eine abgesicherte Festanstellung wird deshalb für viele Selbstständige immer erstre-
benswerter, besonders wenn sie älter werden.

Eine selbstständige Softwareentwicklerin, die verhältnis-
mäßig gut verdient, schockierte mich mit der Aussage, dass
sie allein für ihre Krankenversicherung monatlich 700 Euro
zahlt – selbst für US-amerikanische Verhältnisse eine unge-
wöhnlich hohe Summe. Es kann also richtig teuer sein, selbstständig zu arbeiten. Wenn man clever und erfahren genug ist,
weiß man irgendwann, welche Kosten man von der Steuer
absetzen kann. Aber trotzdem bleiben die Gewinne meist bescheiden, infolgedessen können zwei von fünf Solo-Selbstständigen keine Rücklagen bilden.

Mitunter ist die Lage für diese Selbstständigen so prekär,
dass sie auf verzweifelte Maßnahmen zurückgreifen. So gibt
es inzwischen zahlreiche Wettbewerbe, an denen sich Freelancer beteiligen können. Virtuelle Marktplätze wie 99designs
bieten Hunderte von Ausschreibungen an, für die hoffnungs-
volle (und oft einkommensgebeutelte) Freelancer ihre Ent-
würfe für Websites, Logos, Broschüren, T-Shirts oder Brief-
papier einsenden können. Jedes digitale Produkt, das einge-
reicht wird, konkurriert um einen Preis. Es gewinnen am
Ende nur ein oder zwei Beiträge, die mit einem kleinen Preis-

geld prämiert werden; der Rest der Teilnehmer erhält nichts, die Veranstalter beanspruchen sogar deren Einsendungen als Eigentum. Kurz gesagt: Diese Wettbewerbe sind kaum etwas anderes als eine Masche, um geistiges Eigentum abzugreifen, ohne etwas dafür zu zahlen. Eine Untersuchung der Website CoContest kam zu dem Ergebnis, dass durchschnittlich 36 Euro pro Gewinner gezahlt wurden. Freiberufler müssten also 41 Wettbewerbe im Monat *gewinnen*, um ein halbwegs anständiges Leben führen zu können. Ganz offensichtlich ist dies kein gangbarer Karrierepfad, dennoch sind die Wettbewerbe äußerst beliebt bei deutschen Clickworkern – und in gleichem Maß umstritten wegen ihrer Ausbeutungspraktiken.[17]

Ein Berufsverband oder eine andere Art von Interessenvertretung wäre für viele Solo-Selbstständige eine große Hilfe, aber gerade als Solo-Selbstständige sind sie nur schwer unter einen Hut zu bekommen. Die Bandbreite der von ihnen ausgeübten Berufe ist enorm, und ihre Beteiligung am Arbeitsmarkt schwankt derart stark, dass es schwierig ist, ihre Aktivitäten nachzuverfolgen und sie für ein konzertiertes Vorgehen zu bündeln. Sie fallen durch das Raster statistischer Erhebungen und sind auch für die Gewerkschaften eher unsichtbar. Zwei der größten deutschen Gewerkschaften, Ver.di und IG Metall, versuchen jedoch inzwischen, die Clickworker zu erreichen. Aber das ist ein langwieriger Prozess. Christiane Benner, Zweite Vorsitzende der IG Metall, hat darum die Website FairCrowdWorkWatch initiiert, die sich als übergreifende Anlaufstelle versteht und wesentliche Informationen für Clickworker bereitstellt, beispielsweise zur Höhe von Honoraren, zu Arbeitsbedingungen wie auch zu rechtlichen Ansprüchen. Brenner erklärt: »Die IG Metall muss solche Arbeitnehmer erreichen. Wir wissen genau, wie es ihnen geht und welche Richtung der Arbeitsmarkt einschlägt. Es stehen radikale Umbrüche bevor.«[18]

In den letzten Jahren ist eine Handvoll Interessenvertretungen entstanden, die sich für die Rechte Solo-Selbstständiger einsetzen und Ressourcen, Beratung und Information anbieten. Eine der größten ist der Verband der Gründer und Selbstständigen Deutschland (VGSD), ein Dachverband, der viele der Themen anpackt, die Solo-Selbstständige betreffen, gegründet von Andreas Lutz, der auch an der Spitze des Dachverbands steht. Andere Angebote richten sich an bestimmte Berufe, wie beispielsweise die Allianz Deutscher Designer, die die Interessen von bestimmten Designergruppen vertritt (beispielsweise Web- und Logo-Design), oder auch Freischreiber, ein Berufsverband für freie Journalistinnen und Journalisten.

Welche Herausforderung Solo-Selbstständigkeit für den Einzelnen bedeutet, wurde mir klar, als ich an der Fachhochschule Südwestfalen in der Nähe von Dortmund einen Vortrag hielt. Dort lernte ich Roman kennen. Roman ist Digital-Media-Crack und Videograf; heute ist er an der Fachhochschule fest angestellt, doch zuvor hat er zehn Jahre lang versucht, sich als Freiberufler durchzuschlagen.

»Es war wirklich schwer«, sagt er. »Das ist okay, solange man in den Zwanzigern ist. Aber mit dreißig möchte man mehr Sicherheit, mehr Einkommen.« Roman ist heute 35 Jahre alt und sagt mit einem hörbaren Seufzer der Erleichterung: »Gott sei Dank konnte ich einen festen Job finden.« In seinen Augen wird Flexibilität überbewertet. Wenn man jahrelang von Einzelaufträgen abhängt, zwar flexibel ist, aber kein sicheres Einkommen hat und nicht weiß, wann der nächste Auftrag reinkommt, beginnt man sich nach Stabilität zu sehnen. Eine Festanstellung in seinem Bereich zu finden sei jedoch nicht einfach, erklärt Roman, und es werde immer schwieriger. Viele seiner Freunde, die immer noch als Freiberufler arbeiten, machen mal 100 Euro hier, mal 100 Euro da – sie strampeln sich wirklich ab. »Nach einer Weile wird Freiberuflichkeit mit jedem Jahr anstrengender.« Er fühlt mit seinen Freunden, die älter werden und immer ausgelaugter sind von einem Leben als Selbstständige.

Das unbemerkte Vordringen der deutschen Freelance-Gesellschaft

Der »kranke Mann Europas« entwickelte sich auf wundersame Weise zu einer der robustesten Volkswirtschaften der Welt, sie verfügt über einen florierenden Exportsektor, über Haushaltsüberschüsse und die niedrigste Jugendarbeitslosigkeitsrate in Europa. Sind die Reformen der Regierung Schröder dafür verantwortlich? Darüber wird bis heute kontrovers und mit viel Leidenschaft diskutiert. Ungeachtet dessen steht Deutschland erhobenen Hauptes da, ein weltweites Vorbild – das scheint zumindest die vorherrschende Überzeugung der politischen, medialen und wirtschaftlichen Eliten zu sein. Okay, der Wohlstand ist nicht gerecht verteilt, die Ungleichheit ist stärker geworden, die Qualität der Jobs hat gelitten – aber keine kapitalistische Volkswirtschaft ist perfekt, nicht wahr? Im Großen und Ganzen ist Deutschland auf einem guten Weg, oder nicht?

So ähnlich dachten auch die Eliten in den USA, sogar noch am Wahltag Anfang November 2016, ziemlich genau bis 23 Uhr US-amerikanischer Ostküstenzeit, als bekannt wurde, dass die Staaten Florida, North Carolina und Pennsylvania für Donald Trump gestimmt hatten, der damit auf dem Weg zu einem der schockierendsten Präsidentschaftssiege in der US-amerikanischen Geschichte war. Regierungen, die das öffentliche Interesse nicht gegen die fortgesetzten Übergriffe durch machtvolle und finanzstarke ökonomische Interessen verteidigen, müssen irgendwann feststellen, dass sich ihre eigene Bevölkerung, aufgestachelt von populistischen Demagogen, gegen sie wendet. Der zentrale Konfliktpunkt ist heute die Frage, wie sich die Globalisierung gestalten lässt und wie man mit ihren machtvollen Zentrifugalkräften umgeht, die die Gesellschaft zu zerreißen droht. Auch in Deutschland ziehen Sturmwolken am Horizont auf. Sie sind wie eine dieser Warnungen, die man bekommt, bevor man sein Geld in Aktien oder Anleihen steckt: »Die Performance der Vergangenheit ist keine Garantie für die künftige Wertentwicklung.«

Ja, Deutschland ist in vielerlei Hinsicht großartig – aber dennoch ist hier die Ungleichheit mit am stärksten ausgeprägt in Europa. Einige der Sturmwolken sind der Tatsache geschuldet, dass nicht alle Einkommens- oder demografischen Schichten gleichermaßen von der kürzlichen wirtschaftlichen Blüte profitiert haben. Das Deutschland der Hartz-Reformen wirkt nach in Form eines beträchtlichen Niedriglohnsektors, dessen Arbeitnehmer zu einer Art Zweiter-Klasse-Bürger geworden sind – das ähnelt dem rasanten Vormarsch der Freelance-Gesellschaft in den USA. Die deutsche Nation hat so etwas wie eine schizophrene Persönlichkeit entwickelt, die gleichzeitig die besten wie die schlechtesten Seiten in sich vereint. Auf welcher Seite man als Bürger steht, hängt davon ab, inwiefern man von den Hartz-Reformen betroffen ist.

Ein Blick auf das Beschäftigungswachstum auf verschiedenen Einkommensebenen zeigt deutlich, wie unterschiedlich es den Menschen sowohl in Deutschland als auch in der Europäischen Union ergeht. Veränderungen der Struktur von Erwerbsarbeit haben EU-weit zu einer Polarisierung der Arbeitsmärkte geführt; die größten Arbeitsplatzzuwächse gab es in den am höchsten und den am schlechtesten bezahlten Berufen. Das Wachstum der Jobs mit mittleren Einkommen hingegen ist größtenteils zusammengebrochen. Eine grafische Darstellung des Beschäftigungswachstums in Europa – wie auch in den USA – würde mehr oder minder einer Hantel ähneln: große Ausschläge an den Enden, dünn in der Mitte. Das

Wegbrechen der mittleren Einkommen in Europa und den USA ist in erster Linie eine Folge der Digitalisierung, da eine Reihe von Arbeitsplätzen automatisiert und roboterisiert wurde, was in der Konsequenz zu »technologischer Arbeitslosigkeit« führte. Ein weiterer, nicht ganz so bedeutsamer Faktor war die Auslagerung von Jobs in Niedriglohnländer innerhalb wie außerhalb der EU.[19]

Die Implosion der Arbeitsplätze mit mittleren Einkommen betraf vor allem die wohlhabenderen westlichen Staaten. Die schwache wirtschaftliche Erholung der letzten Zeit führte allerdings zu einem leichten Anstieg dieser Jobs. Im Großen und Ganzen ist das Wachstum der höchst- und der niedrigstbezahlten Jobs eine Erblast der Lissabon-Strategie der EU, die zum Ziel hatte, die EU »zum wettbewerbsfähigsten und dynamischsten wissenschaftsgestützten Wirtschaftsraum der Welt zu machen«. In Kombination mit dem von Deutschland eingeforderten Austeritätsprinzip ist diese Strategie jedoch für die meisten Europäer in keiner Weise aufgegangen.

Deutschland unterlag den gleichen Trends wie der Rest der EU, allerdings fiel hier das Wachstum der Arbeitsplätze mit mittleren Einkommen etwas besser aus: Seit 2012 wurden in diesem Bereich rund 500 000 neue Jobs geschaffen, ein Anstieg um 1,3 Prozent.

Sieht man genauer hin und hinterfragt Art und Qualität der Jobs in jedem Lohn-Quintil, zeigt sich eine ganz andere Realität. Sowohl in Deutschland wie in der EU ist ein signifikanter Teil der neu geschaffenen Arbeitsplätze in allen Einkommensgruppen befristet und prekär statt unbefristet und regulär. Innerhalb der EU gehen in allen Einkommensgruppen – mit Ausnahme der höchsten – *nahezu alle Jobzuwächse auf Kurzfristanstellungen zurück*. Dies gilt auch in hohem Maß für Deutschland, obwohl die Bundesrepublik in den letzten Jahren etwas erfolgreicher als andere EU-Staaten darin war, reguläre Festanstellungen zu erschaffen.[20] Nichtsdestotrotz ist

der Prozentanteil der unbefristeten Vollzeitstellen seit 2000
von mehr als 61 Prozent auf nur noch 55 Prozent geschrumpft
(das bedeutet: Nur 40 Prozent der Menschen im erwerbsfähigen Alter haben ein Normalarbeitsverhältnis), ein Rückgang
um rund 10 Prozent.[21] Viele reguläre Jobs wurden in Kurz-
frist- und prekäre Anstellungen umgewandelt. Laut Eurostat,
dem Statistischen Amt der Europäischen Union, hat sich diese Entwicklung in Deutschland in den letzten fünfzehn Jahren beschleunigt, die Anzahl der Aushilfskräfte ist um ein
Viertel gewachsen, sodass inzwischen 27 Prozent der Erwerbsbevölkerung Kurzfristjobs innehaben[22] – das sind sogar
fast 50 Prozent mehr als in den USA. Es scheint schwer zu
glauben, aber in der Tat hat Deutschland trotz seines Wirtschaftswachstums in den vergangenen Jahren heute weniger
Normalarbeitsverhältnisse als noch im Jahr 2000.

Legt man verschiedene demografische Filter an, werden
weitere Aspekte offensichtlich. So sind beispielsweise Frauen
und jüngere Erwerbstätige überproportional von diesen Entwicklungen betroffen. Das jüngste Segment der deutschen
Arbeitnehmer (zwischen 20 und 29 Jahren) macht 50 Prozent
der Zeitarbeiter aus.[23] Mit zunehmendem Alter und mit dem
Antritt einer besseren Stelle verändern sich ihre Bedingungen
natürlich. Sollte jedoch die Schaffung von Normalarbeitsverhältnissen stagnieren und stattdessen die prekären, befristeten
Arbeitsstellen mehr werden, ist diese Generation in berufli-
cher Hinsicht gefährdeter als die Generation ihrer Eltern oder
Großeltern. Sie werden am stärksten die Auswirkungen der
wachsenden Ungleichheit auf den Arbeitsmärkten zu spüren
bekommen.

All diese Zahlen zeigen, wie dramatisch die Veränderungen
auf dem deutschen Arbeitsmarkt sind. Und dies gilt ebenso
für ganz Europa. Befristete Aushilfsjobs (auch in hoch qualifizierten Berufen) finden sich in hohem Maß in den Niederlanden; fast die Hälfte der niederländischen Arbeitnehmer

(47 Prozent) ist betroffen. Die Schweiz (38 Prozent der Erwerbsbevölkerung) und Österreich (28 Prozent) wie auch
Schweden, Irland, Belgien, Großbritannien, Dänemark und
Norwegen (je mehr als 20 Prozent) haben vergleichbare Veränderungen durchlaufen.[24] In Frankreich wurde quasi neu definiert, was ein Job ist, da 2015 nahezu zwei Drittel der neuen
Arbeitsverträge auf weniger als einen Monat befristet waren –
und die Chance, dass aus diesen Jobs unbefristete, reguläre
Anstellungen werden (mit allen Sozialleistungen und Sicherheiten) ist in den letzten dreißig Jahren von 62 Prozent auf
25 Prozent gefallen.[25] In Großbritannien sind 4,6 Millionen
Menschen selbstständig – 15 Prozent der Erwerbsbevölkerung; laut dem Office of National Statistics, dem britischen
Amt für Statistik, gehen auf sie zwei Drittel der seit 2008 neu
entstandenen Jobs zurück; eine Studie schätzt, dass bis 2018
mehr Briten als Selbstständige arbeiten denn im öffentlichen
Sektor.[26] In Spanien, Italien, Griechenland und Polen machen
Selbstständige und Zeitarbeiter ungefähr 35 Prozent aller Erwerbstätigen aus, in Schweden ein Viertel.[27] In all diesen Staaten arbeiten Männer nach wie vor mehr bezahlte Stunden als
Frauen.

Karin Schulze Buschoff vom Wirtschafts- und Sozialwissenschaftlichen Institut (WSI) der Hans-Böckler-Stiftung
sagt: »Mehr als ein Drittel der europäischen Erwerbstätigen
arbeitet inzwischen in ›atypischen‹ Beschäftigungsformen –
Tendenz steigend. Dementsprechend gelten beispielsweise die
Kurzfristbeschäftigung in den Niederlanden, die Solo-Selbstständigkeit in Italien und die befristete Beschäftigung in Polen sowie Werkverträge mittlerweile als ›normal‹.«[28] Schulze
Buschoff konstatiert, dass atypische Beschäftigungsverhältnisse 40 Prozent der deutschen Erwerbsbevölkerung betreffen, das liegt leicht über dem europäischen Durchschnitt. Mit
anderen Worten: Die Prekarisierung hat große Teile der deutschen und der europäischen Bevölkerung erfasst. Prekäre Ver-

hältnisse sind normaler Alltag geworden, sodass sie von politischen und wirtschaftlichen Entscheidungsträgern nicht mehr infrage gestellt werden. Kein Wunder, dass Wirtschaftspopulisten im Aufwind sind.

Von dieser Entwicklung ist in vielen Ländern in besonderem Maß die mittlere Einkommensschicht betroffen. Noch ist die Mehrheit der deutschen Erwerbsbevölkerung in der glücklichen Lage, über »mittlere Fähigkeiten« zu verfügen – aber Automation und Robotertechnik werden in den nächsten zehn bis fünfzehn Jahren gerade diese Jobs am härtesten treffen. Auch ethnische Minderheiten werden die Auswirkungen zu spüren bekommen. Ebenso werden sich die Folgen bei den Jobs niederschlagen, die oftmals von Zuwanderern übernommen werden; viele von ihnen arbeiten als Haushaltshilfen, Reinigungspersonal, Hausmeister oder Fahrer. Immigranten werden eine immer größere Rolle auf dem deutschen Arbeitsmarkt spielen, besonders wegen des jüngsten Zustroms an Flüchtlingen. Viele von ihnen sind bereit, niedrige Jobs anzunehmen – und bilden ein zusätzliches Beschäftigtenreservoir.

Manche Anzeichen sprechen dafür, dass diese Trends Deutschland stärker betreffen werden als andere europäische Staaten. Laut Andrew Watt vom Institut für Makroökonomie und Konjunkturforschung (IMK) der Hans-Böckler-Stiftung ist der Prozentanteil an Arbeitskräften, die weniger als 60 Prozent des mittleren Einkommens verdienen, innerhalb der EU in Deutschland am höchsten.[29] Deutschland weist zudem die größte Lohnlücke zwischen den höchsten und den niedrigsten Löhnen in Europa auf (auch die Erhöhung des Mindestlohns Anfang 2017 wird daran nur wenig ändern). Die obersten 20 Prozent der deutschen Erwerbsbevölkerung verdienen viermal so viel wie die unteren 20 Prozent[30] (im Vergleich zu den USA ist das wenig, dort verdienen die obersten 20 Prozent elfmal so viel wie die untersten 20 Prozent).[31]

Anfang Mai 2016 sprach Bundesarbeitsministerin Andrea Nahles auf der re:publica – laut Angaben des Veranstalters die größte Konferenz von Internetaktivisten in Europa – in Berlin. Sie berichtete, dass rund vier Millionen Deutsche (10 Prozent der Erwerbsbevölkerung) weniger als den (zu jenem Zeitpunkt geltenden) Mindestlohn von 8,50 Euro pro Stunde verdienen; andere Experten schätzen die Zahl auf 16,5 Prozent.[32] Welche Zahl nun auch richtig ist: Der Prozentsatz ist zwei- bis dreimal so hoch wie in den Vereinigten Staaten, wo nur 4 Prozent der Amerikaner weniger als den Mindestlohn beziehen.[33] Das deutsche Rentensystem wurde in den vergangenen Jahren ganz erheblich aufgeweicht, sodass es schon fast amerikanische Züge annimmt – viele deutsche Rentner sind ähnlich wie amerikanische nicht länger abgesichert. Eine erstaunliche hohe Anzahl von jungen Deutschen erzählte mir, dass sie trotz ihrer Einzahlungen in die Rentenkasse nicht darauf vertrauen, im Alter eine staatliche Rente zu beziehen.

So bestürzend diese Zahlen bereits sind, es gibt weitere Hinweise, dass sich die Arbeitssituation in Deutschland stärker verschlechtert hat, als Politiker, Statistiker und andere Experten wahrhaben wollen. Die meisten Studien und Statistiken, die sich mit dem Arbeitsmarkt beschäftigen, basieren auf den offiziellen Daten der Regierung. Doch die Anzahl der in den verschiedenen Kategorien von Arbeitsverhältnissen Beschäftigten wird durch die staatlichen Erhebungen mit großer Wahrscheinlichkeit nicht zur Gänze erfasst. Der Grund liegt darin, dass die Daten ganz wesentlich auf einer Haushaltserhebung basieren, die in methodischer Hinsicht fehlerhaft ist.

Das McKinsey Global Institute analysierte im Rahmen einer Studie die Arbeitsmärkte der USA sowie von Deutschland, Schweden, Großbritannien und Spanien. Die offiziellen Daten wurden hierfür ergänzt durch die Ergebnisse von Erhebungen renommierter Forschungsinstitute ebenso wie durch Daten einer eigenen Befragung von mehr als 8000 Personen in den ausgewählten Ländern. McKinsey, eine der weltweit führenden Unternehmensberatungen, ging sehr gründlich der Frage nach, wie Erwerbstätige heute arbeiten, und kam zu dem Schluss, dass der prozentuale Anteil der »unabhängig« Tätigen in Deutschland fast *90 Prozent höher* ist als anhand der staatlichen Haushaltsbefragung geschätzt. Fast ein Drittel der deutschen Bevölkerung im erwerbsfähigen Alter verdient sein Einkommen auf Wegen, die jenseits der traditionellen Arbeitgeber-Arbeitnehmer-Beziehung liegen: als Selbstständige, Zeitarbeiter, Clickworker, Leiharbeiter, Freiberufler. Für die einen ist es der Hauptjob, für die anderen eine Möglichkeit, etwas hinzuzuverdienen. Der gründlichere Ansatz von McKinsey zeigt, wie sehr sich die Situation verschärft hat.

Dies gilt nicht nur für Deutschland. Alle anderen Nationen der McKinsey-Studie haben den Anteil der »unabhängigen« Arbeitnehmer ähnlich schlecht erfasst. In Frankreich ist der Prozentanteil der Selbstständigen rund zwei Drittel höher, als die Auswertung der staatlichen Daten nahelegt; ungefähr ein Viertel von Frankreichs Bevölkerung im erwerbsfähigen Alter arbeitet »unabhängig«. In Schweden ist der Anteil 40 Prozent höher; hier leisten 28 Prozent der Bevölkerung im erwerbsfähigen Alter »unabhängige« Arbeit. In Großbritannien ist der Anteil 86 Prozent höher, es arbeiten 26 Prozent »unabhängig«. In Spanien liegt der Wert 67 Prozent über dem der staatlichen Daten; hier sind 31 Prozent selbstständig. Und für die USA lag der Wert 23 Prozent über den offiziellen Auswertungen; 27 Prozent der Menschen im erwerbsfähigen Alter sind dort »unabhängig« tätig.[34] Laut McKinsey unterschätzen in allen untersuchten Ländern staatliche Statistiker und unabhängige Forscher in hohem Maß die Zahl der selbstständig Tätigen. Erinnern Sie sich an die Studie der Denkfabrik BRUEGEL, die in Kapitel 2 erwähnt wurde? Sie geht davon aus, dass in den nächsten Jahrzehnten in Deutschland 51 Prozent der Arbeitsplätze durch die Computerisierung wegfallen werden (in Österreich sind 54 Prozent der Jobs in Gefahr, in Frankreich und den Niederlanden je 49,5 Prozent). Machen Sie sich nichts vor: Das ist eine Wachstumsbranche. McKinsey prognostiziert, dass die Arbeitsleistung, die über Jobportale wie Upwork, Amazons Mechanical Turk, TaskRabbit, Clickworker.de, WorkHub, AppJobber und viele andere erbracht wird, bis 2025 2,7 Billionen US-Dollar zum weltweiten Bruttoinlandsprodukt beitragen wird.[35]

Warum aber sind all diese Zahlen wichtig? Wäre nur eine geringe Anzahl von Selbstständigen von diesen Trends betroffen, wäre kein politisches Umdenken oder eine Anpassung der arbeitspolitischen Strategien notwendig. Ist die Zahl der prekären Arbeitsverhältnisse aber deutlich höher, als wir denken, und ist sie Teil eines wachsenden Trends, dann droht die Situation in absehbarer Zeit zu kippen. Je nach Standpunkt variieren die Vorschläge für das zukünftige Handeln. Statistiker, die im Auftrag des Staates tätig sind oder die sich ausschließlich auf die staatlichen Erhebungen stützen, sagen mit Blick auf die Daten: »Die Veränderungen sind nur geringfügig. So ein Trend schlägt sich nicht in unseren Daten nieder.« Was aber, wenn die Methodologie falsch ist? Was, wenn die Methoden, die seit Jahrzehnten genutzt werden, um Erwerbstätigkeit zu erheben und zu messen, nicht mehr zeitgemäß sind? Sie wurden in einer Zeit entwickelt, da Arbeitsplätze überwiegend unbefristet und Vollzeit waren und Arbeitnehmer nur einen einzigen Arbeitgeber hatten. McKinsey hat sich dieser kontroversen Thematik angenommen und kommt zu dem Schluss, dass »offizielle Statistiken und die aktuelle Datenerfassung [...] ungenügend, veraltet und zu eingeschränkt sind, um die volle Bandbreite ökonomischer Aktivität zu erfassen [...]. Die bloßen Zahlen weisen darauf hin, dass sich der Arbeitsmarkt in einem strukturellen Wandel befindet – einem Wandel, der erhebliche Folgen sowohl für die Politik, die Wirtschaft wie die Individuen hat.«[36]

In Kapitel 6 werde ich im Rahmen einer breiteren Diskussion, mit welchen Strategien gute Jobs generiert werden können, auf die methodischen Fragen zurückkommen. Für den Augenblick ist es wichtig festzustellen, dass der herkömmliche Weg zur Erfassung und Messung von Erwerbsarbeit einem Blindflug gleicht, als wollte man ohne Radar ein Flugzeug im Nebel durch eine Gebirgslandschaft steuern. Doch der Expertenstreit über die Höhe der Zahlen ändert nichts an der Tatsache, dass bereits »amerikanische« Trends in Deutschland und Europa augenfällig sind. Die Zahl der Erwerbstätigen, die sich außerhalb der traditionellen Arbeitsbeziehungen bewegen, ist dramatisch angestiegen, und die Zahl der Normalarbeitsverhältnisse ist zurückgegangen. Diese Trends betreffen Millionen Menschen, und ihre geringfügige Abschwächung in den letzten Jahren ändert nichts an der langfristigen Entwicklung.

Infolge der Weltwirtschaftskrise 2008 erlebten praktisch alle Industrienationen die gleiche Polarisation und Segmentierung des Arbeitsmarktes, in deren Zuge die Jobs mit mittleren Einkommen ausgehöhlt und in befristete und prekäre Arbeitsverhältnisse umgewandelt wurden. Den stärksten Anstieg gab es bei Niedriglohnjobs, befristeten Arbeitsverhältnissen, Aushilfsjobs, bei Selbstständigkeit und Freiberuflichkeit; diese Arbeitsverhältnisse werden euphemistisch als »unabhängig« bezeichnet, aber im Grunde stellen sie einen zusätzlichen Pool an Arbeitskräften zur Verfügung, die Unternehmen anheuern, wenn sie die Kapazität für kurze Zeit aufstocken wollen, und dann wieder feuern. Wie in den USA gehören die Arbeitsplätze, die in Deutschland verloren gegangen sind, zu den »guten Jobs«: Sie boten eine angemessene Bezahlung, Krankenversicherung, Rentenversicherung, ein Sicherheitsnetz und ein gewisses Maß an Beschäftigungssicherheit. Die Arbeitsverhältnisse, durch die sie ersetzt wurden – Minijobs, befristete Kurzaufträge, Werkverträge,

Auftragsvergabe an Subunternehmer, Selbstständige, Mini-unternehmen, Clickworker, Freiberufler –, führen zu einem spürbaren Rückgang an ökonomischer Sicherheit und fehlenden Aufstiegschancen für Millionen von Arbeitnehmern. Gleichzeitig steckt darin eine implizite Botschaft an die Menschen, die in der glücklichen Lage sind, einen anständigen Job zu haben, und an ihre Gewerkschaftsvertreter: »Fordert nicht zu viel, sonst landet auch ihr in prekären Verhältnissen.«

In zunehmendem Maß behandeln Unternehmen – ob Start-ups oder traditionelle Firmen – ihre Arbeitnehmer wie einen weiteren Produktionsfaktor, etwas, das man einfach an- oder abschalten, kaufen oder verkaufen kann. Dieses unternehmerische Verhalten läuft den Prinzipien der Internationalen Arbeitsorganisation (ILO) zuwider, die 1944 in ihrer »Erklärung von Philadelphia« verkündete: »Arbeit ist keine Ware.« Dies ist der erste und wichtigste Grundsatz der ILO, er wurzelt in der Überzeugung, dass Menschen nicht wie unbeseelte Gegenstände, wie Kapitel oder andere Ressourcen behandelt werden dürfen oder wie ein bloßer Teil der Produktion. Wer für seinen Lebensunterhalt arbeitet, sollte als menschliches Wesen angesehen und mit Würde und Respekt behandelt werden. 1969 wurde die ILO für ihre Förderung der ökonomischen Gerechtigkeit mit dem Friedensnobelpreis ausgezeichnet. Die Werte der ILO gelten als das Herzstück des transatlantischen Konsenses. Doch immer öfter verletzen heutige Unternehmenspraktiken diese ehrwürdigen Prinzipien.

Willkommen in der deutschen und europäischen Version der Freelance-Gesellschaft, die zur Akkordarbeit zurückkehrt und zur Arbeit für viele unterschiedliche Arbeitgeber – es ist der Rückschritt zu einer kleinbäuerlichen Arbeitslebensweise, wie sie es seit mehr als hundert Jahren nicht mehr auf dem europäischen Kontinent gegeben hat. Die neoliberale Globalisierung hat mehr prekäre Arbeitsverhältnisse

erzwungen, als es sie seit Jahrzehnten gegeben hat. Deutschland verfügt sogar über mehr »unabhängige« Beschäftigte in
befristeten, schlecht abgesicherten Jobs und in Teilzeitstellen
als die USA mit ihrem Wild-West-Cowboy-Kapitalismus.
Diese dramatischen Veränderungen des Arbeitsmarktes haben sich in Deutschland unbemerkt breitgemacht, und sie legen den Grundstein für die digitale Ökonomie mit ihren äußerst unsozialen Arbeitsmärkten, die – wie in den USA – zu
einer problematischen und konfliktreichen Zukunft führen
können.

4
Vom Silicon Valley zur Silicon Allee

Sollte sich Deutschland einer Freelance-Gesellschaft im amerikanischen Stil annähern, steht eine Menge auf dem Spiel. Um die wirtschaftliche Wettbewerbsfähigkeit zu gewährleisten, wird gefordert, Deutschland solle die Digitalwirtschaft ausbauen, in erster Linie durch die Förderung von Start-ups. Das Silicon Valley mit seinem »disruptiven« Geschäftsmodell und seiner eigenen Wertschöpfungskette ist dabei das Modell, das viele in Deutschland gerne imitieren möchten. Aber wie wir sehen werden, machen sich die Rufe nach einem deutschen Facebook, Google oder Apple zwar großartig als Schlagzeilen in den Medien, doch ist eine solche Strategie nicht realistisch. Unklar ist, was sich von einer deutschen Start-up-Wirtschaft überhaupt erwarten lässt und welche Rolle sie für die Zukunft der Nation spielen kann. Das bedeutet nicht, dass Start-ups und die digitale Wirtschaft nicht ein wesentlicher Faktor der Volkswirtschaft sein können. Es ist aber eine Strategie für die Digitalisierung notwendig, die in die richtige Richtung weist und die richtigen Ziele im Blick behält.

Silicon Allee: der Aufstieg von Deutschlands Start-up-Wirtschaft

Jede Bewegung hat einen Ort, an dem sie entspringt: Bei der polnischen Solidarność waren es die Schiffswerften, und die Beatles hatten Liverpool. Die Start-up-Welt entstammt nicht den Vorstandsetagen oder den blitzsauberen Denkfabriken, sondern den Coffeeshops. Viele meiner Treffen mit Digitalunternehmern und Risikokapitalgebern begleitete das ohrenbetäubende Gurgeln und Zischen von Espressomaschinen. Die Coffeeshops sind ein unbesungener Teil der Infrastruktur der Start-up-Welt; durch die Digitalwirtschaft erhalten diese öffentlichen Zufluchtsorte die Bedeutung zurück, die sie im London des 17. Jahrhunderts, in Wien Mitte des 19. Jahrhunderts und im späten 20. Jahrhundert in Prag hatten. Im heutigen Berlin, Hamburg und München kommen hier koffeinisierte Risikokapitalgeber und Hipster-Technikfreaks zusammen, um sich in das freie WLAN des Cafés einzuloggen und ihren Weg zum Goldtopf am Ende des Regenbogens auszuarbeiten. Dass vermutlich nur wenige von ihnen Erfolg haben werden, mindert nicht ihren Enthusiasmus. Im Gegenteil: Wie ein blauäugiger Entrepreneur mir erklärte: »Bei den Start-ups spielt die Musik.«

Zum gegenwärtigen Zeitpunkt ist die deutsche Start-up-Szene im gleichen Maß enthusiastisch wie von der Angst erfüllt, wie Ikarus vom Himmel zu stürzen – je nachdem, mit wem man spricht. Es gibt viele unterschiedliche Sichtweisen auf das Thema, jede gleicht einer neuen Facette eines noch zu schleifenden Diamanten. Dementsprechend war das Thema meines Gesprächs mit Nico Lumma, dem leitenden Geschäftsführer von Next Media Accelerator – wir trafen uns natürlich in einem Coffeeshop –, die Frage, wo die deutsche Start-up-Wirtschaft heute steht.

»Die Start-up-Szene in Deutschland hat sich in wenigen Jahren dramatisch verändert«, sagt er. »Es gibt mehr Geld, mehr Talent, mehr Erfahrung.« Nico ist ein freundlicher, aber entschiedener Mensch, liebenswürdig und geduldig, während er gleichzeitig die FOMO*-Aura eines Menschen ausstrahlt,

---

* FOMO ist ein Akronym für »Fear of missing out«, also die Angst, etwas zu verpassen; gemeint ist der Zwang, ständig mit anderen via Handy oder Computer in Kontakt stehen zu müssen, damit einem nur ja keine soziale Interaktion oder ein gewinnbringendes Geschäft entgeht.

der gedanklich permanent sein Smartphone checkt, selbst wenn das Gerät außer Sichtweite ist. Er ist seit fünfzehn Jahren Teil der Meta-Start-up-Welt und hat die unterschiedlichsten Erfahrungen gesammelt. Dieser Tage blickt er optimistischer in die Zukunft, weil die Menge an Risikokapital – das notwendige Startkapital für dieses Ökosystem – exponentiell angewachsen ist. »Wir sind nicht auf dem gleichen Level wie die USA, aber für europäische Maßstäbe geht es gut voran«, sagt er.

Und tatsächlich: In vielerlei Hinsicht hat Berlin inzwischen London als Europas Hauptstadt der Start-ups überholt,[1] es konnte in den letzten zwei Jahren sogar mehr Risikokapital einwerben – 2,1 Milliarden Euro wurden in Berlin investiert gegenüber 1,7 Milliarden Euro in London (gefolgt von Paris und Stockholm).[2] In Deutschland wurden 2016 insgesamt mehr als 3 Milliarden Euro in Start-ups investiert; neben Berlin bekamen auch München, Hamburg, Köln, Düsseldorf, Stuttgart und Frankfurt am Main einen Teil des Kuchens. Das sind zwar nur rund 13 Prozent des Start-up-Kapitals, das ins Silicon Valley fließt,[3] aber Investitionen in die Technologiebranche haben in Deutschland an Fahrt aufgenommen und sind 2016 um 59 Prozent gewachsen. Start-up-Berlin kommt deshalb ziemlich selbstbewusst daher und hat sich selbst einen Ritterschlag verpasst mit dem Namen »Silicon Allee«. Nachdem die Briten nun ihren Ausstieg aus der Europäischen Union verkündet haben, hofft Deutschland, seine Poleposition weiter ausbauen zu können.

Deutschland im Allgemeinen und Berlin im Besonderen bieten den Nährboden für immer mehr Start-ups; die Gründe dafür liegen zum einen im rasant wachsenden Talentpool und der großen Geek-Szene, die angelockt wird von den relativ niedrigen Preisen und Mieten in Berlin (besonders im Vergleich zu London, Paris oder dem Silicon Valley). Aber auch die bewusste Förderpolitik ist ein entscheidender Faktor:

Steuervergünstigungen und Zuschüsse für Privatinvestoren (sogenannte Business Angels), staatliche Förderung für Firmen, die Schwierigkeiten haben, Risikokapital einzuwerben, und ein vereinfachter Zuzug für ausländische Mitarbeiter. Philipp Semmer von Motu Ventures, einem Wagniskapitalfonds, der Startkapital für Start-ups bereitstellt, erzählte mir, dass Politiker sich lange Zeit »nicht um Start-ups kümmerten, die hatten sie nicht auf ihrem Radar. Bis vor Kurzem.« Inzwischen aber setzt der Staat auf Bundes- wie auf Länderebene in großem Stil auf diese »Hefe« der deutschen Volkswirtschaft, wie Kanzlerin Merkel Start-ups nennt.

Wie schon erwähnt, hat die Bundesregierung inzwischen die Digitale Agenda 2014–2017 verabschiedet, und die Investitionsbank Berlin (IBB), die Förderbank des Landes Berlin, hat einen Wagniskapitalfonds aufgesetzt, der Gelder in zahlreiche Start-ups steckt. Iris Gleicke, Parlamentarische Staatssekretärin des Bundesministeriums für Wirtschaft und Energie, gehört zu den Katalysatoren der Start-up-Ausrichtung der Regierung. Sie hat zwei strategische Initiativen des Bundesministeriums angestoßen, darunter den Venture-Capital-Fonds Coparion (in Zusammenarbeit mit dem Europäischen Investitionsfond und der Kreditanstalt für Wiederaufbau, KfW), der Technologie-Start-ups in der Anfangsphase mit einem Fondsvolumen von rund 225 Millionen Euro unterstützt.[4] In ihrer Rede auf einer Technologiekonferenz pries Gleicke Start-up-Gründer als die Treiber der digitalen Revolution, sie erklärte: »Diese Initiativen werden […] sicherstellen, dass die deutsche Wirtschaft mithilfe des wertvollen Beitrags von Start-ups weiterhin floriert.«

Aber nicht nur die Regierung tritt als Förderer auf, es gibt, wie schon angedeutet, inzwischen auch zahlreiche Acceleratoren und Inkubatoren im Privatsektor, wodurch zusätzliche Ressourcen für die Unterstützung von Start-ups hinzukommen, und zwar für frühe (Inkubatoren) wie für spätere Entwicklungsstadien (Acceleratoren). Viele große deutsche Unternehmen, wie beispielsweise die Axel Springer SE, Siemens oder verschiedene Automobilkonzerne, haben eigene Acceleratoren ins Leben gerufen. Führende Forschungsinstitute wie die Max-Planck-Gesellschaft, die Fraunhofer-Gesellschaft oder die Helmholtz-Gemeinschaft Deutscher Forschungszentren konzentrieren sich ein weiteres Mal auf die digitale Zukunft; deutsche Universitäten nehmen Themen rund um Start-ups in ihre Lehrpläne auf, sie unterstützen sogar Kurse, in denen junge Studenten lernen, wie man ein digitales Unternehmen gründet. Das erfolgreichste Softwareunternehmen Deutschlands, Hasso Plattners SAP, die einzige Softwarefirma Deutschlands, die es in die Forbes Top 500 geschafft hat, hat einen 2,5-Milliarden-Euro-Fonds für die Investition in Start-ups eingerichtet, und auch die Deutsche Telekom hat einen Fonds mit 800 Millionen Euro aufgesetzt. Es wird also richtig viel Geld bereitgestellt.

Die Factory, die in einer renovierten Brauerei in Berlin residiert und eine ähnlich exzentrisch-kreative Atmosphäre pflegt wie Andy Warhols gleichnamiges New Yorker Studio, bezeichnet sich selbst als »next generation business club« und bringt frisch geschlüpfte Start-ups wie SoundCloud oder ZenMate mit »reifen« Unternehmen wie der Deutschen Bank oder Siemens zusammen. Das Startupbootcamp Berlin, das europaweit im Verbund mit sieben weiteren Start-up-Acceleratoren agiert, hat ein Programm aufgesetzt, das Gründern und neuen Unternehmen Mentoren und potenzielle Investoren vermittelt. Zu seinen Partnern zählen unter anderem Mercedes-Benz, Cisco und Bosch, die über genügend Kapital verfügen, um mehrere Start-ups zu fördern, in der Hoffnung, dass sich ein paar von ihnen als lukrative Quelle von etwas Neuem und Aufregendem erweisen. In Hamburg gibt es das Betahaus, in dem ich auch schon einmal einen Vortrag gehalten habe; dies ist ein weiterer Accelerator und ein Co-Working-Space mit dem Ziel, die Beziehungen zwischen Start-ups, Investoren und Geschäftspartnern zu festigen.

Wie das Silicon Valley in Kalifornien vibriert die Berliner Start-up-Szene vor Begeisterung, auf der Höhe der Zeit zu sein; als wären Start-ups selbst die Innovation, nach der Deutschland sucht; als würde es reichen, ihnen nachzujagen, ganz egal, ob sie ihr Ziel erreichen oder nicht. Besonders in Berlin kann man spüren, dass ein neuer Start-up-Himmel entsteht. Und all der Enthusiasmus und die Unterstützung haben tatsächlich zu ein paar Silicon-Allee-Erfolgen geführt. Von den Start-ups, die am Ende überlebt haben, konnte ein Fünftel Gewinne in Höhe von einer Million Euro vorweisen, und eines von zwanzig erwirtschaftete Gewinne zwischen 10 Millionen und 50 Millionen Euro.[5] Die Start-ups sind in einer beeindruckenden Bandbreite von Wirtschaftsbereichen aktiv, beispielsweise in der Softwareentwicklung und der Informationstechnologie, im E-Commerce, in Web- und mobilen Anwendungen für Verbraucher, in der Umwelttechnologie und mehr. Lars Zimmermann, Geschäftsführer von Hy!, einer der führenden Unternehmensberatungen für digitale Strategien, die der Axel Springer SE nahesteht, berichtete mir, dass in Deutschland durch die Start-up-Szene rund 40 000 bis 60 000 Jobs geschaffen wurden. Andere Schätzungen gehen sogar von rund 80 000 Arbeitsplätzen aus.[6] Aber sogar wenn wir die höhere Zahl nehmen, sind das gerade einmal 0,2 Prozent aller deutschen Arbeitsplätze. Dieser Sektor generiert keine großen Mengen an Jobs, zumindest noch nicht. Man muss ihm aber zugestehen: Er ist bei null gestartet, und seine Wachstumsrate ist höher als die anderer Wirtschaftsbereiche.

Neben diesen Fortschritten ist Silicon Allee aber auch mit zahlreichen Hemmnissen konfrontiert, die es daran hindern, jemals mit dem Silicon Valley konkurrieren oder eine deutsche Version des Silicon Valley werden zu können. Es gibt zwei große Hürden und mehrere kleinere.

Das erste große Hindernis ist die Tatsache, dass die Bevölkerung der USA viermal so groß ist wie die Deutschlands, und ebenso ist die US-Volkswirtschaft mehr als viermal größer (gemessen am Bruttoinlandsprodukt). Es gibt einfach nicht genug Anlagegeld in ganz Deutschland, um annähernd so hohe Summen in so viele verrückte Wahnsinnsideen zu stecken, wie es im Silicon Valley geschieht. Wollen Sie ein oder zwei Beispiele? Einer der letzten Gewinner meines ganz persönlichen Absurditätspreises ist Zume Pizza, ein kleines Start-up, dessen Zentrale ganz in der Nähe von Googles Hauptsitz liegt. Es träumt davon – Trommelwirbel bitte! –, die Zubereitung von Pizza zu revolutionieren. Zume hat Roboter so programmiert, dass sie Pizzen herstellen, die dann auf der Fahrt zum Kunden in Öfen in Lieferwagen gebacken werden. Der Produktionsprozess ist so getaktet, dass die Pizza fertig ist, wenn der Lieferwagen beim Kunden eintrifft, sodass die Pizza nicht kalt wird.[7] Ja, eine Revolution und ein Service, auf den die Welt ungeduldig gewartet hat. Hoffentlich gerät der Lieferwagen nicht in einen Unfall, sonst kommt die Pizza womöglich trotzdem kalt beim Kunden an.

Oder wie wär's hiermit? Da man in San Francisco buchstäblich in jedem Coffeeshop, jedem frisch gentrifizierten Restaurant oder in jeder Bar im Mission District auf digitale Träumer trifft, habe ich auch einen in meinem Umfeld. Mein junger Nachbar, Eigentümer einer 1,5 Millionen US-Dollar teuren Wohnung, ist CEO eines Unternehmens, das sich – oh, oh – das kleine Ziel gesetzt hat, »die Zukunft des Transportwesens schon heute Wirklichkeit werden zu lassen« (sagt zumindest die Unternehmenswebsite). Das bedeutet in diesem Fall: die Neuerfindung des Motorrads. Die Vision meines Nachbarn ist ein Zweirad, das sich mithilfe von Gyroskopen und künstlicher Intelligenz in jeder Situation aufrecht hält. Es soll ein vollkommen geschlossenes, selbst abgleichendes und schlussendlich selbst fahrendes Motorrad werden, das vermutlich nie umkippt. Mein Nachbar geht davon aus, dass jeder, vom Jugendlichen über den Pendler bis zur einkaufenden Großmutter, sich auf seine blasenumhüllten, der Schwerkraft trotzenden Zweiräder schwingen wird. Neben dieser digitalen »James-Dean-Coolness« gibt es als Bonus einen geringen Kraftstoffverbrauch und das gute Gefühl, die Verkehrsbelastung zu verringern, weil das Gefährt kleiner ist als ein vierrädriges Fahrzeug. In einem Gespräch über den Gartenzaun hinweg erklärte mir der junge CEO, dass *seine* Erfindung das Fahrzeug der Zukunft sein wird, nicht die autonomen Autos von Uber. Allerdings habe ich erfahren, dass er bei einem schweren Unfall mit seiner Erfindung fast gestorben wäre. Das erhärtet meine Zweifel und wirft die Frage auf, wie viele Menschen überhaupt dazu bereit sein werden, ihr Leben einem Produkt anzuvertrauen, das noch mitten in der Entwicklung steckt.

Das sind nur zwei von vielen Erfindungen, die inmitten des Schalls und Rauchs des Start-up-Himmels und dank der Halluzinogene ausgebrütet werden, die beim 400 Meilen nordöstlich von San Francisco mitten in der Wüste stattfindenden Burning-Man-Festival eingeworfen werden. Es schwirrt so viel Geld im Silicon Valley herum, dass sogar diese beiden Ideen Risikokapital in der Höhe von mehreren Millionen US-Dollar einwerben konnten; und sie reihen sich ein in die lange Schlange hinter Googles Datenbrille, Apples Smartwatch und Vessyls intelligentem Trinkbecher und weiteren Dingen, die die Welt nicht braucht. Viele der kurzlebigen Start-ups im Silicon Valley scheinen spezialisiert zu sein auf coole Ideen, für die es ganz schlicht keinen Markt gibt. Nur ein einziger Ort auf diesem Planeten kann so verschwenderisch mit Geld umgehen, und Deutschland sollte froh sein, dass der weit weg ist.

Das zweite bedeutsame Hindernis ist die eingeschränkte geografische Reichweite aufgrund der deutschen Sprache. Die

USA haben einen riesigen Markt von 320 Millionen Konsumenten, die mehr oder minder alle dieselbe Sprache und Kultur teilen (obwohl – versuchen Sie das mal einem schleppend nuschelnden Texaner oder einem schnellzüngigen New Yorker weiszumachen). Zudem ist Englisch die Lingua franca der Welt, damit haben Unternehmen aus den USA, aus Großbritannien, Irland und anderen englischsprachigen Nationen einen Vorteil.

Der deutschsprachige Markt ist deutlich kleiner, und das macht es schwieriger, ein wirklich großes Unternehmen aufzuziehen. »Twitter hätte in Deutschland niemals diese Größe erreichen können«, sagt Lumma. »Das wäre nicht möglich gewesen. Es sprechen einfach nicht genug Leute Deutsch.« Der Brite Ed Biden, Produktdirektor von Rocket Internet, einem der erfolgreichsten deutschen Start-ups, erzählte mir, dass die deutsche Sprache ein großes Hindernis sei, weil »man Anwälte und Bilanzbuchhalter anheuern muss, die Deutsch sprechen, da die Gesetze und Regularien alle auf Deutsch sind«. Allerdings, fügte er hinzu, sei das mehr ein Problem außerhalb von Berlin, denn Berlin selbst sei inzwischen eine internationale Stadt, in der viele Menschen Englisch beherrschten.

Selbst wenn es der Europäischen Union gelingen sollte, einen EU-weiten Start-up-Markt zu schaffen, würde der immer noch in viele unterschiedliche Sprachen und Kulturen zerfallen, was es sehr viel schwieriger macht, ein großes Publikum für ein Produkt zu finden. Das entspricht dem, was mir viele der deutschen Geschäftsführer und Gründer berichteten: Ihr größter Absatzmarkt seien die englischsprachigen Länder. Englisch ist für sie nicht nur notwendig, um ihre Produkte an die Konsumenten zu bringen, sondern auch, um mit der weitgehend internationalen Belegschaft zu kommunizieren. Wie immer gibt es eine wichtige Ausnahme von der Regel: Dies betrifft in erster Linie Produkte für Verbraucher und den Dienstleistungssektor, nicht so sehr jedoch den industriellen Sektor, der in Deutschland traditionell stark ist (und dem ich mich im nächsten Kapitel zuwenden werde).

Neben diesen beiden grundlegenden und weitreichenden Hemmnissen wurden in Gesprächen, die ich mit verschiedenen Wagniskapitalgebern und digitalen Unternehmern geführt habe, weitere kleinere Hindernisse erwähnt. So ist Deutschland zum Beispiel eher konservativ und traditionell, was dazu führt, dass viele Deutsche risikoscheu sind, zumindest in den Augen der Start-up-Welt. Mark Fliegauf, Stipendiat der Stiftung Neue Verantwortung und Gründer von On Purpose, einem Berliner Start-up im sozialen Sektor, meinte: »Deutsche setzen nicht alles auf eine Karte bei ihren Ideen.« Viele deutsche Start-up-Gründer sind laut Fliegauf Teilzeitunternehmer, sie behalten ihren Hauptjob und führen ihr eigenes Geschäft nebenbei. Es gäbe zweimal so viele Teilzeit- wie Vollzeitgründer, aber »das ist nicht genug Zeit, um deine Idee nach vorn zu bringen«. So mag es zwar mehr Start-up-Kapital denn je in Deutschland geben, aber viel davon wird in schlechte Ideen gesteckt. »Es wird verschwendet«, sagt Fliegauf.

Ganz ähnliche Klagen habe ich von einer Anzahl weiterer Gesprächspartner gehört, deshalb vermute ich, dass es stimmt, dass Deutsche eher risikoscheu sind, wenn es darum geht, ein Unternehmen zu *gründen*. Wenn es jedoch um Unternehmens*führung* geht, weist Deutschland enorm innovative und progressive Strukturen auf: nämlich betriebliche Mitbestimmung und Betriebsräte. Zudem führten die bismarckschen Sozialreformen zu der Erfindung des Wohlfahrtsstaats, ein wirklich großer Wurf und seiner Zeit weit voraus. Deutschland verfügt ebenso über einige wirklich beeindruckende politische Institutionen, die eine pluralistische Demokratie ermöglichen: ein Mehrparteiensystem, das Verhältniswahlrecht, die öffentliche Bezuschussung von Wahlkämpfen, freie Sendezeit für politische Parteien zu Wahlkampfzeiten und eine umfassende Wählerregistrierung – alles Dinge, die in den Vereinigten Staaten fehlen, weshalb diese in einem von hässlichen Schlammschlachten gekennzeichneten Zweiparteiensystem feststecken, das von Polarisation und Lähmung geprägt ist. Deutschland war ebenso ein Vorreiter bei der Einführung der »sichtbaren Hand«, also eines Staates, der seinen humanen Kapitalismus aktiv gestaltet. Deshalb haben mich die Klagen über die fehlende Risikofreude und die mangelnde Lust an der Innovation in der Start-up-Welt sehr überrascht, ist Deutschland doch in so vielen anderen Bereichen ein selbstbewusster Innovator.

Ein weiterer Punkt, der häufig bemängelt wurde, ist die übermäßige Bürokratie, die den Gründergeist abwürge. Mehrere Entrepreneure monierten, dass eine Geschäftsgründung zunächst einmal zu tonnenweise Papierkram führt – der dann weiteren Papierkram nach sich zieht. Kevin McDonah, CEO des Start-ups Novoda, das App-Software entwickelt und seinen Hauptsitz in Großbritannien hat, aber eine Zweigstelle in Berlin aufbaut, äußerte sich ähnlich. »Deutschland ist berühmt-berüchtigt für seine Bürokratie. In den ersten Monaten war es sehr schwierig, auch nur irgendetwas zu erreichen.« Das Ändern simpler Details bei einem Firmenkonto sei eine wirkliche Tortur, wenn Banken verlangen, dass man mit bestimmten Dokumenten in eine Filiale komme, nur um dann ein nächstes Treffen anzusetzen. Außerdem benötigten neue Unternehmen eine große Menge Kapital, um Geschäftskonten einzurichten, das könnten die meisten Start-ups nicht vorweisen. »Das ist ein Hindernis für ein Unternehmen«, sagt er.[8]

Christoph Fahle, einer der fünf Mitgründer des Start-up-Accelerators Betahaus, stimmt dem zu: Es sei schwierig, ein Unternehmen aufzusetzen; das Betahaus habe deshalb einen Vollzeitjuristen, der Start-ups beim Bewältigen der Berge an Formularen unterstütze, mit denen sie sich herumschlagen

müssten. Es sei auch unsinnig, dass Start-ups aus ein oder
zwei Personen bei der Gründung durch genau dieselben Rin-
ge springen müssten wie größere Unternehmen. »Das nimmt
Zeit in Anspruch und hält einen davon ab, die wirklich wichtigen Aufgaben anzugehen. Wir brauchen einfachere Lösungen für kleine Unternehmen«, erklärt Fahle.[9]

Ebenfalls wird oft bemängelt, dass es zwar deutlich mehr
Startkapital gäbe, aber nicht einmal annähernd so viel Invest-
mentkapital für die Post-Start-Phase. Florian Nöll, Vorsit-
zender des Bundesverbands Deutsche Startups, sagt, schwierig werde es besonders bei den mittleren Phasen der Finanzierungsrunden – normalerweise in Höhe von 2 bis 10 Millionen
Euro –, wenn junge Unternehmen beginnen, zu expandieren
und nach Marktanteilen zu greifen. »Was die mittleren Finanzierungsrunden angeht, ist Deutschland ein ›Tal des Todes‹
für Start-ups«, meint Nöll.[10] »Viele Unternehmensmodelle,
die erfolgreich sein könnten, scheitern, nur weil sie nicht die
notwendige Finanzierung erhalten.« Niklas Jansen, einer der
Gründer des Start-ups Blinkist, das knapp das »Tal des Todes« der mittleren Finanzierungsrunden überlebt hat, erzählte mir: »Viele Start-ups in Berlin schaffen es nicht über die
Gründungsphase hinaus. Eine Serie-A- oder Serie-B-Finan-
zierung ist sehr viel schwieriger zu erhalten als Startkapital.«
Rund 70 Prozent der mittleren Finanzierung wird von Wagniskapitalgebern von außerhalb von Deutschland getragen,
sagt Nöll. Wo sind nur die deutschen Investoren, die gewillt
sind, ihre Start-ups auch in der mittleren Phase zu unterstützen?

Es scheint, als würde Silicon Allee nur von Day-Tradern
finanziert werden, die nach dem Gießkannenprinzip ausschließlich Startkapital verteilen und wie hypnotisiert darauf
warten, sich – wie im Silicon Valley – dank des nächsten großen Dings eine goldene Nase zu verdienen. Ed Biden von Rocket Internet meint allerdings, dass es dieses Problem überall

in Europa und nicht nur in Deutschland gäbe. Es wird gern Startkapital investiert, aber die Wachstumsphase eines Unternehmens werde nicht unterstützt. Eventuell liege dies an einem Mangel an Ehrgeiz, meint Biden. Viele dieser Start-ups »wollen nicht weltweit aktiv werden. Europäische Unternehmen streben nicht nach einem Marktanteil wie Uber«, sagt er.

Wenn Deutschland wirklich möchte, dass seine wenigen erfolgreichen Start-ups sich zu größeren Unternehmen mausern, ist eine bessere Finanzierung in der Wachstumsphase nötig. Viele Menschen machen sich nicht klar, dass sogar die größten Start-ups der USA wie Airbnb (mit einer Bewertung von 30 Milliarden US-Dollar) für viele Jahre keinen Gewinn generierten. Facebook warf erst Profit ab, als seine Nutzerbasis auf 300 Millionen angewachsen war. Uber, dessen Wert auf fast 70 Milliarden US-Dollar geschätzt wird, hat Berichten zufolge bislang gar keinen Gewinn erwirtschaftet, und es geht das Gerücht, dass Twitter finanziell auf wackligen Beinen steht. All diese Start-ups wurden über lange Zeit durch Risikokapital finanziert, und das erfordert eine Menge Geduld. Es ist wirklich ironisch, dass die Start-up-Welt, in der es nur so von Menschen wimmelt, die sich für einen freien Markt und gegen staatliche Eingriffe aussprechen und die staatlicher Unterstützung oder Sozialprogrammen oft ablehnend gegenüberstehen, selbst komplett durch Risikokapital gefördert ist. Und manchmal auch durch staatliche Gelder. Aber so ist nun einmal die Realität. Können es sich Deutschlands privater und öffentlicher Sektor wirklich leisten, Jahr für Jahr Milliarden Euro in zahllose Start-ups zu stecken, von denen kaum eines je Profit abwerfen oder überhaupt überleben wird?

Alles in allem gibt es heutzutage in der deutschen Start-up-Szene jede Menge Energie und unternehmerischen Tatendrang, aber sie basiert auf einer willkürlichen Förderung nach dem Gießkannenprinzip – genau wie im Silicon Valley. Doch der hyperaktiven, koffeinstrotzenden anfänglichen Unterstützung folgt während der Wachstumsphase eine finanzielle Durststrecke – was so ganz anders ist als im Silicon Valley. Was wird werden? Welchen Weg wirst du einschlagen, Silicon Allee? Lars Hinrichs, 36 Jahre alt und Gründer von Xing, dem Konkurrenten von LinkedIn und inzwischen weltweit führende Plattform für berufliches Netzwerken, wurde für viele Technikfreaks zu einem Lokalmatador, als er sein Unternehmen für mehrere Millionen Euro verkaufte, was ihn zu einem der erfolgreicheren Start-up-Gründer des Landes machte. Hinrichs sieht Deutschlands Start-up-Fähigkeiten eher skeptisch. »Wir haben jede Menge kleiner Klitschen, die kein substanzielles Geschäftsmodell haben, aber ihr Glück versuchen«, sagt er. Es sei unwahrscheinlich, dass auch nur eines dieser Unternehmen die Chance habe, ein wirklich großes zu werden.[11]

Weitere Beschwerden, die ich oft zu hören bekam, betreffen den Mangel an qualifizierten Mitarbeitern, den nur schleppend vorankommenden Ausbau des Breitbandinternets und den »Brain drain«, also die Abwanderung frustrierter Start-up-Gründer und qualifizierter Fachkräfte nach London oder ins Silicon Valley, um dem schwerfälligen, überregulierten Deutschland zu entkommen. Aber eines der größten Hindernisse für den Erfolg deutscher Start-ups, meinten manche meiner Gesprächspartner, sei der Mangel an Originalität und guten Ideen – etwas, das Nico Lumma von Next Media Accelerator »Schwarmdummheit« nennt.

»Das ist überall zu sehen«, sagt er kopfschüttelnd. »Schwarmdummheit. Ein Unternehmen zieht einen Lieferservice auf, und fünf weitere machen genau dasselbe. Das kommt in Wellen.« Diese Art der Trittbrettfahrerei und das Fehlen an Originalität treffen besonders auf Deutschlands bekanntestes, erfolgreichstes – und umstrittenstes – Start-up zu: Rocket Internet.

Rockets umstrittene Flugbahn

Rocket Internet ist eines der meistverachteten und doch erfolgreichsten Technologieunternehmen in ganz Europa. Teils Start-up-Fabrik, teils Risikokapitalgesellschaft, ist sein Geschäftsmodell überraschend clever: Es finanziert Klone erfolgreicher Silicon-Valley-Unternehmen und führt sie in Märkten rund um die Welt ein, nur nicht in den USA. Das neue Unternehmen ist eine nahezu perfekte Kopie des Originals – die Website, die Produktlinie, das Logo, sogar die Farben werden imitiert. Hat Rocket Internet Vorherrschaft in seiner Zielregion erlangt, versucht es, das Start-up an genau das Unternehmen zu *verkaufen,* das es kopiert hat. Das Originalunternehmen, das verzweifelt bemüht ist, sämtliche Konkurrenz zu verdrängen, um seinen Marktanteil zu behaupten, schreibt einen dicken Scheck für Rocket aus und integriert den Klon in seinen Geschäftskörper. Rocket Internet schafft zwar weder Innovationen noch neue Produkte oder Dienstleistungen, trotzdem kann ich mir ein leises Lachen über dieses Geschäftsmodell nicht verkneifen. Es ist fast so, als würde das Originalunternehmen zur Geisel seiner eigenen Gier nach Dominanz, während Rocket Internet die Marke des Unternehmens nutzt, um Lösegeld zu fordern. Diese »Nimm das Geld und dann nichts wie weg!«-Strategie ist sowohl beeindruckend wie beängstigend, und sie ist das exakte Gegenteil des Ausbrütens eines deutschen Facebook, Apple oder Google.

Rocket ist mit seiner eigenen Version von »Erfolg« und »Innovation« enorm erfolgreich. Gegründet 2007 von den drei deutschen Brüdern Oliver, Alexander und Marc Samwer, prahlt das Unternehmen heute damit, dass es der größte Online-Mischkonzern außerhalb der USA und Chinas geworden ist. Es hat Dutzende Beteiligungsgesellschaften in vierzig internationalen Märkten lanciert, die es immer noch kontrol-

liert, und ist vor allem für groß angelegte E-Commerce-Un-
ternehmen bekannt wie beispielsweise Kopien von Amazon,
eBay und Zappos in Europa, Afrika, Südostasien, Südamerika
und dem Mittleren Osten. 2010 starteten die Samwer-Brüder
einen Klon von Groupon, den sie MyCityDeal nannten, und
nur fünf Monate später verkauften sie ihn für 170 Millionen
US-Dollar an Groupon. Da hatten sie sich längst durch ihren
eBay-Klon Alando profiliert, dessen Website praktisch nicht
von der von eBay zu unterscheiden war – und nachdem sie
gerade einmal hundert Tage im Geschäft waren, verkauften
sie die Kopie für 50 Millionen US-Dollar an eBay.[12] Danach
kam die Klingeltonfirma Jamba, verkauft an VeriSign für
270 Millionen US-Dollar. Rocket Internet gründete außerdem Wimdu als Konkurrenz zu Airbnb; Wimdu wuchs innerhalb von hundert Tagen auf 400 Mitarbeiter an – das ist
halb so viel, wie Airbnb zu jener Zeit hatte –, die an fünfzehn
Standorten weltweit agierten. Das Portfolio von Rocket enthält zudem Zalando, eine erfolgreiche Kopie von Amazon,
Payleven (ein Klon von Squares erstem Produkt, einem On-
line-Bezahldienst), Paymill (eine Kopie von Stripe), Drop-
gifts (eine Kopie von Wrapp) und Pinspire, ein schamloser
Klon von Pinterest. 2016 arbeiteten mehr als 300 CEOs für
Rocket, und das Unternehmen beschäftigte rund 30 000 Menschen in all seinen verschiedenen Start-ups, die in 110 Ländern auf sechs Kontinenten aktiv sind.

Ein ehemaliger CEO eines von Rockets Start-ups berichtete: »Wir haben uns gesagt: ›Wir werden diesen Markt dominieren und dann beweisen, dass unser Umsatz Monat für
Monat um 20 Prozent wächst. Der Gewinn ist unerheblich.‹
Wir würden uns nur so lange halten müssen, bis das Kapital aufgebraucht war. Dann würden wir das Unternehmen
verkaufen und es dem Käufer überlassen, es profitabel zu
machen.« Solange man Fördergelder hatte, sei die wirkliche
Herausforderung die Erarbeitung und Implementierung der

Strategie gewesen. In diesem Punkt war Rocket Internet ein Meister und bewies ein beeindruckendes Maß an deutscher Effizienz.

Kreative digitale Existenzgründer beschimpfen Rocket als eine Fabrik für Start-up-Klone ohne einen Hauch von Innovation. Besonders im Silicon Valley verspotten viele die Samwer-Brüder, vorneweg die Gründer der Unternehmen, die kopiert werden. »Es generiert eine Menge Geld für die Samwers, aber es tötet Innovation«, erklärt Loïc Le Meur, der Entwickler von LeWeb. »Es macht jungen Entrepreneurs weis, dass der ideale Weg, Geld zu verdienen, darin liegt, etwas zu kopieren, was in den USA funktioniert, und es an das Original zurückzuverkaufen.«

Aber das trifft nicht den Kern von Rockets Geschäftsmodell, meint Nico Lumma. »Rocket war sehr erfolgreich darin, seine Unternehmen zu skalieren und zu optimieren«, sagt er. »Ihre Innovation liegt darin, den richtigen Markt zu finden, in den sie eindringen können, und einen Marktanteil zu erkämpfen. Rocket ist gut in der Umsetzung und darin, Prozesse zu optimieren, nicht darin, neue Produkte zu entwickeln.« Ed Biden, der gegenwärtig für Rocket arbeitet, erzählte mir: »Rockets Kultur besteht darin, Innovation auszulagern und sich auf die Durchführung zu konzentrieren. Die Fähigkeit zur Expansion ist genauso wichtig wie Innovation. Das Silicon Valley kann beides gut: Innovation und Expansion. Rocket ist gut darin, zu expandieren.«

Offenbar ist die deutsche Neigung zu Umsetzung, Technik und Design selbst eine Art von »Innovation«. Wie so viele andere Unternehmen in der eher traditionellen deutschen Wirtschaft, wie etwa Autohersteller und Technikfirmen wie Siemens, beweist Rocket, dass seine große Stärke in der Umsetzung von Plänen und dem Implementieren von Strategien liegt. Oliver Samwer, Geschäftsführer und operativer Kopf der Brüder, fasst Rockets Strategie in der Erkenntnis zusammen, dass, »genau genommen die meisten Innovationen aus anderen Innovationen entstehen«.[13]

In jüngster Zeit ist Rocket Internets Bilanz ein bisschen wechselhaft, das Geschäftsmodell scheint überstrapaziert zu sein. Im ersten Halbjahr 2016 verzeichnete das Unternehmen Verluste in Höhe von 617 Millionen Euro,[14] und seine Anteile haben die Hälfte ihres Wertes eingebüßt – das Unternehmen wird nun auf rund 3 Milliarden Euro geschätzt. Das ist immer noch ziemlich hoch, aber nach Silicon-Valley-Maßstäben nur ein Einhörnchen. Dennoch hat Rocket Internet die Lehrmeinung des Silicon Valley, dass nur tolle neue Produkte und Dienstleistungen erfolgreich sind, auf den Kopf gestellt. Der Erfolg des Unternehmens wirft eine wichtige Frage auf, die direkt auf das Kernproblem zielt, wie Deutschland seine digitale Strategie ausgestalten sollte. Die Frage ist: Was bedeutet Innovation?

Innovation versus Implementation

Man kann als gewichtiges Argument ins Feld führen, dass die erfolgreichste Innovation heutzutage nicht die Erschaffung einer neuen Technologie ist, sondern ihre Implementierung. So wurden beispielsweise viele »grüne« Hightech-Innovationen für erneuerbare Energien zwar in den USA entwickelt, doch Deutschland war erfolgreicher in deren Umsetzung. Deutschlands ambitionierte Energiewende hat das Land zum Weltführer in der Entwicklung einer Infrastruktur gemacht, die in wachsendem Maß auf erneuerbaren Energien, Energieeffizienz und nachhaltigem Wachstum basiert. Deutschland hat energischer als die USA Technologien wie Solar- und Windkraft vorangebracht, den Personenverkehr energieeffizienter gemacht sowie »grünes Design« in allen öffentlichen wie privaten Gebäuden, in Automobilen bis hin zu Energiesparlampen, von Bewegungssensoren gesteuerten Lichtsystemen und Wasser sparenden Toilettenspülsystemen gefördert. Diese »Vergrünung« hat Hunderttausende neuer Jobs geschaffen. Die *Implementierung* solcher grüner Technologie erwies sich als ebenso bedeutend wie ihre Entwicklung.

In unserer globalisierten, hochgradig vernetzten Welt ist es nicht länger wichtig, wo etwas erfunden wird, weil sich Technologie in kürzester Zeit in alle Welt ausbreitet. Deutsche haben ebenso Zugang zu Produkten von Apple, zu Facebook oder Google wie Amerikaner. Wie wir gesehen haben, sind diese Unternehmen und ihre Technologie keine Jobmotoren, sodass es nicht so entscheidend ist, sie in der heimischen Wirtschaft hochzuziehen. Ein gewisses Maß an Disruption tut überalterten Branchen und Geschäftsmodellen in wirtschaftlicher Hinsicht sicherlich ganz gut, und deutsche Unternehmen sollten durchaus mehr Innovation anstreben. Aber es ist wichtig, den wirtschaftlichen Nutzen von Start-up-Unternehmen nicht überzubewerten. Es spricht einiges dafür, Investitionskapital nicht unbedingt in das neueste Technikspielzeug, in elektronische Gimmicks oder Dienstleistungen zu stecken, sondern es geduldig und längerfristig – nicht nur mit Blick auf den nächsten Quartalsbericht – zu investieren. Deutschlands Start-up-Fieber droht zu einer ineffizienten Allokation von Investmentgeldern zu führen, und das kann sich das Land nicht leisten.

Außerdem zwingen uns die verschiedenen Herausforderungen, die das 21. Jahrhundert mit sich bringt – Klimawandel, weltweite Ungleichheit, geopolitische Zwänge, religiös motivierte Gewalt –, uns eine weitere Frage zu stellen: Was ist das *Ziel* von Innovation? Geht es nur um Innovation der Innovation willen? Geht es nur darum, das nächste große Ding zu entwickeln, das nächste Must-have? Geht es darum, Jobs zu schaffen? Oder die Lebensqualität zu verbessern? Wirtschaftswissenschaftler Robert Gordon geht in seinem enorm aufschlussreichen Bestseller *The Rise and Fall of American Growth* davon aus, dass die wichtigsten Erfindungen und Innovationen, die den Lebensstandard des Durchschnittsbürgers erhöhen, bereits vorhanden seien. Der Großteil sei zwischen 1870 und 1970 entwickelt worden, als die Weltwirtschaft schneller und höher wuchs als jemals zuvor in der menschlichen Geschichte – die Wachstumskurve in dieser Zeit biegt auf einmal stark nach oben, wie ein Hockeyschläger. Die Innovationen und Technologien von heute, so Robert Gordon, steuerten deutlich weniger zur Verbesserung der Lebensqualität bei als die Entdeckungen jener besonderen Zeitspanne. Denn, mal ehrlich, wenn Sie sich auf einer abgelegenen, einsamen Insel wiederfänden, was hätten Sie dann lieber: Elektrizität, fließend Wasser und ein Wasserklosett oder Smartphone, iPad und einen 3-D-Drucker?

Im Wesentlichen sind wir biologische Geschöpfe mit bestimmten existenziellen Bedürfnissen, die befriedigt werden müssen, bevor wir so schöne Extras wie Freizeit, Kultur und Unterhaltung genießen können. Jene Periode des rasanten weltweiten Wirtschaftswachstums war laut Gordon einzigartig in der Geschichte des Menschen, und sie wird sich voraussichtlich nicht wiederholen. Bereits jetzt lassen sich Anzeichen von nachlassendem Wachstum überall finden: Sowohl Wirtschaftswachstum als auch Produktivität der Industrienationen seien auf historische Tiefststände gefallen, weil es keine einzigartigen Erfindungen mehr gäbe, die die Wirtschaft vorantrieben. Die neuen disruptiven Technologien des digitalen Zeitalters werden unsere Realität nicht mehr in einem derart großen Maße verändern. Zwar würden Unternehmen im Silicon Valley wie auch in Deutschland manche Produkte weiterentwickeln und neue Versionen alter Erfindungen schaffen – wie beispielsweise Telefone oder Autos –, zwar würden sie auch manche neue erstaunliche Erfindungen hervorbringen wie 3-D-Drucker, die Cloud, das Internet der Dinge oder

Roboter. Zwar würde die Entwicklung neuer Technologien von manchen als vierte industrielle Revolution – oder wie in Deutschland als »Industrie 4.0« – beschrieben werden.

Aber laut Gordon hat diese Revolution nur winzige Auswirkungen auf das Wirtschaftswachstum, die Schaffung von Arbeitsplätzen oder die Hebung unserer Lebensqualität. Lediglich in den Entwicklungsländern, die durch die Einführung der neuen Technologien versuchen, den Lebensstandard zu verbessern, sei ein ähnliches Wachstum wie ehemals in den USA und in Europa zu verzeichnen. Und so werde es bleiben. Gordon geht davon aus, dass sich in den Industrienationen das Potenzial der großen, gesellschaftsverändernden Erfindungen erschöpft hat, und er sieht keine Anzeichen für vergleichbare Innovationen in der nahen Zukunft.

Das mag schockierend klingen, besonders für jene, die vom Hype der digitalen Revolutionäre und Disruptionsvisionäre aus dem Silicon Valley mitgerissen sind. Für die Industrienationen bedeuten diese Erkenntnisse, dass sich die gesellschaftlichen Ziele verändern: Statt »hohe Wachstumsraten zu erzielen«, muss es nun darum gehen, vor dem Hintergrund eines geringeren Wirtschaftswachstums »die Verteilung des Wohlstands zu organisieren«. Robert Gordons überzeugende These basiert auf einer Fülle historischer und ökonomischer Daten. Implizit ist darin die Erkenntnis enthalten, dass ein kritischer Blick wichtig ist auf den vermeintlich »revolutionären« Aspekt dessen, was das Silicon Valley erschafft. Sicherlich sind viele der verbraucherorientierten Produkte, die dort entwickelt werden, cool, beeindruckend und nützlich auf ihre Art und Weise. Aber sie sind nicht so revolutionär, wie der Werbehype uns glauben machen möchte. Jede Marketingabteilung jedes Unternehmens versucht uns davon zu überzeugen, dass wir ohne dieses Produkt oder diese Dienstleistung nicht leben können, aber letztendlich sind viele dieser Entwicklungen nur Annehmlichkeiten, keine Notwendigkeiten.

Denn im Wesentlichen sind wir Menschen aus Fleisch und Blut in erster Linie immer noch damit beschäftigt, herauszufinden, was wir tun müssen, um ein ausreichendes Einkommen zu erlangen, damit wir ein anständiges Leben führen können; wie wir gesund bleiben können; was nötig ist, damit es unseren Familien und Gemeinden gut geht, damit wir uns an guten Museen erfreuen können oder ein schönes Glas Bier genießen können, während wir die Fußballweltmeisterschaft verfolgen.

Nein, die größte Revolution wird nicht unseren Lebensstandard betreffen. Die größte Revolution wird darin liegen, wie wir künftig arbeiten. Wenn die neuen Technologien zu einer Freelance-Gesellschaft mit einer ausgehöhlten Mittelschicht führen, wird das für viele Menschen einen *verringerten* Lebensstandard nach sich ziehen. Jede Wirtschaft muss fraglos immer wieder neu belebt werden, jede Generation muss ihren eigenen Weg in die Zukunft finden – das ist das Wesen der »kreativen Zerstörung«, wie Wirtschaftswissenschaftler Joseph Schumpeter es treffend formuliert hat. Technologie hat in diesen Prozessen immer eine Schlüsselrolle gespielt. Aber zu viele deutsche Führungspersönlichkeiten, ob nun in Wirtschaft, Politik oder Medien, sind kopfüber hineingesprungen in den unkritischen Silicon-Valley-Hype. Getrieben von wachsendem Start-up-Neid, haben viele dieser Entscheider regelrechte Pilgerfahrten ins Silicon Valley unternommen, haben sich an CEOs, Gründer und Risikokapitalgeber herangerobbt und hoffen nun, dass der Start-up-Glanz irgendwie auf sie abfärbt. Die Silicon-Valley-Typen werden als wagemutige Hasardeure und verwegene Entrepreneure gefeiert, Berühmtheiten, die es aus eigener Kraft geschafft haben.

Aber wie wir in Kapitel 1 und 2 bereits gesehen haben, hat das Silicon-Valley-Geschäftsmodell eine Reihe von Schattenseiten – dass sieben von zehn Start-ups scheitern, ist eine ziemlich unsinnige Vergeudung von Investmentressourcen und kommt einem Hightech-Glücksspiel gleich; und das Unvermögen, Jobs zu generieren, besonders im Vergleich zu den alten, »langweiligen« Unternehmen der traditionellen Wirtschaft, ist wahrhaftig kein Grund, sich auf die Schulter zu klopfen. Hochgejubelte Automation, Algorithmen, Roboter und neue Einkommensmöglichkeiten durch Apps und »Gigs«, die letztlich gute Jobs vernichten und den Lebensstandard von Millionen Menschen verringern, sind eher ein Grund für ausgeprägten Skeptizismus als für ausgelassene Freude. Zudem sollte die Willkür umfangreicher Investments in dubiose Start-ups – die zu instabilen Wirtschaftsblasen und zur Disruption des Wohnungswesens wie des öffentlichen Verkehrs führen kann, zu Ungleichheit und Obdachlosigkeit – jeden vernünftigen Menschen dazu bringen, auf den Pausenknopf zu drücken. So magisch und märchenhaft das Silicon Valley aus der Entfernung auch aussehen mag: Wenn man genau hinschaut, entpuppt es sich als ein Ort, an dem zu viel Geld in zu wenig gute Ideen gesteckt wird, was hohe Kollateralschäden verursacht – letztlich ist es eine Art technopotemkinsches Dorf.

Die Diskussion über diese Themen und die daraus resultierenden politischen Entscheidungen sollten stärker von zukunftsorientierten Leitlinien geprägt sein. Jede Nation muss sich fragen: Was ist uns wichtig in der globalisierten Welt des 21. Jahrhunderts? Wie können wir ausreichend Wohlstand und genügend Jobs generieren, damit unsere Bevölkerung gut versorgt ist und alle prosperieren? *Gleichzeitig* muss sichergestellt sein, dass auch aufstrebende Nationen wie China, Indien, Iran oder Brasilien ihren Platz am Tisch finden. Wie ist das ökologisch nachhaltig und in einem globalen Umfang umsetzbar? Es geht um die Kultivierung der »Wirtschaftsökosphäre«, wie ich es nenne: Das ist die Herausforderung des 21. Jahrhunderts. Jedes Regierungsversagen in diesen Fragen, ob nun tatsächliches oder gefühltes, bietet Populisten ein

Einfallstor für jenen blinden Nationalismus, der internationale Beziehungen zerstört und das Potenzial birgt, die globale Entwicklung und Konsensfindung um Jahrzehnte zurückzuwerfen.

Fügen die Erfindungen des Silicon Valley und der Silicon Allee dem Fortschritt der menschlichen Zivilisation etwas Wertvolles hinzu, sollte das gefeiert werden. Wenn sich aber zeigt, dass die Produkte und die Geschäftspraktiken der Technoszene Hunderte Millionen Arbeitnehmer bedrohen, Gemeinschaften und Familien übervorteilen, die Umwelt schädigen oder das Sozialsystem durch Steuerhinterziehung unterminieren – dann müssen wir uns fragen, ob das den Preis wert ist.

Schauen Sie sich nur an, was aus Facebook geworden ist. Anfänglich war es eine schöne Möglichkeit, mit alten Freunden und Kollegen wieder in Kontakt zu kommen. Doch es hat sich zu einem der wichtigsten Medienkanäle unserer Zeit entwickelt. Mehr und mehr Menschen informieren sich direkt und ausschließlich über Facebook. Allerdings nutzt Facebook undurchschaubare Algorithmen, um auszuwählen, welche Nachrichten und welche Posts einer Person angezeigt werden; wir sehen nicht das, was uns interessiert, sondern das, von dem Facebook denkt, dass es uns *interessieren könnte,* aufgrund dessen, was uns *bereits vorher interessiert* hat. Das Ergebnis dieser Cyberzensur sind zig Millionen Menschen, die abgeschieden in personalisierten Informationsgettos hocken (ehrlich: Wie viele Fotos und Videos von knuddeligen Katzen und Bärenkindern kann ein Mensch sich ansehen?).

Außerdem wählen Facebooks Algorithmen in erster Linie die besonders populären Posts aus, die oftmals von »ClickBait«-Anzeigen (also Klickködern) begleitet werden. Auf diese Weise steigen die Einkünfte des Unternehmens. Facebook schert sich nicht um den Inhalt dieser Posts, es geht ihm

lediglich um die Werbeeinnahmen. Nach den US-Präsident-
schaftswahlen 2016 wurde bekannt, dass Facebook durch
Fake-News manipuliert wurde. Interessengruppen aus Russ-
land und anderen Ländern hatten falsche, hoch provokante
Informationen verbreitet, damit sich diese wie ein Virus ver-
breiteten, um letztlich die unentschlossenen Wähler dazu zu
bringen, Donald Trump zu unterstützen. So hieß es beispielsweise, der Papst wäre ein Fürsprecher von Donald Trump
(was er nicht ist), dass ein Insider der Demokratischen Partei
ermordet worden wäre, nachdem er zugesagt hätte, gegen
Hillary Clinton auszusagen (was niemals geschehen ist), und
dass Bill Clinton, Hillarys Ehemann und ehemaliger US-Präsident, ein dreizehnjähriges Mädchen vergewaltigt hätte (eine
reine Erfindung). Undurchsichtige Parteien nutzten die
Macht von Facebooks Algorithmen, um abscheuliche Ge-
rüchte im ganzen Internet zu streuen und auf diese Weise die
Präsidentschaftswahlen zu beeinflussen. Dies zeigt ein weiteres Problem des Start-up-Zeitalters: wie leicht Authentizität
vorgegaukelt werden kann. Ist »gefakte Authentizität« das
unkontrollierbare Nebenprodukt des digitalen Zeitalters?

Aber es kam noch schlimmer. Im Zusammenhang mit der
US-Präsidentschaftswahl wurde die Welt Zeuge eines ent-
setzlichen Novums, freundlicherweise ermöglicht durch die
digitalen Technologien: des digitalen Überfalls auf eine Demokratie. Russische Hacker und Wikileaks wurden zu
Hauptakteuren dieser Wahl. Sie nutzten die Tatsache, dass
heute alles aufgezeichnet, gefilmt und gespeichert wird –
private Gespräche und Nachrichten, ob von vor zwei Stunden oder zwanzig Jahren –, um es zu hacken, auszugraben
und zu veröffentlichen. Cyber-Spione im Dienst einer frem-
den Organisation haben nun die digitale Macht, demokratische Traditionen zum Freiwild der Klatsch- und Sensations-
presse herabzuwürdigen. Nun haben die Vereinigten Staaten
natürlich selbst viel Erfahrung in der verdeckten Wahlbeein-

flussung überall auf der Welt – im Iran, in Guatemala, in Haiti, im Kongo –, doch diesmal mussten sie feststellen, dass es nicht sonderlich angenehm ist, wenn ausländische Mächte sich heimlich einmischen. Zudem gibt es Hinweise, dass Hacker die deutsche Bundestagswahl im Herbst 2017 ins Visier genommen haben. Zuzulassen, dass Julian Assange und Wladimir Putin die Königsmacher bei wichtigen demokratischen Wahlen rund um die Welt werden, ist wie Fallschirmspringen ohne Schirm. Müssen wir wirklich jede neue digitale Technologie frenetisch bejubeln? Sogar wenn sie missbraucht werden kann, um demokratische Wahlen zu hintertreiben? Definieren wir Erfolg nur aufgrund von Börsenbewertungen, Gewinnspannen und Aktienkursen?

Die Beweislage ist überwältigend: Deutschland sollte nicht versuchen, das Silicon-Valley-Modell zu kopieren oder zu klonen. Stattdessen muss es seinen eigenen digitalen Weg suchen, der Start-ups durchaus einschließt, aber vor allem auf dem gründet, was Deutschland am besten kann: Planung, Umsetzung und ein hohes Maß an Präzision – alles Qualitäten, die perfekt zu den technischen Kompetenzen des Landes passen. Daraus entspringt die Innovation und Disruption, die Deutschland braucht.

T. S. Eliot schrieb einmal: »Wir werden nicht aufhören zu erkunden,/Und das Ende all unserer Erkundungen/Wird die Ankunft an der Stelle sein,/Wo wir begannen,/Und wir werden sie zum ersten Mal erkennen.« Glücklicherweise liegt der Weg, der Deutschland in die richtige Richtung führt, die ganze Zeit schon direkt vor der Nase der Technikfreaks, Start-up-Enthusiasten, Inkubatoren und Acceleratoren. Es ist der langweilige, altmodische, familienorientierte, innovative und äußerst erfolgreiche Mittelstand. Was wäre, wenn es gelänge, die Start-up-Welt mit dem Mittelstand zu verbinden? Wenn es gelänge, einen Hybrid zu schaffen? Mit dieser verblüffenden Möglichkeit beschäftigt sich das nächste Kapitel.

5
Start-up-Wirtschaft versus Mittelstand

Bei meinem Aufenthalt in Deutschland durchstreifte ich staunend die riesigen, höhlengleichen Hallen der Hannover Messe. Die Industriemesse im Herzen Niedersachsens ist die größte der Welt mit mehr als 6500 Ausstellern und 250 000 Besuchern. Ein überwältigendes Gewirr aus surrenden Roboterarmen, riesigen silbernen Stahlturbinen, neuartigen Motoren, selbst fahrenden Kraftfahrzeugen, pneumatischen Schläuchen und automatisierten Maschinen von allen Größen, Formen und Sorten, die jede Sprache verstanden. Sie alle enthielten neueste Software, Algorithmen und digitale DNS.

An dem Stand einer chinesischen Firma blieb ich stehen. Die Aussteller demonstrierten eine Roboterhand, eine makellose, glänzende Konstruktion aus einem silbernen Mittelhandknochen mit metallischen Sehnen, die auf einen Sockel montiert war. Offenbar verfügte diese exquisite Hand aus der Zukunft über mehr Sensitivität als jede mechanische Hand, die je erfunden worden war. Sie konnte einen ziemlich kleinen Ball aufheben, sich um die eigene Achse drehen und ihn mir zuwerfen. Ich fragte einen der chinesischen Aussteller, welchen Nutzen diese Erfindung habe. Vielleicht lag es an der Sprachbarriere, vielleicht hatte er mich einfach nicht verstanden, denn er antwortete: »Kaum einen … noch nicht.«

»Oh, nun«, erwiderte ich. »Es wäre auch ein hübsches kleines Kunstwerk fürs Wohnzimmer.« Ich meinte das durchaus ernst. Die Hand war von einer schimmernden, diamantenartigen Schönheit, die an Glasbläserei erinnerte, diese altertümlichste aller kunstvollen Technologien. Und ich kenne einige Menschen im Silicon Valley, die es sich leisten könnten, den stolzen Preis von 10 000 Euro zu zahlen für eine Hand, die bislang noch nicht viel kann.

Aber die meisten Erfindungen in diesen beeindruckenden Hallen waren zu einer Menge Dinge fähig. Es passt gut, dass die weltgrößte Industriemesse in Deutschland stattfindet, das bekannt ist für seine industrielle und fertigungstechnische Kompetenz. Produktionstechnik macht ungefähr 22 Prozent der deutschen Volkswirtschaft aus (gemessen am Bruttoinlandsprodukt)[1] und ist hauptsächlich verantwortlich für die hohen Exportraten. Wenig bekannt aber ist, dass dies zu großen Teilen auf den Mittelstand zurückgeht – auf die vielen kleinen und mittleren Unternehmen, kurz KMU, die vorwiegend in den ländlichen Gegenden von Mittel- und Süddeutschland zu finden sind.

Deutschland hat eine ganze Reihe von Fortune-500-Unternehmen, die zu den führenden Industriekonzernen zählen – globale Marken wie BMW, Siemens, Bayer, ThyssenKrupp, Volkswagen, Daimler und BASF –, was Deutschland aber wirklich einzigartig macht, ist sein Mittelstand. Dazu zählen kleine, innovative Fertigungsfirmen, weltweit erfolgreiche Technikunternehmen wie auch altehrwürdige Handwerksbetriebe. Es gibt eine riesige Anzahl von ihnen; rund 99 Prozent aller deutscher Unternehmen sind KMU, was in Zahlen bedeutet: mehr als 3,6 Millionen Unternehmen. Dieser surrende Bienenstock generiert 56 Prozent der deutschen Wirtschaftsleistung. Und vielleicht am erstaunlichsten ist, dass mittelständische Unternehmen mehr als 60 Prozent aller Arbeitsplätze stellen (das ist deutlich höher als in den USA; dort beschäftigen die KMU weniger als die Hälfte der Arbeitnehmerschaft).[2] Die meisten Firmen haben weniger als zehn Angestellte. Während viele Nationen nur gern behaupten, dass der Mittelstand das Rückgrat der Wirtschaft sind, ist dies in Deutschland Realität. Die Ergebnisse sprechen für sich selbst. Der Mittelstand ist ein Wirtschaftsmotor, der für die Art von

Innovation steht, die beeindruckender ist als sämtliche Entwicklungen all der Facebooks, Googles, Amazons, Ubers und Apples zusammen. Der Mittelstand generiert eine riesige Anzahl von Jobs – rund 25 Millionen –, während die digitalen US-Unternehmen zusammen weniger als 1 Prozent dieser Menge geschaffen haben.

Wie der Mittelstand Innovation schafft

Deutschlands KMU-Sektor an sich ist schon beeindruckend, und seine kleinen und mittleren Produktionsfirmen sind Weltklasse. Fast ein Drittel der deutschen Arbeitnehmer im Mittelstand ist in der Fertigung tätig; sie produzieren einen überproportionalen Anteil des gesamten deutschen Exports: fast 40 Prozent (zum Vergleich: die kleinen und mittleren Unternehmen der USA tragen zu 31 Prozent der US-amerikanischen Exporte bei). Die KMU aus dem Fertigungssektor sind berühmt für ihren unerschütterlichen Hang zu Qualitätsprodukten wie auch für herausragende Produktivität und Technik sowie dafür, regelrecht besessen zu sein von der Verbesserung ihrer operativen Leistung. Diese Unternehmen legen Wert auf ihre perfekt organisierten Fertigungsbereiche, auf schlanke Fertigungsmethoden auf dem neuesten Stand der Technik, die aus ihren hohen Investitionen in Forschung, Entwicklung und Technologie resultieren.

Aber alle diese Qualitäten zielen vor allem auf eine hochgradige Spezialisierung der Produktlinien; viele dieser Unternehmen sind dominant in ihrem jeweiligen Nischenmarkt. Oftmals konzentriert sich ein Betrieb auf die Herstellung eines einzigen Qualitätsprodukts, das für andere Industriebetriebe überlebenswichtig ist – und das macht er so gut, dass er quasi konkurrenzlos ist.

Lisa Mühlmann-Theuer und ihr Ehemann Ernö waren

Miteigentümer von Hegra Linear, einem führenden Herstel-
ler von mechanischer Bewegungstechnik in der Nähe von
Frankfurt am Main. Die Firma produziert ein wenig bekann-
tes Nischenprodukt: Linearführungssysteme und Teleskop-
auszüge. Diese werden für hoch technisierte, reibungsarme
Einlegebögen, Führungsschienen und Schubfächer benötigt
und kommen zum Beispiel in der Fertigungsautomatisierung,
der Automobilmontage oder dem Flugzeugbau zur Anwen-
dung.

»Sagen wir mal, Sie haben eine sehr große, schwere Batterie
für einen Metrobus und brauchen einen einfachen Zugang zu
ihr, damit Sie sie warten können«, erklärt mir Frau Mühlmann-Theuer. »Sie benötigen also etwas, womit sich die Batterie ruckfrei und einfach rausziehen und wieder reinschieben
lässt. Um das zu ermöglichen, setzen wir die Batterie auf einen unserer hoch technisierten Schubböden, die so gut wie
reibungsfrei funktionieren; auf diese Weise kommen Sie pro-
blemlos an sie ran.« Die Firma scheint extrem gut sein in dem,
was sie macht, denn das Geschäft boomt, und Hegra Linear
wächst schnell. Frau Mühlmann-Theuer sagt: »Wir setzen auf
unseren guten Ruf, um neue Kunden zu erreichen.«

Unternehmen wie dieses sind weder besonders auffällig
noch öffentlich wirklich präsent, sie gehen einfach ihrer Arbeit nach, und das in ruhiger und effizienter Manier. Viele
kleinere und mittlere Produktionsbetriebe sind Weltmarkt-
führer in ihrem Bereich, und das in einer beeindruckenden
Bandbreite von Branchen:

- Tente hat sich spezialisiert auf Schwerlastrollen und Räder
  für industrielle Zwecke.
- Würth ist der führende Zulieferer für die Befestigungs- und
  Montagetechnikbranche weltweit.
- Dorma stellt Türen und entsprechendes Zubehör her.
- Rational produziert Öfen für die Gastronomie.

Andere Beispiele sind RUD (Industrieketten), Koenig & Bauer (Druckmaschinen), Utsch (Kraftfahrzeugkennzeichen), Aeroxon (umweltfreundliche Insektizide) und Kärcher (Hochdruckreiniger). Die deutsche Erneuerbare-Energien-Branche (Windenergie, Photovoltaik und Biomasse) war für viele Jahre weltweit führend und wurde zu großen Teilen von kleinen und mittleren Unternehmen getragen, die in internationale Märkte expandierten.

»Amerika konzentriert sich auf den Massenmarkt und auf Quantität, aber Deutschland ist der König der Nischenmärkte«, sagt Bernd Venohr, heute Unternehmensberater, früher Professor an der Hochschule für Wirtschaft und Recht in Berlin. Viele der kleinen und mittleren Unternehmen sind das, was man »heimliche Gewinner« nennt – nach dem einflussreichen Buch desselben Titels von Hermann Simon, einem deutschen Unternehmer, das 1996 erschien. Heimliche Gewinner – *Hidden Champions* – sind Unternehmen, die weltweit unter den Top 3 ihrer Produktlinie und paradoxerweise dennoch kaum bekannt sind. Statt namhafte Konsumartikel herzustellen, konzentrieren sie sich auf spezialisierte Produkte – Werkzeuge, Bauteile und Komponenten – oder Dienstleistungen, die sie an bestimmte Industrien liefern und die für den durchschnittlichen Verbraucher weitestgehend unsichtbar sind, und besetzen Nischen, die lebensnotwendig sind für die industrielle Produktion. In anderen Worten, sie sind die »Zulieferer der Zulieferer«.

Ihre Unternehmensstrategie machte diese Hidden Champions zu Produktions- und Exportmotoren, die Schwellenländer wie China und Indien mit hoch technisierten Präzisionswerkzeugen versorgen, die diese Länder benötigen, um zu Massenproduktionsstätten der Welt werden zu können. Der deutsche Produktionssektor erfreut sich einer gediegenen Reputation und ist – nach dem chinesischen – der zweitgrößte der Welt, sowohl effektiv als auch im prozentualen Anteil am

Bruttoinlandsprodukt (der doppelt so hoch ist wie der des US-amerikanischen Produktionssektors).[3] Keine Überraschung also, dass die Zeitung *The Economist* schreibt: »Die Bilanz des Mittelstands ist seit drei Jahrzehnten die Geschichte eines weltweiten Siegeszuges.«[4]

Aber obwohl der Mittelstand über Jahrzehnte die deutsche Wirtschaft ordentlich vorangebracht hat, befindet er sich nun in einem Dilemma: Wie soll er mit dem sich abzeichnenden digitalen Wandel umgehen? In vielerlei Hinsicht sind die kleinen und mittleren Unternehmen vollkommen anders als die neuen digitalen Unternehmen und Start-ups. Viele der Qualitäten, die ihre Kernkompetenz ausmachen, erweisen sich als ungeeignet für diese Veränderungen. Das schürt Ängste unter den Unternehmensführern ebenso wie bei verschiedenen Experten und Entscheidern, die sich sorgen, dass eine übereilte Disruption letztlich diese Perle der deutschen Wirtschaft disruptieren könnte.

Das Aufeinandertreffen zweier Kulturen: Produktion versus Digitalisierung

Der Ingenieurwissenschaftler Martin Botteck hat eine Professur an der Fachhochschule Südwestfalen in Meschede inne, 75 Kilometer von Düsseldorf entfernt. Südwestfalen ist eines der Zentren des Mittelstands, ein zweites ist die Region um Stuttgart. Martin Botteck hatte mich eingeladen, auf der Konferenz »Industrie 4.0 für den Mittelstand in Südwestfalen« an seiner Fachhochschule einen Vortrag zu halten. Das Publikum bestand in erster Linie aus Führungskräften und Unternehmensleitern von vielen kleinen und mittleren Unternehmen. Diese Region Deutschlands, weit entfernt von den Bundesministerien, den Denkfabriken und den Coffeeshop-Start-up-Hipstern in Berlin, versucht immer noch herauszufinden, was

Digitalisierung für ihre Unternehmen bedeutet. Ein wichtiges Thema für die Konferenzbesucher waren »disruptierende« Geschäftsmodelle, denn schließlich hängen rund 25 Millionen Menschen mit ihren Arbeitsplätzen von diesen Unternehmen ab.

»Es verläuft ein Graben zwischen der Internetkultur und der Industriekultur«, sagt Botteck. Er hat viele Jahre für Nokia gearbeitet, unter anderem in dessen Mobiltelefon- und Bluetooth-Bereich. Technologie ist sein Leben. Er versteht, was in dieser Diskussion auf dem Spiel steht, und geht bedacht mit dem Thema um.

»Die eine Welt sagt: Mach dir keine Gedanken darüber, ob dein Produkt vor der Markteinführung schon perfekt ist, du kannst alle Probleme nacheinander mit den nächsten Software-Updates beheben. Bring's einfach so schnell raus, wie du kannst, denn du musst der Erste sein und dir Marktanteile schnappen.« Die andere Kultur hingegen, so Botteck, plane alles sorgfältig und methodisch im Voraus, lege ein starkes Gewicht auf Produktgestaltung, Präzision und Umsetzung, und das gelte nicht nur für das Produkt selbst, sondern auch den Produktionsprozess. »Die eine Kultur sagt, das Ziel ist ein schneller Markteintritt und schnelles Wachstum«, sagt er. »Für die andere ist das Ideal ein stetiges Wachstum und die gewissenhafte Bearbeitung der Märkte, ohne sich dabei zu sehr auf positive Quartalsbilanzen zu fixieren.«

Dieser Konflikt wird sich nicht so einfach lösen lassen. Und es gibt weitere Unterschiede zwischen den beiden Kulturen. Mittelstandsunternehmen sind oftmals familiengeführt oder haben zumindest eine familienähnliche Unternehmenskultur. Viele von ihnen sind über Generationen hinweg innerhalb ein und derselben Familie vererbt worden. Häufig ansässig in kleinen und mittleren Städten, gedeihen sie durch eine sehr deutsche Art eines »Familienkapitalismus«, bei dem der Geschäftsführer zumeist auch der Inhaber ist. Zur erweiterten Unternehmensfamilie zählen die Mitarbeiter, Kunden und Zulieferer, und es wird großer Wert auf Kontinuität und langfristige Beziehungen mit den verschiedenen Akteuren gelegt. Auch spielen für viele dieser Unternehmen gesellschaftliche Verantwortung und regionale Bindungen eine wichtige Rolle. Deshalb sind sie oftmals aktiv in ihrer Region und sponsern Sportvereine, Bildungseinrichtungen sowie öffentliche Ereignisse. Gründer Mark Fliegauf erklärte mir: »Jeder kennt jeden in den kleineren Städten, in denen diese Unternehmen sitzen. Die Frau des Geschäftsführers grüßt die Ehefrauen der Arbeitnehmer beim Einkaufen auf dem Markt, und die Führungskräfte stehen Seite an Seite mit ihren Mitarbeitern in der Kneipe, um die Fußballweltmeisterschaft zu sehen.« Vertrauen spielt für diese Unternehmen im Umgang mit den unterschiedlichen Akteuren eine große Rolle, ihr Auftreten ist leise und bescheiden, ganz die Hidden Champions ihrer Branche. Kurz gesagt: Im Mittelstand sind Beziehungen das A und O.

Die freche, schrille Start-up-Welt und die Internetwirtschaft als Ganzes sind das absolute Gegenteil. Ihre Heimat ist die Großstadt, und Beziehungen sind ihr ziemlich unwichtig. Alles ist ersetzbar und vorläufig, bereit zur »Disruption«. Jedes supertolle neue Produkt, jeder supertolle neue Service wird gefeiert als der revolutionärste Fortschritt seit … nun, seit dem letzten revolutionären Fortschritt. Die Unternehmen bestehen nur aus einem kleinen Kern an Führungskräften und Mitarbeitern in Schlüsselpositionen, die mithilfe von Technologie Mitarbeiter kurzfristig anheuern und entlassen, je nach Bedarf. Freelancer und Selbstständige sind austauschbar, nur weiteres Futter für die Kommerzmaschine. Arbeitnehmer verdienen ihren Lebensunterhalt, indem sie unterschiedliche Kurzfristaufträge für viele unterschiedliche Auftraggeber erledigen. Wie die Auftragnehmer, so kommen und gehen auch die Unternehmen – Start-ups schießen in die

Höhe, gehen Risiken ein, verpulvern ihr Kapital und greifen nach Marktanteilen, als wären es Stücke einer Schwarzwälder Kirschtorte. Ziel ist es, das Unternehmen so zu positionieren, dass es von einem anderen Unternehmen für viel Geld aufgekauft wird; und irgendwann verschwinden die meisten aus dem einen oder anderen Grund von der Bildfläche. Hier ist nur wenig von Bestand, diese Unternehmen sponsern keine Sportvereine, aber sie sind bereit, Millionen zu zahlen, damit ihr Name auf Anschlagtafeln, Gebäuden und Stadien aufleuchtet. Ihr Auftreten hat nichts Bescheidenes oder Leises, die meisten gieren nach Publicity und versuchen, in den sozialen Netzwerken die Aufmerksamkeit von zig Millionen Followern zu erregen.

»Die Tugenden des Mittelstands gelten als Schwächen in der Welt der Software und der Daten«, sagt Martin Botteck. »Und andersherum.« Clemens Westerkamp, Professor an der Fachhochschule Osnabrück, ist überzeugt: »Die Schlacht um die Industrieregionen wird ein Kampf von deutscher Präzision gegen amerikanische Geschwindigkeit sein.«[5]

Aber sind diese beiden Kulturen tatsächlich so inkompatibel? Gibt es wirklich keinen Weg, die Gegensätze zu überwinden und etwas Neues zu schaffen aus Präzision, Umsetzungsvermögen und Geschwindigkeit? Oder zumindest eine Vereinigung von ein paar Stärken aus beiden Welten zu erreichen? Rocket Internet hat gezeigt, dass es sowohl schnell als auch versiert in der Umsetzung ist; es scheitert halt nur daran, ein neues Produkt zu kreieren. Der Mittelstand hingegen ist ein Meister darin, Qualitätsprodukte zu schaffen, die sehr gefragt sind, und das nicht wegen ihres niedrigen Preises, sondern wegen ihres außergewöhnlichen Wertes für die Kunden. Gibt es nicht doch einen Weg, das Beste aus beiden Welten zu verbinden? Zu einem Hybriden, bereit für das 21. Jahrhundert? Eine Art »Rocket Mittelstand«?

Das ist die entscheidende Herausforderung für Deutschland. Eine Kreuzhybridisierung der besten Eigenschaften und Stärken des Mittelstands und der Start-up-Welt könnte enorme Vorteile bringen. Mit dem richtigen Hegen und Pflegen und Gestalten könnten diese beiden Welten ganz großartig zusammenpassen.

Rocket Mittelstand

Es gibt bereits einige wenige positive Beispiele einer erfolgreichen Kreuzhybridisierung von Internetwelt und Mittelstand. So arbeitet zum Beispiel die Deutsche Bahn mit Technologie-Start-ups zusammen, um innovative Strategien zu erarbeiten und ihren Service zu verbessern, unter anderem mit neuer Fahrkartentechnologie. »Unsere Abteilung experimentiert mit neuen Entwicklungen, um herauszufinden, wie wir Prozesse effizienter machen können«, sagt Matthias Patz, Innovationsmanager bei der Deutschen Bahn. Start-ups, so Patz, gingen auch mal Risiken ein, ihre innovativen Lösungen könnten das Potenzial haben, den Markt zu verändern – das unterscheide sie von größeren Unternehmen. »Die Deutsche Bahn hat die Marktmacht, Millionen Menschen zu erreichen, ein Start-up kann das nicht«, sagt Patz. »Wir können auf diese Weise die Ideen von Start-ups auf ein höheres Level heben.«[6]

Ein weiteres etabliertes Unternehmen, das auf Start-ups setzt, ist eines von Deutschlands ältesten Verlagshäusern: die Axel Springer SE. Vor mehreren Jahren startete das Unternehmen einen Transformationsprozess, um sich von einem traditionellen, mit Papier und Druckerschwärze arbeitenden Verlag zu einem Online-Medienkonzern zu entwickeln. Es begann, mit Digital-Media-Unternehmen zusammenzuarbeiten, nahm an Start-up-Events teil und baute interne Inkubatoren auf, wie beispielsweise den Accelerator Plug and Play. Axel Springer ermutigt Berliner Start-ups zu innovativen Medienkonzepten. Die assoziierte Beratungsfirma Hy! bringt Führungskräfte aus der traditionellen Wirtschaft mit Start-ups zusammen und hilft ihnen bei der Konzeptionierung ihrer Digitalisierung. Robin Haak, Gründer von Plug and Play, meint: »Axel Springer ist ein völlig neues Unternehmen geworden«, indem es nicht nur Start-up-Produkte, sondern auch die Start-up-Mentalität integriert hat.

Viele der Maschinen, die vom Mittelstand produziert werden, sind innerhalb kurzer Zeit Teil des »Internets der Dinge« (Internet of Things, kurz IoT) geworden, jenes feinen Netzes aus Tausenden von Sensoren, die mittels eines digitalen Systems miteinander verbunden sind. Die deutsche Firma Trumpf hat zum Beispiel die Plattform Axoom entwickelt; diese vernetzt zahlreiche Maschinen miteinander, wodurch Daten vereinfacht gesammelt werden können, was wiederum einem Unternehmen hilft, die betriebliche Leistung wie auch die Produktionsorganisation entlang der Wertschöpfungskette zu optimieren, vom Bestellwesen und dem Ressourcenmanagement bis zur Rechnungsprüfung. Das System kann unter anderem den Produktionsprozess beaufsichtigen und automatisch Alarm schlagen, wenn Betriebsmittel knapp werden, oder sogar selbsttätig eine Bestellung für Ersatzmaterial direkt beim Zulieferer aufgeben. »Smart Hardware« wird so etwas genannt.

Auch das in Berlin angesiedelte Start-up Relayr arbeitet an einer Plattform für das IoT und für smarte Hardware. Es kooperiert mit Firmen wie Bosch, um Sensoren zu entwickeln, die in unterschiedlichen Maschinen – von Industriefahrstühlen über Küchengeräte bis hin zu komplexen Espressomaschinen – integriert werden können. Diese Sensoren senden Daten und führen Instruktionen des Betreibers oder Besitzers aus, ganz gleich ob in einer Industrieanlage, einer Fabrikhalle oder einem Privathaushalt. Dadurch, dass die Maschinen ebenso wie die Produkte, die sie herstellen, in zunehmendem

Maß vernetzt sind, verändern sich die Spielregeln in vielen Branchen. Da das IoT in vielen Bereichen unseres Lebens auf dem Vormarsch ist – von Baumaschinen über digitale Medien bis hin zu Autos –, werden diejenigen Unternehmen am erfolgreichsten sein, die am besten die Daten zusammenführen und auswerten, damit Kunden und Verbraucher von einer verbesserten Effizienz und von Kosteneinsparungen profitieren können.

Eine der großen Herausforderungen Deutschlands ist deshalb nicht die Erfindung eines einzelnen erfolgreichen Produkts, wie Smartphone oder Tablet, sondern vielmehr die Entwicklung von etwas, das Ulrich Schäfer und Mark Beise, Redakteure der *Süddeutschen Zeitung* und Autoren des Buches *Deutschland digital,* als das »digitale Fließband« bezeichnen: Plattformen und Prozesse, randvoll mit digitaler Technologie und Software, die Unternehmen effizienter und kosteneffektiver machen. Das ist der fruchtbare Boden, auf dem Kreuzhybride aus den Stärken der digitalen Start-ups und der Mittelstandsfirmen gedeihen. Hieraus könnte eine Zusammenarbeit erwachsen, die Start-ups mit der richtigen Ausrichtung viele Möglichkeiten zum Andocken bietet. Werfen Sie einen Blick auf die heutigen Fertigungsstraßen der Automobilindustrie: Roboter, Computer und Software in Hülle und Fülle. Die Produktentwicklung ist in vielen Branchen durch die Integration von Informations- und Kommunikationstechnologie in traditionelle Hightech-Prozesse einer dramatischen Veränderung unterworfen. Deutschland könnte zum führenden Entwickler wie auch Zulieferer dieser »smarten« Fertigungstechnologie werden.

Worin kann der Beitrag der Coffeeshop-Start-up-Hipster in diesem Prozess liegen, der dafür sorgen würde, dass Deutschland seine Wettbewerbsfähigkeit behält? Das sollte der Leitgedanke von Strategieexperten im öffentlichen wie privaten Sektor sein. Es kann ja nicht angehen, dass es in diesem Szenario keinen Platz gibt für die wertvolle Start-up-Energie und die Menge an Risikokapital, das eingeworben werden kann. Aber wie viele der jungen digitalen Entrepreneure in Berlin, München und Hamburg haben jemals eine Autofabrik besichtigt oder einen mittelständischen Betrieb besucht, oder gar zwei oder drei? Bei meinen Gesprächen in den Coffeeshops war zumindest keiner dabei.

Trotz aller Unterschiede ist das Potenzial da, dass Mittelstand und Start-ups einander erfolgreich ergänzen können. Start-ups benötigen Geld, der Mittelstand hat welches; kleine und mittlere Unternehmen suchen talentierte und motivierte digitale Fachkräfte, diese finden sich bei den Start-ups. Weil sie im eher ländlichen Raum angesiedelt sind, sind kleinere und mittlere Unternehmen für hoch talentierte Technikfreaks, im Besonderen für Software- und Mediendesigner, aber nicht besonders attraktiv. Philipp Semmer von Motu Ventures meint jedoch: »Da letztlich alles irgendwann digitalisiert werden wird, haben Start-ups den kleinen und mittleren Unternehmen etwas zu bieten. Start-ups können dem Mittelstand helfen.«

Und der Mittelstand kann Start-ups helfen. Im obersten Stockwerk des Axel Springer Penthouse & Unternehmerclubs in Berlin, einem Co-Working- und Inkubator-Space, hatte ich einen Termin mit Lars Zimmer. Zimmer ist überzeugt: »In puncto Innovation muss sich Deutschland auf Führung und Organisation fokussieren – auf das Skalieren.« Viele mittelständische Unternehmen sind Weltklasseexporteure, sie wissen, wie man skaliert. »Findet die guten kleinen Start-ups«, rät Zimmer ihnen, »und nutzt dann deutsche Technik, damit sie größer werden können.«

Semmer glaubt, dass in der Beziehung von Start-ups und Mittelstand eine Menge auf dem Spiel steht: Die Start-up-Wirtschaft und die Mittelstandswirtschaft werden »entweder gemeinsam siegen oder gemeinsam untergehen«. Seine Worte sind sowohl Schlachtruf als auch Warnung – eine Warnung, die nur wenige Politiker ernst genug zu nehmen scheinen.

Die Robert Bosch GmbH wagt sich mit der Gründung einer eigenen Start-up-Plattform in Ludwigsburg in der Nähe von Stuttgart langsam in dieses Territorium vor. Und auch manche Mittelstandsfirmen hinterlassen ihre ersten digitalen Spuren. NavVis aus München, ein kleines Unternehmen mit achtzig Mitarbeitern, sorgt mit seinem topaktuellen Kartografierungstrolley für Aufsehen. Mit seinen mit Lasern und Kameras ausgestatteten fahrbaren Scanner erstellt dieser präzise 3-D-Karten von Innenräumen. Die Karten können genutzt werden, um Räume virtuell zu erkunden (ähnlich wie Google Streetview für draußen) oder sich mithilfe einer Smartphone-App innerhalb von Gebäuden zurechtzufinden (Indoor-Navigation). Die Kunden sind bekannte, weltweit agierende Konzerne aus der Automobil-, Versicherungs-, Einzelhandels-, Transport- und Logistikbranche; diese Technologie könnte weltweit einen Milliardenmarkt erreichen.[7]

Die EOS GmbH, ebenfalls mit Hauptsitz in der Nähe von München, ist der weltweit marktführende Anbieter von Anlagen, Werkstoffen und Lösungen im Bereich der Lasersintertechnologie, die für den 3-D-Druck genutzt wird. Diese Technologie wird in den kommenden Jahren noch viel von sich reden machen, und EOS behauptet auf seiner Website selbstbewusst, es werde »die Zukunft der Fertigung prägen« (wie wir noch sehen werden, könnten sie damit richtigliegen). Andere mittlere Unternehmen sind bereits führend in digitaler Technologie. Schäfer und Beise berichten, dass sie im Automobilwerk von Tesla in Kalifornien überall Logos von deutschen Unternehmen gesichtet haben: Roboter von Kuka aus Augsburg, Blechpressen von Schuler aus Esslingen am Neckar. »Die Autos von Tesla«, sagen die Autoren, »sind zwar nicht ›Made *in* Germany‹, aber ›Made *by* Germany‹.« Kuka ist international so bekannt geworden, dass es 2016 von einer chinesischen Firma aufgekauft wurde (allerdings hat der Käufer eine Vereinbarung unterzeichnen müssen, durch die die Kunden, Angestellten, Patentrechte und Standorte der Firma geschützt sind).

Wo bleiben die Politiker?

Bei dem Versuch, eine Brücke zu schlagen zwischen den beiden kontrastierenden Geschäftskulturen, ist die Rolle der Politik entscheidend. Doch die meisten Menschen, mit denen ich sprach, haben den Eindruck, dass es zwar einige wenige Entscheider gibt, die versuchen, zukunftsorientiert zu handeln, im Großen und Ganzen aber noch der entscheidende Impuls fehlt. »Es gibt keine wirkliche Strategie für die kleineren und mittleren Unternehmen«, sagt Zimmer, »insbesondere bei der Frage, wie man sie in die digitale und technologische Welt hineinführen kann.«

Zu ihrer Ehrverteidigung muss gesagt werden, dass verschiedene Bundesministerien und die Deutsche Akademie der Technikwissenschaften (acatech) durchaus versuchen, das Gespräch zwischen den unterschiedlichen Sektoren durch Initiativen wie »Industrie 4.0«, »Plattform Industrie 4.0« und »Dienstleistungen 4.0« zu fördern. Kanzlerin Angela Merkel hat sich des Themas »Industrie 4.0« in verschiedenen Reden angenommen, und Arbeitsministerin Andrea Nahles hat den Dialog über die sozialen Bedingungen und Spielregeln der künftigen Arbeitsgesellschaft zu fördern versucht durch die Einführung des Gegenstücks zu »Industrie 4.0«: »Arbeiten 4.0«. Die FDP hat sich in Stellung gebracht als Vorkämpfer für Start-ups. Und die Bundesregierung hat das Zentrale Innovationsprogramm Mittelstand (ZIM)[8] gestartet mit dem ansehnlichen Budget von 543 Millionen Euro,[9] dessen Ziel es ist, kleine und mittlere Unternehmen bei der Erforschung,

Verbesserung und Integration digitaler Technologie zu unterstützen.

Im September 2015 stieß das Ministerium für Wirtschaft und Energie eine weitere 4.0-Initiative an: »Mittelstand 4.0«. Dazu gehört die Einrichtung von Kompetenzzentren, deren Aufgabe es ist, kleinen und mittleren Unternehmen bei der Digitalisierung zu helfen. In Berlin, Brandenburg, Hessen, Niedersachsen, Nordrhein-Westfalen und Rheinland-Pfalz gibt es bereits die ersten Zentren; sie kooperieren mit Branchenverbänden, führenden Universitäten und Forschungszentren wie der Technischen Universität Darmstadt, der Leibniz Universität Hannover, Fraunhofer-Instituten an verschiedenen Standorten und dem Deutschen Forschungszentrum für Künstliche Intelligenz (DFKI). Weitere Zentren sind geplant.

Alles in allem scheint sich so einiges zu tun, es gibt Fördermittel in anständiger Höhe, Gelder werden investiert – aber es gibt weiterhin Skeptiker, die eine fehlende Dringlichkeit und Priorisierung bemängeln. Immer und immer wieder stößt man in führenden Kreisen auf die selbstgewisse Überzeugung: »Ja, es wird Veränderungen geben, und ja, wir müssen uns darauf einstellen und uns vorbereiten – *aber* es wird nicht so schnell passieren wie in den USA. Also lasst uns nichts überstürzen.« Eine gewisse Bequemlichkeit scheint den Fortschritt der Dinge zu behindern. Zimmermann von Hy! meint, dass »Merkel zwar eine gute Krisenmanagerin ist, aber ihr fehlt die große Vision«. Obwohl sich Zimmermann zu Merkels Unterstützern zählt, sagt er doch, dass sie den Riss zwischen der alten und der New Economy in Deutschland widerspiegelt. »Sie ist eine gute Managerin des ›Bluechip‹-Deutschlands, aber sie hat nicht die Zukunftsvision oder Innovation eines Start-ups. Sie ist keine gute Kommunikatorin, wenn es um die Zukunft Deutschlands geht.«

Mitunter überkommt einen das Gefühl, dass deutsche Entscheider nicht verstehen, wie viel bei diesem Übergang zu einer digitalen Wirtschaft auf dem Spiel steht. Die Risiken können mit einem einfachen Beispiel verdeutlicht werden, das die möglichen Auswirkungen nur einer einzigen Technologie, des 3-D-Drucks, beleuchtet. Die Automobilindustrie, wie wir sie kennen, könnte bald völlig umgekrempelt werden.

Local Motors, ein Unternehmen in Arizona, kann ein komplettes Auto »ausdrucken«, und das ist deutlich preisgünstiger als die traditionellen Fertigungsmethoden, die von deutschen und US-amerikanischen Autoherstellern genutzt werden. Der Materialausnutzungsgrad für ein herkömmliches Auto liegt bei zwanzig zu eins – man muss die zwanzigfache Menge des benötigten Stahls kaufen und verarbeiten, um ein Auto herzustellen. Der ganze Prozess benötigt viele Arbeiter und ist sehr aufwendig. Beim 3-D-Drucken ist der Ausnutzungsgrad eins zu eins. Der Druckprozess ist genauso simpel, wie er klingt – etwas, das aussieht wie ein gigantischer Tintendrucker, trägt Schicht um Schicht eines Polymers auf Kohlenstoffbasis so auf, dass das Ganze nach und nach die Form eines Autos annimmt. Dieses härtet in eine solide Verbundstruktur aus, in die dann der Motor und andere mechanische Teile eingefügt werden können. Die Form des Chassis ist grenzenlos an Kundenwünsche anpassbar, und für den Produktionsprozess wird genau so viel Kunststoff benötigt, wie für das Auto gebraucht wird. Das Material ist zudem vollständig recycelbar und kann sogar zerkleinert und für den Druck weiterer Autos wiederverwendet werden. Begleitet wird der Prozess von einer Handvoll Arbeiter, die auf die richtigen Knöpfe drücken, die Güteüberwachung übernehmen und die mechanischen Komponenten und Zubehörteile einfügen. Das ist effizient, das ist Präzision, das ist Umsetzung.

Und das ist noch nicht alles. Autos von heute sind »Computer auf Rädern«. Ein Auto der Spitzenklasse verfügt über mehr Computertechnik als manches kleine Rechenzentrum;

es generiert rund 25 Gigabytes an Daten während einer Stunde Fahrt. Deshalb ist es nicht überraschend, dass heutzutage Technologieunternehmen wie Apple oder Google die Autos der Zukunft entwerfen. Irgendwann werden diese und andere Unternehmen Autoteile bei Billigzulieferern ordern, die die 3-D-Drucktechnologie nutzen. Deutsche Autokonzerne, die direkt oder indirekt einen von sieben Erwerbstätigen deutschlandweit beschäftigen, könnten herabgestuft werden zu Metallklitschen mit niedrigen Gewinnen, vermutet *The Economist.* Die EDAG Engineering GmbH mit Sitz in Wiesbaden versucht sich ein Stück des Kuchens zu sichern, indem sie mit generativem Design für Fahrzeuge aus dem 3-D-Drucker experimentiert. Aber in der Zukunft werden es wohl eher US-amerikanische Technologiegiganten sein, die den größten Teil der Profite der deutschen Automobilindustrie durch die Bereitstellung von Software und Unterhaltungselektronik einsacken.

Mit dem 3-D-Druck werden zweifellos die Karten für die Autoindustrie wie auch für jede andere Branche neu gemischt. Werden die großen deutschen Automobilkonzerne fähig sein, in der neuen Welt zu überleben, die sich am Horizont abzeichnet? Werden sie auch zukünftig noch so viele Arbeiter brauchen wie heute? Das ist eher unwahrscheinlich. Zurzeit gehören die Automobilkonzerne zu den größten Arbeitgebern in Deutschland. In vielen Branchen wird die Technologie den Firmenleitungen den Weg frei machen, um einen Teil ihrer regulär festangestellten Kräfte zu entlassen und durch Subunternehmer, Leiharbeiter, Aushilfskräfte und Solo-Selbstständige zu ersetzen, bis schließlich auch sie durch Algorithmen, Roboter und »smarte« Maschinen ausgetauscht werden können. Einige Firmen werden ihre Belegschaft so weit reduzieren, dass sie unter die Grenze rutschen, ab der die Mitarbeiter ein Recht auf Mitbestimmung haben, oder so weit, dass zumindest die Anzahl der Betriebsräte verringert werden kann. Sollten sie das tun? Aus Sicht des einzelnen Unternehmens wäre das effizient und vernünftig. Aber aus gesellschaftlicher Sicht? Es würde den Gesellschaftsvertrag aushöhlen, der eine zentrale Voraussetzung für Deutschlands Erfolg ist. Wenn viele Unternehmen diese rationalen und effizienten Entscheidungen einer einzelnen Firma nachahmen, um die Arbeitskosten zu reduzieren, kann das in der Summe irrationale und ineffiziente makroökonomische Folgen haben.

Es steht viel auf dem Spiel. Wann immer eine Gesellschaft, ein Staat, ein Unternehmen oder eine Stadt mit einer disruptiven Epoche konfrontiert ist wie jener, auf die wir uns zubewegen, können viele verschiedene Wege eingeschlagen werden. Es ist nicht immer einfach zu wissen, welchen man nun nehmen sollte. Unterschiedliche Vordenker setzen auf unterschiedliche Lösungen, um die Wettbewerbsfähigkeit und den Wohlstand zu erhalten. Pawel Chudzinski, Mitgründer und geschäftsführender Teilhaber des Frühphaseninvestors Point Nine Capital, schlägt vor, aus Berlin ein exklusives technologisches Zentrum wie das Silicon Valley zu machen. »In San Francisco ist Technologie die beherrschende Branche«, sagt er. »In London ist Technologie zwar wichtig, aber gleichzeitig kämpfen der Finanzsektor und andere Branchen ebenfalls um Aufmerksamkeit. Die Chancen stehen gut, dass Berlin ein Zentrum wird, in dem Technologie [europaweit] die wichtigste Branche ist.« Hätte jedes Land einen eigenen technologischen Knotenpunkt, würden sie sich gegenseitig das Wasser abgraben, so Chudzinski. Stattdessen »sollte es nur ein europäisches Zentrum geben«, und zwar Berlin.

Es ist eine faszinierende Vision – aber leider eine irrige. Deutschland sollte sich lieber auf den Brückenbau zwischen Start-ups und dem Mittelstand konzentrieren. Es sollte sich fokussieren auf eine zielgerichtete Strategie, die positive Synergien aus diesen beiden wesentlichen Komponenten der

deutschen Wirtschaft schlägt. Der Mittelstand ist Deutschlands Wunderkind, sein Wettbewerbstrumpf im Ärmel. Er
ist einzigartig und hebt Deutschland aus seinen weltweiten
Mitbewerbern heraus. Die Coffeeshop-Hipster und ihre
Start-ups stehen ebenfalls für einen lebenswichtigen Teil
Deutschlands. Sie lenken den jugendlichen Enthusiasmus,
Optimismus und die Kompetenzen einer neuen Generation
in geregelte Bahnen. Sie verfügen über Computer- und Soft-
warekompetenzen wie auch über eine Zukunftsvision, die
sich von überkommenen Ideen löst.

Henning Kagermann, ehemaliger Vorstandsvorsitzender
von SAP und in seiner Eigenschaft als Präsident von acatech
einer der führenden Vertreter der Vision hinter »Industrie
4.0«, ist überzeugt, dass es zukünftig »mehr dezentralisierte,
autonome Teams geben wird, die zusammenarbeiten, die aus
unterschiedlichen Disziplinen kommen, heterogener sind,
verschiedene Erfahrungen mitbringen«.[10] Das klingt so, wie
die Start-up-Welt heute schon arbeitet. In biologischen Syste-
men sorgt Diversität für evolutionäre Stärke; in den kommenden Jahren werden viele evolutionäre Prozesse stattfinden,
und die Diversität der beiden unterschiedlichen Kulturen
wird in einen evolutionären Vorteil münden. Kurz gesagt:
Start-ups und Mittelstand brauchen einander wie die zwei
Seiten einer Münze.

Aber dennoch sagt jeder, mit dem ich gesprochen habe –
ganz gleich ob Geschäftsführer von mittelständischen Unternehmen, Mitarbeiter in Bundesministerien, Wissenschaftler
oder Start-up-Unternehmer –, dass diese beiden Pole der
Evolution kaum interagieren; die potenziellen Tanzpartner
haben es noch nicht auf die Tanzfläche geschafft. Beide Seiten
scheinen sich nicht vorstellen zu können, wie ein gemeinsa-
mer Weg in die Zukunft aussehen könnte. Trotz der verschiedenen 4.0-Initiativen, trotz Konferenzen und Symposien,
trotz Studien, Strategiepapieren und Investitionen sind bis-

lang wenig mehr als Lippenbekenntnisse dabei herausgekommen. Es mangelt an konkreten Plänen.

Stefan Heumann von der Stiftung Neue Verantwortung fasst den Stand der Dinge so zusammen: »Wie sieht die deutsche oder europäische Version der digitalen Ökonomie aus? Ich habe noch keinen Entwurf gesehen. Niemand weiß es.« Lars Zimmer fügt hinzu: »Wir sind nicht ambitioniert oder kreativ genug, um einen neuen Weg zu entwerfen.«

Aber nicht nur Start-ups und mittelständische Unternehmen zeigen einander die kalte Schulter, auch die Beziehungen zwischen technischen Universitäten und der Start-up-Welt oder gar zwischen Unis und dem Mittelstand sind unterentwickelt. Das war schon einmal anders. Europäische Unternehmen und ganze Branchen pflegten lebendige Beziehungen zu Forschungseinrichtungen, ein Beispiel dafür ist Nokias berühmte Zusammenarbeit mit der Universität im finnischen Tampere und ihren Werklaboren. Hightech-Zentren rund um Genf und Mailand haben sich mit staatlicher Unterstützung und in Zusammenarbeit mit Universitäten zu blühenden Zentren für Biotechnik und Software entwickelt. Das Silicon Valley pflegt intensive Beziehungen sowohl zur Stanford University als auch zur University of California, Berkeley.

Deutschland tut zwar einiges, um den Kontakt von Wirtschaft und Universitäten auszubauen, aber es könnte noch eine Menge mehr tun. Gerade die Universitäten könnten eine tragende Brücke zwischen den jungen, computererfahrenen, Start-up-orientierten Absolventen und dem Mittelstand sein. Das schon erwähnte Start-up NavVis entstand aus einem Forschungsprojekt der Technischen Universität München. Viele weitere derartige Brückenschläge sind notwendig.

Kurz gesagt: Deutschland benötigt einen »zielgerichteten Start-up-Plan«, der im Schulterschluss zwischen den hyperaktiven Berlin-Hamburg-München-Start-ups und den ländlichen, familienorientierten, präzisionsbesessenen Mittelstandsunternehmen wurzelt. Entscheider aus Politik und Wirtschaft müssen dies gemeinsam angehen. Jemand muss sagen: »Berlin, los, triff dich mit Meschede. Ihr beide könntet zwar nicht unterschiedlicher sein, ihr seid wie Tag und Nacht. Aber ihr müsst euch kennenlernen. Ihr braucht einander.«

Florian Nöll vom Bundesverband Deutsche Startups hat die Führung übernommen im Versuch, die beiden Kulturen zusammenzubringen. Er hat Mentoring-Programme angeschoben, bei denen junge Existenzgründer auf Manager etablierter mittlerer Unternehmen treffen, in der Hoffnung, dass daraus Kooperationen erwachsen. »Junge Menschen profitieren von der Erfahrung, sie gewinnen neue Partner und potenzielle Kunden, während die mittleren Unternehmen in Kontakt kommen mit innovativen Methoden und Ideen, die sonst an ihnen vorbeigegangen wären«, meint Nöll.

Mein dringender Rat für junge Digitalunternehmer und angehende Start-up-Hipster: Geht raus aus Berlin. Lasst München und Hamburg hinter euch. Geht nach Meschede, Dortmund, Stuttgart, Frankfurt am Main und überall dazwischen. Haltet Ausschau nach kleinen und mittleren Unternehmen, seht euch an, was sie tun, und versteht ihre Bedürfnisse. Baut Kontakte auf, entwickelt Produkte, die diese Unternehmen brauchen können – und wer weiß, vielleicht finanzieren sie euer Start-up.

Weiter gedacht bedeutet diese Idee, wegzukommen von dem Versuch, das nächste, neueste, großartigste Verbraucherprodukt oder den nächsten tollen Verbraucherservice zu entwickeln. Deutschlands Stärke ist die Produktion, nicht die Kundenorientierung. In Verbrauchermärkten kann ein geschicktes Start-up schnell dominant werden und durch Netzwerkeffekte auf Gold stoßen – je mehr Leute das Produkt oder die Dienstleistung des Start-ups nutzen, desto stärker wird es gegenüber seinen Mitbewerbern. Sehr viel wahrscheinlicher aber ist – wie wir gesehen haben –, dass das Start-up sein Start- und Inkubatorkapital zu schnell aufzehrt, um jemals einen ausreichend großen Kundenstamm aufbauen zu können, und schließlich scheitert. Die Märkte für industrielle Innovationen und Firmenkundenprodukte, die viele deutsche Unternehmen des Mittelstands bedienen, funktionieren völlig anders. Sie reagieren langsamer, und die Expertise der führenden Unternehmen ist nur schwer zu kopieren. Was auch bedeutet, dass die Netzwerkeffekte in diesen Geschäftsfeldern nicht so ausgeprägt sind.

Deutschland wird niemals über die finanziellen Ressourcen verfügen, wie sie die Vereinigten Staaten in den Start-up-Sektor, den Mittelstand oder die digitale Zukunft stecken. Ein Anlageverhalten wie im Silicon Valley, die Verteilung von Investitionen nach dem Gießkannenprinzip, ist keine gute Idee. Es hat ja trotz des Medienhypes nicht einmal in den USA funktioniert – aus den Gründen, die ich schon dargelegt habe. Deutschland muss klüger, strategischer und zielgerichteter mit seinen Ressourcen umgehen.

»Rocket Mittelstand« ist das Ziel, das angepeilt werden sollte. Das stellt die Innovation dar, nach der Deutschland sucht. Nicht Silicon Allee, sondern Rocket Mittelstand. Neue hybride Unternehmen, die das Beste aus der Start-up- und der Mittelstandswelt zusammenbringen, und Strategien, die den etablierten Unternehmen helfen, digitale Elemente in ihre Prozesse zu integrieren, um ihre Geschäftsmodelle weiterzuentwickeln. Darüber hinaus sollte das übergreifende Ziel sein, jene Elemente der sozialkapitalistischen Wirtschaft zu erhalten, die eine breite Verteilung des Wohlstands, gesunde Familien und Gemeinschaften sowie eine partnerschaftliche Arbeitgeber-Arbeitnehmer-Beziehung gewährleisten. Das ist eine Zukunft, die es wert wäre, aufgebaut zu werden.

Die Geschichte der Welt ist eine Abfolge von Gewinnern, die eines Tages vom Sockel stürzen. Wie einst die Technologien der Vergangenheit, so ist heute die digitale Wirtschaft auf dem Vormarsch. Deutschland wird sich ihr nicht entziehen können. Große wie kleine Unternehmen, Industriekonzerne wie Familienbetriebe spüren bereits die ersten Auswirkungen. Diese werden in den nächsten zwei Jahrzehnten stärker werden. Wenn Deutschland einen Weg findet, damit umzugehen, wird es eine wichtige Rolle für die Sicherheit der europäischen Zukunft spielen. Wenn nicht, besteht die Gefahr, dass es wieder zum »kranken Mann Europas« wird.

6
Die Zukunft der Arbeit:
Ist Deutschland dafür bereit?

Im März 2016 nahm ich in Berlin an einer Konferenz des Bundesministeriums für Arbeit und Soziales teil; das Thema lautete: »Arbeiten 4.0 erfordert einen neuen Flexibilitätskompromiss«. Es handelte sich um die Halbzeitkonferenz eines neunzehn Monate währenden nationalen Dialogprozesses zwischen verschiedenen Interessengruppen und Vertretern der Sozialpartner; unter den Teilnehmern waren Arbeitnehmervertreter, Gewerkschaftsvertreter, Experten aus Wissenschaft, Industrie und Technologie, Vertreter von Start-ups, Denkfabriken, Stiftungen und ganz normale Menschen. Die Konferenz war Teil einer ganzen Reihe von Foren, Symposien und Tagungen, die innerhalb von anderthalb Jahren stattfanden und Widerhall in Forschungsberichten und in den sozialen Netzwerken fanden. »Arbeiten 4.0« war gedacht als Ergänzung zu dem von der Bundesregierung schon vorher angestoßenen Dialog »Industrie 4.0«, der sich mit Fragen der Digitalisierung der Industrie in erster Linie an Unternehmen richtete. »Arbeiten 4.0« sollte verhindern, dass die Belange der Arbeitnehmer und ihrer Familien vergessen wurden. Wie sieht die Zukunft der Arbeit in Deutschland aus? Welche Formen sollte Arbeitspolitik im 21. Jahrhundert annehmen? Wie kann Deutschland die erstaunlichen neuen Entwicklungen der digitalen Revolution einschließlich Automation, Robotik und anderer produktivitätssteigernder Technologien implementieren, ohne die guten Arbeitsplätze der Mittelschicht auszuhöhlen, die das Fundament von Deutschlands Wirtschaftserfolg darstellen? Diese Fragen wollte der Dialogprozess einem breiten Publikum näherbringen.

Bundesarbeitsministerin Andrea Nahles hielt zur Eröffnung des Events eine Grundsatzrede. Ich hatte Frau Nahles ja schon auf der re:publica sprechen hören, die sich in erster Linie an die digitale Welt mit ihrer jungen, hippen Start-up-Community wendet; Ministerin Nahles wirkte hier wie dort leidenschaftlich und sympathisch, ernsthaft darum bemüht, Deutschland und einige seiner Traditionen ins 21. Jahrhundert zu führen, und dies auf eine Weise, die sich auf die Stärken des Landes stützt. Sie versuchte, »mit Bedacht auf der Höhe der Zeit« zu sein, was gar nicht so ganz einfach ist.

»Wie können wir die produktive Kraft der Digitalisierung mit einer modernen sozialen Marktwirtschaft in Einklang bringen? Diese Frage ist alles andere als banal«, erklärte Ministerin Nahles vor einer riesigen Leinwand, von der der Schriftzug »Arbeiten 4.0« auf Hunderte von aufmerksamen Zuhörern herunterleuchtete. »Flexibilität ist dabei ein Konfliktthema, wenn nicht das zentrale Konfliktthema überhaupt. Wir stehen vor der Frage: Wie können wir die berechtigte Forderung der Wirtschaft nach Flexibilität mit dem Bedürfnis der Beschäftigten nach Autonomie, Beteiligung, aber auch Sicherheit in Einklang bringen?«[1]

Acht Monate später, Ende November 2016, war Ministerin Nahles die Hauptrednerin auf der Abschlusskonferenz des Dialogprozesses, bei der der Abschlussbericht, das »Weißbuch Arbeiten 4.0«, vorgestellt wurde. Im Weißbuch sind die wichtigsten Trends und Treiber des Wandels in der Arbeitswelt verzeichnet: Digitalisierung, Globalisierung, Bildung, Migration und Wandel von Werten und Ansprüchen. Andrea Nahles sagte: »Schon jetzt ist erkennbar, dass die digitale Transformation – vor allem mit Blick auf die Arbeitswelt – polarisiert. [...] Wir müssen die Sorgen um Arbeitsplatz- und Qualifikationsverlust [...], auch die Kluft zwischen Menschen, die Freiheit und Flexibilität als Verheißung sehen, und solchen, die vor allem Stabilität und Sicherheit wünschen, ernst nehmen. Zugleich müssen wir zeigen, wo die Chancen liegen und dass wir es in unserer Hand haben, in welche Richtung sich die Dinge entwickeln.«[2]

Die Botschaft der Arbeitsministerin war umsichtig und zielte darauf, zwischen den heterogenen Interessen der unterschiedlichen Beteiligten zu vermitteln, deren Vertreter einander im Publikum beäugten. Die Interessen und Belange der Arbeitnehmer, die in erster Linie durch die Gewerkschaften vertreten werden, liegen oft im Konflikt mit denen der Unternehmer. Und doch braucht jeder den anderen, sie sind miteinander verbunden wie siamesische Zwillinge, natürliche Bündnispartner wie auch Kontrahenten. Wie lässt sich da ein Ausgleich finden? Worin besteht die ideale Balance zwischen den Anliegen derer, die Arbeitsplätze schaffen, und den Bedürfnissen derjenigen, die diese Stellen ausfüllen? Der anderthalb Jahre währende Dialog war lebhaft, und der Abschlussbericht zeigt, welch breites Spektrum der deutschen Gesellschaft Nahles in die Diskussion einzubeziehen versucht hat.

Womöglich jedoch basieren die Schlussfolgerungen des Weißbuchs auf mehreren fundamentalen Fehleinschätzungen. Das Weißbuch listet eine Reihe von Maßnahmen auf,[3] darunter ein »Recht auf Weiterbildung« (lebenslanges Lernen und Umschulungen für Arbeitnehmer, die stetig ihre Kenntnisse vertiefen werden müssen, um auf der Höhe des digitalen Zeitalters zu bleiben), ein »Rückkehranspruch zur ursprünglichen Arbeitszeit« (eine Garantie für Arbeitnehmer, die sich aus familiären Gründen für eine vorübergehende Reduzierung ihrer Arbeitszeit oder eine Auszeit entscheiden, zur vorherigen Vollzeitarbeit zurückkehren zu können); ein »Anspruch auf zeit- und ortsflexibles Arbeiten« (mehr Flexibilität für Arbeitnehmer mit individuellen Arbeitszeitbedarfen aus familiären oder anderen Gründen, beispielsweise in der Form, den Arbeitsplatz früher zu verlassen und dafür abends von zu Hause aus zu arbeiten). Aber der vielleicht weitreichendste Vorschlag ist ein Wahlarbeitszeitgesetz – das unter anderem eine Lockerung des Arbeitszeitgesetzes bedeuten würde –, dessen betriebliche Umsetzung zunächst in einer zweijährigen Phase erprobt werden könnte, um Arbeitgebern und Gewerkschaften Raum für das Sammeln von Erfahrungen zu geben. Die verbindliche Arbeitszeitregelung ist eine der grundlegendsten Errungenschaften der Nachkriegszeit, sodass deren Lockerung und Neuverhandlung gewagt und durchaus riskant ist. Gelingt dies in einer Weise, die die Interessen der Erwerbstätigen im Blick behält, könnten die Bedürfnisse von Arbeitnehmerinnen – deren Anzahl in Vollzeitstellen seit den 1990er-Jahren stark gesunken ist – wie auch von Arbeitnehmern mit Wunsch nach mehr Flexibilität besser berücksichtigt werden.

Der größte Teil der Empfehlungen des Weißbuchs dreht sich um die Bedürfnisse von Vollzeitarbeitnehmern, die vom Flexibilitätspotenzial einer zunehmend digitalisierten Gesellschaft profitieren möchten. Doch wie wir schon in Kapitel 1 gesehen haben, werden die positiven Aspekte der Flexibilität oftmals stark romantisiert. Wer einen guten Vollzeitarbeitsplatz hat, für den kann eine flexible Zeiteinteilung ein Gewinn sein. Wer aber in Arbeitsverhältnissen mit nur geringer Stundenzahl und schlechter Bezahlung steckt, wer sich keine Krankenversicherung leisten oder keine Rücklagen für die Rente bilden kann, für den steht Flexibilität nicht an erster Stelle (wie wir gesehen haben, gibt es auch von dieser Regel eine Ausnahme: jüngere Erwerbstätige, die Flexibilität schätzen, weil sie noch nicht an ihre Karriere denken; aber das wird sich mit zunehmendem Alter ändern). Wie in Kapitel 3 bereits erwähnt, ist die Anzahl der prekären Arbeitsplätze und Teilzeitstellen in den vergangenen zehn Jahren dramatisch angestiegen, während die Menge der unbefristeten Vollzeitjobs zurückgegangen ist. Trotz der Wirtschaftserholung in den letzten Jahren gibt es in Deutschland heute weniger unbefristete Vollzeitstellen als im Jahr 2000. Diese Trends betreffen Millionen von Arbeitnehmern.

Die Weltwirtschaftskrise 2008 schlug sich in praktisch allen Industrienationen in einer Polarisierung und Segmentation der Arbeitsmärkte nieder: Die Beschäftigungsverhältnisse mit mittleren Einkommen wurden ausgehöhlt und in Teilzeitjobs und prekäre Arbeitsverhältnisse umgewandelt. Deutschland erging es besser als vielen anderen Industrienationen (wie beispielsweise den USA, Großbritannien, Italien oder Frankreich), dennoch verzeichnet es dieselben Entwicklungen. Wie in den USA sind viele der Arbeitsplätze, die in Deutschland verloren gegangen sind, das, was man als »gute Jobs« bezeichnet: Sie waren unbefristet mit voller Stundenzahl und boten eine angemessene Bezahlung, ein belastbares Sicherheitsnetz sowie Kündigungsschutz. Die Jobs, durch die sie ersetzt wurden – Minijobs, befristete Jobs, Werkverträge, Aufträge für Subunternehmer, Solo-Selbstständige, Kleinstunternehmen, für Clickworker oder Freiberufler –, bedeuten letztlich einen realen Rückgang an ökonomischer Sicherheit und verringerte Zukunftschancen für Millionen von Deutschen. Mehr und mehr Arbeitnehmer beziehen mittlerweile ihre Einkünfte von verschiedenen, aufeinanderfolgenden Arbeitgebern, da sich die Unternehmen daran gewöhnen, je nach Bedarf flexibel Arbeitskräfte einzustellen oder zu entlassen.

Trotz dieser offensichtlichen Entwicklungen scheinen deutsche politische und wirtschaftliche Entscheider jedoch für diese Arbeitsmarkttrends blind zu sein. Das Weißbuch enthält einige Überlegungen wie auch Empfehlungen, die diese Veränderungen reflektieren, und ermutigt Deutschland zu einem proaktiven Umgang mit den technologischen Auswirkungen. Und vor nicht allzu langer Zeit wurde das Mindestlohngesetz verabschiedet, das schon mal ein guter Schritt vorwärts ist, um das viel zu niedrige Lohnniveau am unteren Ende der Skala zu erhöhen. Aber den Empfehlungen des Weißbuchs gelingt es nicht, die Probleme, mit denen die deutsche Arbeitnehmerschaft konfrontiert ist, ausreichend und direkt anzupacken.

Wie sollten politische Entscheidungsträger mit der Tatsache umgehen, dass unbefristete Vollzeitstellen zurückgegangen sind, während Teilzeitarbeit, prekäre Jobs und die Tätigkeit für mehrere Arbeitgeber mehr werden? Sollten sie das akzeptieren und sich damit arrangieren oder diese Trends bekämpfen und versuchen, sie rückgängig zu machen? Sollten sie daran festhalten, Arbeitsmarktstrategien zu entwerfen, die auf die Schaffung von mehr Normalarbeitsverhältnissen zielen? Oder sollte sich die Politik auf die Frage fokussieren, wie Kurzzeitjobs und Zeitarbeit in bessere Arbeitsverhältnisse umgestaltet werden können? Können gute Kurzzeit- und Aushilfsjobs neben guten Normalarbeitsverhältnissen tragende Säulen werden beim Versuch, eine robuste Wirtschaft und eine stabile Mittelschicht zu erhalten?

Das sind schwierige Fragen, besonders angesichts der Prognose, dass neue Technologien weitere Jobs überflüssig machen und damit noch mehr Arbeitnehmer ins Prekariat drängen werden. Politische Entscheider in den Industrienationen auf der ganzen Welt ringen mit dieser neuen Realität. Fast die Hälfte der niederländischen Erwerbstätigen arbeitet inzwischen Teilzeit; Österreich und Dänemark haben auf diese Herausforderungen andere Antworten gefunden als Deutschland oder die USA. Aber in jedem Land laufen die politischen Reaktionen auf diese tektonischen Verschiebungen auf ein Scheitern hinaus. Dafür gibt es eine ganze Anzahl an Erklärungen.

Zum einen gibt es machtvolle Interessen, sowohl von rechts wie von links, im öffentlichen wie im privaten Sektor, die Dinge so zu belassen, wie sie sind. Zum anderen liegt das

Scheitern darin begründet, dass Industrienationen, wie Deutschland, die USA und andere, Erwerbsarbeit und Arbeitnehmerschaft mithilfe von Methoden erfassen, messen und auswerten, die veraltet sind und die den schlecht greifbaren Verhältnissen der digitalen Wirtschaft nicht ausreichend gerecht werden. Deshalb basieren politische Entscheidungen in wachsendem Maß auf fehlerhaften Daten und Analysen.

Was die Zahlen sagen: strittige Daten

Eine berechtigte Frage ist, wie aussagekräftig die beschriebenen Trends für die gesamte Erwerbsbevölkerung sind. Die Wahrheit ist – Trommelwirbel! –, dass niemand das so genau weiß. Neue Formen der Arbeit, wie Clickwork, Freiberuflichkeit, verschiedene Arten des Subunternehmertums, sind mithilfe herkömmlicher Methoden nur schwer zu erfassen. Alternative Erhebungen geben uns jedoch ein zunehmend klareres, wenn auch immer noch verschwommenes Bild. Und das, was wir erkennen können, ist beunruhigend.

Um zu verstehen, was in Deutschland passiert, ist es abermals sinnvoll, zuerst auf die USA zu schauen. Es wird immer deutlicher, dass die offiziellen Daten der Vereinigten Staaten die tatsächliche Situation der Arbeitnehmerschaft verzerrt darstellen. Das U.S. Bureau of Labor Statistics geht davon aus, dass – nach Maßgabe der erhobenen Daten – es nur einen geringen Anstieg bei den vielen Arten der »unabhängigen« Arbeitnehmer gab, also bei jenen, die außerhalb der traditionellen Arbeitsverhältnisse tätig sind. Doch der oberste Rechnungshof der USA, das U.S. Government Accountability Office, veröffentlichte im April 2015 einen Bericht, der besagt, dass »Schätzungen hinsichtlich der Größe des Anteils der vorübergehend Beschäftigten zwischen 5 und fast 30 Prozent der gesamten Arbeiterschaft [...] schwanken«, je nach den stark variierenden Definitionen von vorübergehender Beschäftigung.[4] Das ist eine ziemlich große Diskrepanz, die ausschließlich auf unterschiedliche Erfassungsmethoden zurückgeht.

Teil des Problems ist eine jahrzehntealte Methodik: die monatliche »Arbeitskräfteerhebung«, bekannt als Current Population Survey (CPS). Dafür kontaktieren Angestellte der Regierung eine bestimmte Anzahl von Arbeitnehmern (60 000 US-Haushalte) und befragen sie entweder persönlich oder per Telefon darüber, wie sie arbeiten. Es ist ein sehr arbeitsintensiver Prozess, bei dem der Beschäftigungsstatus jedes Haushaltsmitglieds abgeklopft wird. Die Exaktheit der Daten hängt somit davon ab, wie genau die Befragten über ihre Situation Auskunft geben.

Offenbar sind viele Erwerbstätige nicht besonders exakt in ihrer Selbstauskunft. Larry Katz, Wirtschaftswissenschaftler von der Harvard University, weist auf zwei Umstände hin, die ihn schlussfolgern lassen, dass die Haushaltserhebungen und die Selbstauskünfte »einen großen Teil der Gig-Ökonomie aussparen«. So ist zum Beispiel der Anteil der Erwerbsbevölkerung, der auf Basis des Formulars 1099 tätig ist – darunter fallen Freiberufler und Leiharbeiter –, seit der Jahrtausendwende zwischen 10 und 20 Prozent gestiegen. Und der Anteil derjenigen, die das Schedule-C-Formular ausfüllen – das Bundessteuerformblatt für Selbstständige –, ist laut Schätzungen um 20 Prozent angewachsen; und das, »obwohl laut Haushaltserhebung die Anzahl der Selbstständigen gering ist«, so Katz. Gusto, ehemals ZenPayroll, ein Lohnbuchhaltungsservice, kommt aufgrund seiner eigenen Daten zu Beschäftigungsverhältnissen und Entgeltzahlungen zu dem Schluss, dass sich in manchen Städten der USA die Zahl derjenigen, die in die Formular-1099-Kategorie fallen, verdoppelt hat.

Katz sagt: »Diese Diskrepanzen legen ein Wachstum von

Arbeitnehmern in der ›Gig‹- und ›Share‹-Economy nahe, die ein Einkommen nach Formular 1099 beziehen und das Formular Schedule C für ihre Steuer ausfüllen, aber auf Fragen der Regierung antworten, dass sie selbstständig seien, ohne zu erwähnen, dass sie in unterschiedlichen Beschäftigungsverhältnissen tätig sind.« Katz' eigene Befragungen von Erwerbstätigen zeigen, dass die Mehrheit derjenigen, die sowohl eine reguläre Anstellung haben, als auch zusätzlich selbstständig tätig sind, nicht angibt, dass sie mehrere Beschäftigungsverhältnisse haben, wenn sie standardmäßig gefragt werden, ob sie in mehreren Jobs arbeiten. In manchen Fällen, so Katz, »ist das Einkommen aus Online-Gigs und nicht-traditionellen Jobs sogar erheblich«.[5]

Unterschiedliche Methoden führen zu unterschiedlichen Ergebnissen sowohl bei der Auswertung von Daten wie auch bei der Befragung von Menschen. Dennoch taucht nichts davon in den offiziellen Statistiken der USA auf. Doch zum Glück bereiten sich das US-Arbeitsministerium sowie die US-Statistikbehörde darauf vor, ab 2017 mehr Daten zu Zeitarbeit und vorübergehend Beschäftigten zu erheben.[6]

Die deutschen Behörden, die Arbeitsstatistiken erstellen, scheinen wie jene in den USA ihrer Zeit hinterherzuhinken. Das Problem ist ähnlich wie in den Vereinigten Staaten darin begründet, dass Deutschlands Daten in einem hohen Maß auf Haushaltserhebungen beruhen. Und es ist mehr als wahrscheinlich, dass sie fehlerhaft sind.

Karin Schulze Buschoff vom Wirtschafts- und Sozialwissenschaftlichen Institut (WSI) ist eine von Deutschlands führenden Arbeitsmarktexpertinnen. Sie erklärte mir, wie die Haushaltsbefragung in Deutschland durchgeführt wird.

»Die Regierung befragt 1 Prozent der deutschen Haushalte und erkundigt sich: ›Haben Sie eine Arbeitsstelle? Haben Sie eine zweite Beschäftigung?‹ Es wird eine Menge Information zum ersten Job zusammengetragen, aber die Details des zweiten Jobs fallen meist unter den Tisch.« Es wird auch nicht nach einer dritten oder vierten Beschäftigung gefragt. Wie in den USA ist dies eine zeit- und arbeitsintensive Erhebungsmethode, weshalb sich der Fragende meist darauf konzentriert, Daten zur Haupteinkommensquelle einzuholen. »Diese Methode ist mangelhaft und inadäquat«, so Schulze Buschoff.

Und auch hier gilt natürlich: Die Daten sind nur so gut wie die Selbstauskunft der Arbeitnehmer über die Anzahl der aktuellen Beschäftigungsverhältnisse. Wolfgang Schröder, Arbeitsmarktexperte vom Wissenschaftszentrum Berlin für Sozialforschung (WZB), erklärt, problematisch sei daran, dass »niemand zugeben möchte, dass er zwei oder drei Jobs hat«.

Neben den Daten aus der Haushaltserhebung fließen auch Arbeitgeberangaben zur Beschäftigtenzahl in die offizielle Statistik ein. Karin Schulze Buschoff steht dieser Methode jedoch skeptisch gegenüber. »Je mehr Arbeitnehmer als Zeitarbeiter, Selbstständige, Minijobber oder im Rahmen eines Werkvertrags tätig sind, umso weniger aussagekräftig sind Daten, die mittels herkömmlicher Methoden gewonnen werden«, sagt sie. »Sie können die Komplexität von Erwerbsarbeit nicht erfassen.«

Jeder Arbeitsmarktexperte, mit dem ich gesprochen habe, erklärte, dass die offiziellen Erhebungsmethoden – sowohl für die Quantität wie auch die Qualität von Arbeitsplätzen – problematisch seien. Nichtsdestotrotz, so die meisten dieser Experten, seien die gegenwärtigen Methoden »ausreichend«. Nur einige wenige waren sehr kritisch und nannten sie unangemessen. Zusätzlich zu diesen methodologischen Schwierigkeiten gibt es ein weiteres Versäumnis: Da Click- beziehungsweise Crowdworker ihren Lebensunterhalt mithilfe ihres Computers von zu Hause oder von einem anderen unabhängigen Standort aus verdienen, werden sie keinem Arbeitsplatz zugeordnet. Viele dieser deutschen Auftragnehmer sind nicht einmal für ein deutsches Unternehmen tätig, sondern für Firmen überall auf der Welt.

Ich erkundigte mich bei verschiedenen Arbeitsmarktexperten ebenso wie bei Vertretern von Bundesministerien: »Wie viele deutsche Erwerbstätige verdienen ihr Einkommen über die digitale Plattform Upwork?« Wie Sie aus Kapitel 1 wissen, ist Upwork eines dieser »hohlen Unternehmen« aus dem Silicon Valley, das mithilfe neuester Technologie zehn Millionen Subunternehmer und Freiberufler überall in der Welt verwaltet. Werner Eichhorst vom Institut zur Zukunft der Arbeit (IZA) antwortet: »Niemand hat bislang auch nur versucht, das zu erfassen.« Holger Bonin, ebenfalls vom IZA, erklärt: »Normalerweise sollte so etwas in den Unterlagen der Firmen und der Auftragnehmer auftauchen – was allerdings davon abhängt, dass sie es auch aufnehmen.« Und darin liegt das Problem: In den meisten Fällen machen weder die Auftraggeber noch die Auftragnehmer, die über diese Plattformen zusammenkommen, Angaben gegenüber nationalen oder kommunalen Behörden, was bedeutet, dass diese Auftragnehmer nicht erfasst werden. Und höchstwahrscheinlich führen sie weder Steuern auf ihre Einnahmen ab, noch zahlen sie ins deutsche Gesundheitssystem ein oder in andere staatliche Sozialversicherungen. Sie sind außerdem nicht in arbeitsrechtlicher Hinsicht gegenüber skrupellosen Unternehmen geschützt. Wie viele Clickworker aus Deutschland sind es also nun, die über Upwork und andere Online-Jobvermittlungen aktiv sind? Das ist eine wichtige Frage.

Wirklich keiner der Arbeitsmarktexperten, mit denen ich sprach, kannte die Antwort, vielmehr sahen sie mich mit großen Augen an. Dabei kostete es mich nur zwanzig Minuten, um auf meinem Computer die Seite von Upwork aufzurufen, mich zu registrieren, die dort verfügbaren Daten mithilfe von Suchfiltern zu sortieren und so herauszufinden, dass mehr als 18 000 deutsche Auftragnehmer auf der Plattform gelistet sind. Sie sind dort sehr übersichtlich mit Namen, Foto, beruflichen Daten und Adresse verzeichnet. Und Upwork ist ja nur eine von zahllosen Arbeitsvermittlungen; denken Sie nur an all diejenigen, die in Kapitel 1 genannt wurden. Die Anzahl der »dezentralisiert« – also unabhängig vom Sitz des Auftraggebers – tätigen Auftragnehmer hat sich in den letzten zehn Jahren verdoppelt.[7] Diese Vermittlungsplattformen und Internet-Jobmakler bilden eine ganz neue Spezies von Unternehmen; es handelt sich im Prinzip um staatenlose Körperschaften, deren Geschäftsaktivitäten und Beschäftigungsverhältnisse kaum nachzuvollziehen sind, wenn man konventionelle Messinstrumente nutzt. Der Arbeitsmarkt ist im 21. Jahrhundert angekommen, aber unsere Methoden, ihn zu beobachten und Daten zu sammeln, hängen immer noch im vorhergehenden Jahrhundert fest.

Das kann tragische Folgen für den Sozialstaat haben. Die Hans-Böckler-Stiftung kommt aufgrund einer eigenen Studie zu dem Ergebnis, dass das Durchschnittseinkommen hauptberuflicher Clickworker 1500 Euro im Monat beträgt; jene, die im Nebenberuf als Clickworker tätig sind, kommen auf ein durchschnittliches Monatseinkommen von 326 Euro.[8] Nimmt man nur die Einnahmen aufgrund einer Nebentätigkeit, verdienen die 18 157 deutschen Auftragnehmer auf Upwork insgesamt mehr als 71 Millionen Euro pro Jahr. Dieses Einkommen liegt außerhalb der Sichtweite der deutschen Behörden, und sehr wahrscheinlich findet sich nichts davon in den Einkommensteuererklärungen wieder – was einen Verlust von zig Millionen Euro für das Finanzministerium bedeutet. Würde zudem jeder dieser Solo-Selbstständigen 14,6 Prozent des Gewinns in die Krankenkassen einzahlen, hätten diese ein Plus von 10,4 Millionen Euro an Einnahmen. Das ist nicht gerade wenig. Und diese Summen beruhen auf Schätzungen aufgrund der Daten von nur einer einzigen Jobvermittlungsplattform. Als ich jedoch im Zuge meiner Recherche die zuständigen Bundesbehörden und führenden Experten nach diesen Arbeitnehmern befragte und wissen wollte, ob diese auch ihren Anteil an Steuern bezahlen würden, wurde mir klar, dass ich genauso gut hätte fragen können, wie viele Tintenfische auf dem Meeresgrund liegen.

Dennoch weiß niemand bei den zuständigen Stellen, wie viele Auftragnehmer so arbeiten und wie viele von ihnen auf diese Tätigkeiten Steuern zahlen. Inzwischen gibt es ein paar Organisationen, die einerseits versuchen, die Zahl der Clickworker zu erfassen, und andererseits bemüht sind, sie auf dem Arbeitsmarkt zu unterstützen. Dazu gehören zum Beispiel die deutschen Gewerkschaften, insbesondere die beiden größten: Ver.di und IG Metall.

Christiane Benner, die Zweite Vorsitzende – und erste Frau in der Führungsspitze – der IG Metall, berichtete mir, anders als die Bundesministerien und die Arbeitsexperten habe sich die Gewerkschaft die Mühe gemacht, die Anzahl der Clickworker zu summieren, die auf den verschiedenen Plattformen registriert sind. Allerdings wurden dabei nur die größten Plattformen einbezogen, da der Aufwand zu hoch ist, die zahllosen winzigen Vermittlungsfirmen zu berücksichtigen. Nichtsdestotrotz kamen mindestens eine Million Clickworker in Deutschland zusammen. Eine Studie der Foundation for European Progressive Studies (FEPS) schätzt die Zahl der Clickworker in Deutschland auf 1,3 Millionen. Eine dritte Studie geht von 900 000 bis 2,3 Millionen aus, je nachdem, wie man diese Art von Arbeit definiert. Selbst wenn man nur die konservativste Schätzung heranzieht, kommt man zu dem Schluss, dass Einkommen in Höhe von 4 Milliarden Euro nicht versteuert werden und den Krankenkassen Beiträge in Höhe von nahezu 600 Millionen Euro entgehen. Das ist eine Menge Geld.

Da sich Bundesbehörden um Budgetdefizite sorgen, da die Finanzierung der Krankenkassen und des Rentensystems heikel ist, sollte man meinen, dass diese verlorenen Milliarden Euro genug Handlungsanreiz wären. Und wenn noch mehr deutsche Erwerbstätige zu den digitalen Arbeitsplattformen abwandern, wird das Finanzministerium noch herbere Verluste hinnehmen müssen und die Sozialversicherungen noch größere Defizite einfahren. Staatliche Stellen müssen besser darin werden, die Daten zu sammeln, die notwendig sind, um zu verstehen, wie die Erwerbsbevölkerung aus vierzig Millionen Deutschen heute arbeitet. Die bisherigen Methoden, Daten zu sammeln und auszuwerten, spiegeln die guten alten Zeiten wider, in denen für gewöhnlich die weit überwiegende Mehrheit der Arbeitnehmer dauerhaft und in Vollzeit bei einem einzigen Arbeitgeber beschäftigt war. Die zunehmende Ungenauigkeit dieser Daten dient nur dazu, Mythen über die deutsche Wirtschaft aufrechtzuerhalten, und hindert politische Entscheider und die Öffentlichkeit daran, die Dringlichkeit der sich entwickelnden Situation zu verstehen.

Good-Job- versus Bad-Job-Economy

Jenseits der Schädigung der öffentlichen Kassen und der Notwendigkeit, das Ausmaß der unregulierten Arbeitsmärkte zu erfassen, gibt es weitere Gründe, warum die Zahlenspiele wichtig sind. Meine Gespräche mit verschiedenen Führungskräften aus Politik und Wirtschaft ebenso wie die Vorschläge des Arbeitsministeriums legen nahe, dass die große Koalition aus Christdemokraten und Sozialdemokaten in großem Maß auf die Erhaltung und sogar die Vermehrung von unbefristeten Vollzeitjobs setzt. Sie konzentriert sich auf Jobbeschaffungsmodelle der Nachkriegszeit, mit denen Deutschland lange Zeit erfolgreich war. Doch die Daten, die der Strategie zugrunde liegen, scheinen fehlerhaft zu sein.

Alle Hinweise aus den letzten zwanzig Jahren deuten sogar

eher darauf hin, dass sich die deutsche Wirtschaft in die entge-
gengesetzte Richtung entwickelt: weniger Vollzeit und stattdessen mehr Teilzeit, Zeitarbeit, Werkverträge, Solo-Selbstständigkeit und befristete Arbeitsverträge. Dem *Europäischen
Jobmonitor,* jährlich herausgegeben von Eurofound, der Europäischen Stiftung zur Verbesserung der Lebens- und Arbeitsbedingungen, lässt sich entnehmen, dass seit mehreren
Jahren zwar in ganz Europa die Anzahl der Arbeitsverhältnisse zunimmt, die Zunahme aber nicht auf einem Zuwachs
an unbefristeten Vollzeitjobs basiert.[9] Das Wachstum resultiert vielmehr aus der Schaffung von mehr Teilzeitjobs, gerade
auch für männliche Arbeitnehmer. Die Niederlande sind das
Land, in dem die »Teilzeitrevolution« am weitesten fortgeschritten ist. 2015 hatte nur einer von drei niederländischen
Erwerbstätigen ein unbefristetes Normalarbeitsverhältnis,
ein Rückgang um 26 Prozent seit 2000, während nahezu die
Hälfte der niederländischen Erwerbsbevölkerung Teilzeit arbeitet. Auch die Zahl der Selbstständigen wächst.

Auch in Deutschland finden sich, wie bereits in Kapitel 3
ausgeführt, diese Trends, allerdings nicht ganz so dramatisch.
Der Anteil an unbefristeten Vollzeitarbeitsplätzen sank seit
2000 um 10 Prozent. Somit sank der Anteil dieser Art von
Beschäftigung von über 61 Prozent der Gesamtzahl der Angestellten auf nur 55 Prozent. Das ist ein stärkerer Rückgang
als in Großbritannien und Frankreich (wenn auch nicht so
stark wie in Österreich, das einen Rückgang um 14 Prozent
verzeichnet, oder Polen, wo die unbefristeten Vollzeitstellen
um 16,5 Prozent zurückgegangen sind). Im Gegenzug ist die
Zahl der Teilzeitstellen um beinah ein Viertel angewachsen
auf 27 Prozent aller Arbeitsplätze; Zeitarbeitsstellen sind in
den letzten Jahren um ein Drittel angestiegen, sie machen nun
annähernd 12 Prozent aller Jobs aus. Und die Zahl der selbstständigen Deutschen ist auf über 10 Prozent geklettert. Eurostat vermerkt, dass die Zahl der deutschen Arbeitnehmer,

die einen zweiten Job haben, sich in den letzten zehn Jahren verdoppelt hat,[10] während die Einkommen sich kaum bewegt haben, da ist lediglich ein Anstieg von 0,5 Prozent pro Jahr zu verzeichnen.[11]

Wolfgang Schröder vom WZB erklärt, dass zwar die Arbeitslosigkeit gesunken ist und die Beschäftigungsrate wächst, dass aber die *absolute* Zahl aller Arbeitsstunden aller Beschäftigten stagniert. Sogar Vollzeitbeschäftigte arbeiten inzwischen weniger Stunden als früher.

Die Zahlen stellen deshalb keine solide Basis dar, um darauf eine Arbeitsmarktpolitik zu gründen, die von ausreichend unbefristeten Vollzeitjobs oder genügend Arbeitsstunden ausgeht. Zur Verteidigung der Entscheidungsträger muss gesagt werden, dass verschiedene Indikatoren anzeigen, dass Deutschlands Volkswirtschaft in den letzten Jahren an Geschwindigkeit gewonnen hat. Die Gründe dafür liegen aber darin, dass die Wirtschaft von dem außerordentlichen Glücksfall eines guten Timings profitiert: Die Hartz-Reformen begannen während des weltweiten wirtschaftlichen Aufschwungs Mitte der 2000er-Jahre zu greifen (bis 2008 die Weltwirtschaft kollabierte). Während der globalen Erholung ab 2010, die durch Konjunkturprogramme in den USA und in China begünstigt wurde (und nicht so sehr durch das europäische Austeritätsprinzip), war es Deutschland möglich, seine Exportmaschinerie schnell und kräftig anzukurbeln. Das wundersame Ergebnis war ein großer Außenhandelsüberschuss, der neue Jobs generierte. Innenpolitische Strategien wie die Ausweitung der Kurzarbeit, die Verständigung der Tarifpartner und automatische Stabilisatoren trugen mit zu dieser Trendwende bei. All diese Strategien spielten eine Rolle, aber ausschlaggebend war, dass Deutschland durch seine niedrigen Löhne und seine Exportorientierung von der weltweiten Erholung profitieren konnte.

Doch diese Zeiten sind weitgehend vorbei, und die Weltwirtschaft wird sich in absehbarer Zukunft nicht mehr in diese Höhen aufschwingen. Das ist in erster Linie der Verlangsamung von Chinas Wirtschaft geschuldet, da die Volksrepublik ein wichtiger Absatzmarkt für deutsche Exportartikel ist. Chinas Wachstumsrate war über Jahrzehnte in zweistelligen Prozentzahlen nach oben geschossen, doch nun hat sich sein Wachstum um ein Drittel verlangsamt.[12] Wirtschaftswissenschaftler Barry Eichengreen ist überzeugt, dass Chinas Wachstumswunder das wichtigste ökonomische Ereignis des letzten Vierteljahrhunderts darstellt, *aber dies sei ein einmaliges Ereignis gewesen.* Nun, da Chinas Aufholjagd vorbei ist, münden der globale Handel und das wirtschaftliche Wachstum in neue, langsamere Fahrwasser, was unterschiedliche Auswirkungen auf Exportnationen wie Deutschland haben wird (langsames weltweites Wachstum bedeutet außerdem, dass – entgegen den beharrlichen Behauptungen von Deutschlands Finanzminister – andere Eurozonenstaaten wie Griechenland, Spanien und Italien nicht automatisch Erfolg haben werden durch die Übernahme der auf dem Austeritätsprinzip basierenden Exportstrategie).

Außerdem waren die Jobs, die entstanden sind, als sich Deutschlands Wirtschaft von der wirtschaftlichen Achterbahnfahrt des ersten Jahrzehnts des 21. Jahrhunderts erholte, in erster Linie Teilzeit- oder Kurzzeitjobs und prekär. Wie wir in Kapitel 3 gesehen haben, ist die Situation sogar noch düsterer, wenn man die Studie des McKinsey Global Institutes heranzieht, die besagt, dass der Prozentanteil der »unabhängig« Beschäftigten in Deutschland in Wahrheit rund *90 Prozent höher* ist, als die amtlichen Schätzungen annehmen.[13] Laut McKinsey unterschätzen in allen Ländern, die in die Studie einbezogen wurden, staatliche und private Experten in erheblichem Umfang die Anzahl der »unabhängig« Tätigen, und in der Konsequenz unterschätzen sie die Auswirkungen, die durch die Veränderungen des Arbeitsmarktes auf unsere Gesellschaften zukommen. Das ist ein Problem, denn die zum Teil wirklich exzellenten Empfehlungen des »Weißbuchs Arbeiten 4.0« gehen von angemessenen Vollzeitjobs in regulären Arbeitsverhältnissen mit tariflich geregeltem Einkommen aus. Die Vorschläge des Arbeitsministeriums ignorieren den steilen Anstieg der Zahl der »unabhängig« Tätigen, offenbar weil das Ministerium nicht glaubt, dass es diesen Anstieg tatsächlich gibt.

Diese falsche Annahme führt zu weiteren Arbeit 4.0. Empfehlungen. Eine davon ist der Vorschlag, Selbstständige in ein gesetzliches Rentenversicherungssystem einzahlen zu lassen, damit sie im Alter abgesichert sind.[14] Derzeit müssen geringverdienende Ich-AGs nicht in die Sozialkassen einzahlen, und Unternehmen, die sie anheuern, müssen ebenfalls keine Rentenbeiträge für sie aufbringen. Auf den ersten Blick scheint das Bestreben, »unabhängig« Tätigen den Weg zu einer Rente zu ebnen, eine gute Idee zu sein.

Das Problem liegt darin, dass die Einzahlung in die Rentenkasse für Selbstständige *verpflichtend* werden soll, was bedeuten würde, dass die Betroffenen sowohl den Arbeitgeber- als auch den Arbeitnehmeranteil aufbringen müssten (anders als abhängig Beschäftigte oder kreative Freiberufler, die über die Künstlersozialkasse, kurz KSK, versichert sind). Auf die Selbstständigen käme damit ein Pflichtbeitrag von fast 19 Prozent des Einkommens zu, und zwar zusätzlich zu dem bereits jetzt voll zu zahlenden 14,6 Prozent Krankenversicherungsbeitrag.[15] Alles zusammen entspräche das beachtlichen 34 Prozent des Einkommens, und von den verbleibenden 66 Prozent muss dann noch die Einkommensteuer geleistet werden. Die meisten Solo-Selbstständigen sind bereits stark gebeutelt durch niedrige bis mittlere Einkommen; noch höhere Abzüge und damit ein noch geringeres Nettoeinkommen würden viele Leute sehr wahrscheinlich davon abschrecken, sich selbstständig zu machen.

Und das scheint tatsächlich das Ziel zu sein: Erwerbstätige von der selbstständigen Arbeit abzubringen. Im Gespräch mit deutschen Führungspersönlichkeiten floss immer wieder eine Überzeugung ein: dass viele der heute selbstständig Tätigen nicht geeignet seien, ein eigenes Unternehmen zu führen – sie hätten nicht das entsprechende Temperament oder ausreichend Unternehmergeist dafür. Nicht nur sei ihr Einkommen sehr niedrig, zudem sorgten sie weder selbst für ihren Ruhestand vor, noch zahlten sie ins Rentensystem ein, was in der Zukunft sowohl persönliche als auch gesellschaftliche Probleme verursachen werde.

Holger Bonin vom IZA erklärt: »Einige Leute sind gefangen in kleinen ›Unternehmen‹, die keine Chance auf Erfolg haben. Deshalb ist es sinnvoll, sie zu entmutigen.« Dass nicht jeder über die Fähigkeiten verfügt, die es braucht, um ein eigenes Unternehmen aufzubauen, mag sicherlich stimmen. Aber darüber hinaus scheint es einen gewissen Konsens dahingehend zu geben, dass eine Erhöhung der Schwierigkeiten dazu führen werde, dass nur noch jene sich selbstständig machen, die unternehmerisch denken und sich trotz erhöhter Kosten auf dem Markt behaupten können, beispielsweise indem sie die Preise für ihre Dienstleistungen und Güter anheben (um dann ein Drittel ihres Einkommens für Ruhestand und Krankenversicherung abzuführen). Jene jedoch, denen es an diesen Fähigkeiten mangele, würden sich einfach irgendwo wieder einen regulären, unbefristeten Job suchen.

Ich habe daraufhin verschiedene Experten wie auch Mitglieder der deutschen Regierung gefragt, ob sie wirklich glaubten, dass es genügend unbefristete, gute Arbeitsplätze in Deutschland gäbe für jeden, der gern einen hätte. Oder ob nicht stattdessen die Arbeitslosenquote auf die Höhe von 2005 hochschießen würde, zum höchsten Stand seit den 1930er-Jahren, kurz vor der Machtergreifung durch die Nationalsozialisten?[16]

Holger Bonin prognostiziert zuversichtlich: »Früher gab es nicht genügend gute Arbeitsplätze. Doch jetzt gibt es sie.« Andere, mit denen ich mich unterhielt, gaben sich ähnlich sicher. Ich hoffe, sie liegen richtig, aber wie wir gesehen haben, basiert ihre Annahme sehr wahrscheinlich auf fehlerhaften Zahlen und einer unzureichenden Erhebungsmethodik. Sogar Holger Bonin stimmte bei einem Kaffee in einem Café an der Spree in Berlin zu, dass »die Arten, wie Menschen arbeiten, so komplex werden, dass es schwieriger wird, dies nachzuvollziehen«. Nichtsdestotrotz glaube er, dass gute Jobs in ausreichender Menge vorhanden seien.

Andere haben da Zweifel. Karin Schulze Buschoff vom WSI berichtet, laut ihren Nachforschungen sagten rund 40 Prozent der Selbstständigen, dass sie lieber in einem regulären Job arbeiten würden, wenn sie denn einen fänden. Aber diese Arbeitsplätze sind einfach nicht verfügbar. Wenn die Bedingungen für Selbstständige verschlechtert würden, »könnte die Arbeitslosigkeit durchaus wieder mehr werden«, so Schulze Buschoff. Sogar für jene, die eine reguläre Anstellung fänden, gelte, »dass es nicht abgemacht ist, dass sie in guten Jobs landen«. Auf einer Veranstaltung des Progressiven Zentrums e.V., einer Berliner Denkfabrik, auf der ich einen Vortrag hielt, erklärte einer der vortragenden Wirtschaftsführer dem Publikum: »Die Deutsche Telekom hatte früher 200 000 Kundenberater; heute sind es 60 000, und sie könnten leicht mit 10 000 zurechtkommen – eines Tages werden es wirklich nur noch 10 000 sein. Die Automobilindustrie wird sehr wahrscheinlich Stellen in vergleichbaren Höhen wegkürzen.« Wolfgang Schröder vom WZB meint, er sehe »keine Chance, all die selbstständig Tätigen zurück in reguläre Vollzeitstellen zu bringen«. Der deutsche Arbeitsmarkt hätte sich in den letzten Jahren zu sehr verändert.

Wessen Zahlen sind nun richtig? In welche Richtung wird sich der deutsche Arbeitsmarkt entwickeln? Das ist die entscheidende Frage. Niemand kann die Zukunft voraussagen, und die offiziellen Zahlen, die für eine Prognose vorliegen, sind fehlerverdächtig. Die Situation hat sich seit den Jahren der Regierung Schröder um 180 Grad gedreht: Wurden damals Arbeitnehmer ermutigt, den Schritt in die Selbstständigkeit zu wagen, will man sie heute aktiv davon abhalten. Andreas Lutz, Initiator des Verbands der Gründer und Selbstständigen Deutschland (VGSD), der die Interessen von Selbstständigen und von Gründern von Miniunternehmen vertritt, erklärt, den Selbstständigen und ihren Vertretern wurde während des immerhin über neunzehn Monate gehenden Dialogprozesses von »Arbeiten 4.0« »ein Platz am Tisch verweigert«. Er ist ziemlich wütend über die Missachtung, mit der seiner Meinung nach Selbstständige und Miniunternehmer oftmals behandelt werden. Die Idee einer Pflichtrentenzahlung lehnt er entschieden ab.

Vertreter der VGSD hatten vor mehreren Jahren ein Treffen mit der damaligen Arbeitsministerin Ursula von der Leyen und mussten mit Bestürzung feststellen, dass diese nicht einmal wusste, wie das System funktioniert. Andrea Nahles sei in verschiedenen Hinsichten besser, sagt Lutz, aber sie und die SPD planen ganz offensichtlich, Solo-Selbstständige vollständig aus dem Arbeitsmarkt zu drängen. Oder zumindest wird es darauf hinauslaufen, wenn verpflichtende Einzahlungen in Renten- und Krankenkassen den Selbstständigen das Überleben zu teuer machten, so Lutz. Seiner Meinung nach sei es das eigentliche Ziel des Vorschlags, mehr Geld in das wackelige Rentensystem zu pumpen – nicht so sehr die Sorge um die Notlage der Selbstständigen.

Meine Frage an Lutz lautete deshalb: Ist die SPD dabei, die Reformen des früheren SPD-Kanzlers Gerhard Schröder rückgängig zu machen, die ja doch zur Verringerung der Arbeitslosigkeit beigetragen haben? Ja, das sei inzwischen die Strategie der SPD, meint Lutz: »Was ein Widerspruch in sich ist, denn die SPD will ja gleichzeitig eine lebendige Start-up-Wirtschaft begünstigen. Aber ist das möglich, wenn man im selben Atemzug die Selbstständigen entmutigt, die eigentlichen Gründer?« Denn sie seien ja die Voraussetzung für die Start-up-Wirtschaft. »Lange Zeit herrschte Aufbruchsstimmung in Deutschland: Man konnte sein eigenes Unternehmen aufbauen und wurde dabei von der Regierung unterstützt«, berichtet Lutz. »Aber das meiste davon ist jetzt verflogen.«

Das könnte schwerwiegende Auswirkungen haben und dazu führen, dass es Start-ups noch schwerer fällt, die qualifizierten Mitarbeiter zu finden, die sie dringend benötigen. Nico Lumma erzählte mir, er hätte diese eingeschränkte Sichtweise sehr oft und bei vielen Politikern beobachtet.

»Sehen Sie, für den typischen deutschen Politiker ist Selbstständigkeit etwas Seltsames, es sei denn, man macht als Anwalt oder Arzt eine eigene Praxis auf«, so Lumma. »Politiker gehen immer noch davon aus, dass es der Normalfall ist, dass Menschen Vollzeit für eine Firma arbeiten und nicht für verschiedene Arbeitgeber. In der deutschen Denkweise ist man ein Versager, wenn man mehr als einen Job hat. Die Politiker verstehen es einfach nicht.«

Verblüffend ist, dass die politischen Eliten einerseits davon überzeugt zu sein scheinen, dass die Schaffung von mehr Vollzeitjobs der richtige Weg sei, und Selbstständige in die Rentenzahlung zwingen wollen, während sie andererseits keine Versuche unternehmen, all jene deutschen Erwerbstätigen zu erfassen, die ihr Einkommen über digitale Vermittlungsplattformen wie Upwork verdienen und Gelder an der Steuer wie auch den Kranken- und Rentenkassen vorbeischmuggeln. Dabei ist es so einfach, diese zu identifizieren, da sie auf den Websites mit Namen und Adresse gelistet sind. Aus den Augen, aus dem Sinn. Verluste in Millionenhöhe sind die Folge dieser blinden Flecken beim Verfolgen und Erfassen, wie deutsche Erwerbstätige heute arbeiten. Wenn die Hochrechnungen stimmen, wird diese Art von Arbeit in den nächsten zehn Jahren dramatisch mehr werden. Warum also nicht eine Strategie erarbeiten, um damit umzugehen, bevor es zu spät ist?

Die Antwort ist simpel, meint Lumma. »Die Politiker sind zu langsam, um zu begreifen, was mit der Wirtschaft tatsächlich passiert. Sie sind zu langsam, um die Auswirkung zu begreifen, die die digitale Ökonomie, das Internet der Dinge und Ähnliches haben werden. Vollzeitjobs werden verschwinden – sie sind schon weitestgehend verschwunden –, aber die Politiker wollen das nicht wahrhaben.«

Können Gewerkschaften die Retter in der Not sein?

Aber nicht nur die Politiker sind für die fragile Zukunft der Vollzeitjobs blind. Auch innerhalb der Gewerkschaften wird debattiert, wie man am besten mit der Internetwirtschaft umgeht. Einfach weitermachen wie bisher? Oder bedarf es einer Veränderung von Taktik, Strategie und Vision? Aus ihrer Geschichte heraus ist es verständlich, dass Gewerkschaften dazu tendieren, die Bemühungen um eine »Vollzeitjob-Wirtschaft« zu verstärken. Das war früher erfolgreich für die meisten Arbeiter, für die Mittelklasse und für die Wirtschaft, und die Gewerkschaften sind nicht gewillt, einfach über Bord zu werfen, was jahrzehntelang gut funktionierte.

In der Nachkriegszeit gab es für Gewerkschaften in Deutschland, Europa und den USA nur zwei Kategorien von Erwerbstätigen: Entweder waren diese »angestellt« – was in der Regel bedeutete, sie hatten eine reguläre, unbefristete Vollzeitstelle und arbeiteten für nur einen einzigen Arbeitgeber – oder sie waren »arbeitslos«. Teilzeitjobs wurden als zweitklassig angesehen; wer Teilzeit arbeitete, strebte danach, so schnell wie möglich in eine Vollzeitstelle zu wechseln. Die soziale Absicherung und viele Arbeitsschutzregelungen wurden rund um das Modell eines Arbeitnehmers entwickelt, der in einem unbefristeten Vollzeitarbeitsverhältnis für ausschließlich einen Arbeitgeber arbeitet.

Aber in zunehmendem Maß befinden sich viele Erwerbstätige in dem Feld zwischen den beiden Polen »angestellt« und »arbeitslos«; sie sind teilweise angestellt, teilweise »unabhängig« tätig in einem oder mehreren Jobs und arbeiten für mehrere Arbeitgeber gleichzeitig. Für viele ist eine Vollzeitanstellung keine Option mehr. Mehr und mehr Erwerbstätige müssen sich ihre eigene Nische schaffen mit einem breiten Spektrum an Aufgaben, indem sie einen oder zwei reguläre Teilzeitjobs mit Freiberuflichkeit, Gig-Arbeit, Minijobs, Clickwork oder sogar Schwarzarbeit verbinden. Deshalb sind Unterscheidungen wie »angestellt« als Abgrenzung zu »arbeitslos« veraltet. Sollten Gewerkschaften diese Realität akzeptieren und sich dafür einsetzen, dass diese vielfältigen Spielformen von Teilzeitarbeit und Selbstständigkeit zu einer gangbaren Alternative werden? Oder sollten sie festhalten an der Hoffnung auf eine Wirtschaft, die auf Normalarbeitsverhältnissen basiert?

Deutschlands Gewerkschaften sind immer noch recht einflussreich, sie sind immer noch stärker als ihre US-amerikanischen Gegenstücke. Letztere haben dramatische Mitgliederverluste erlitten, besonders seit die Anzahl der Vollzeitstellen zurückgeht. Dennoch: Der Anteil der gewerkschaftlich organisierten Arbeiterschaft hat in Deutschland mit 18 Prozent der Erwerbstätigen einen historischen Tiefstand erreicht.[17] Noch 1994 waren es über 30 Prozent. Rechnet man die Rentner und Studenten heraus, sind es heute sogar nur 15 Prozent. So gesehen ist das auch nicht viel mehr als die 11 Prozent, die in den USA gewerkschaftlich organisiert sind.

Bei meinen Aufenthalten in Deutschland habe ich viele Gewerkschaftsführer kennengelernt, allesamt höchst bewundernswerte Menschen. Intelligent, verbindlich und gebildet, sind sie sich der Geschichte und der Erfolge der Gewerkschaftsbewegung bewusst – und doch spürt man die Sorge, da immer klarer wird, wo die Grenzen des gewerkschaftlichen Handelns angesichts des technologischen Wandels liegen. Die sozialstaatlich verfassten Demokratien Europas stehen tief in der Schuld der Gewerkschaften, denn diese waren es, die die Kämpfe für eine Vierzig- (und weniger) -stundenwoche ausfochten, für bezahlten Urlaub und Lohnfortzahlung im Krankheitsfall, für Altersabsicherung, Gesundheitsfürsorge, Arbeitslosenunterstützung und andere Sozialleistungen für Arbeitnehmer und deren Familien. Der über Jahrzehnte gewachsene Wohlstand vieler Bevölkerungsgruppen geht nicht allein auf die Bemühungen der deutschen Wirtschaft mit ihrer florierenden Industrie zurück, sondern ebenso auf die Gewerkschaften, die für gute Jobs kämpften und verhandelten. Gewerkschaften haben sich nach dem Solidaritätsprinzip für Arbeitnehmerinteressen eingesetzt und waren in vielen Konflikten hervorragende Vermittler. Deutschlands Gesellschaft lebt in einer besseren Welt dank des jahrzehntelangen Engagements der Gewerkschaften. Und heute ringen die Gewerkschaften wie alle anderen darum, inmitten wirtschaftlich und technologisch unruhiger Zeiten einen Weg nach vorn zu finden. Die Herausforderung besteht darin, die in der Vergangenheit erfochtenen Errungenschaften in eine völlig neuartige Zukunft zu überführen.

Andreas Lutz vom VGSD steht den Gewerkschaften dennoch höchst skeptisch gegenüber. In seinen Augen vertreten sie die Interessen der Selbstständigen und der Miniunternehmer nicht besonders gut, sondern traten traditionell für die Rechte von Vollbeschäftigten ein. »Sie agieren meistens im Namen ihrer regulären Mitglieder, den Arbeitern und Angestellten«, so Lutz, und setzten sich gegenüber Entscheidungsträgern nicht sehr intensiv für die Belange der Selbstständigen ein: »Und das, obwohl zigtausend Selbstständige Mitglieder in den Gewerkschaften sind.«

Ein Gewerkschaftsmitglied gestand mir im Vertrauen: »Die Gewerkschaften haben sich auf den früheren Erfolgen ausgeruht. Sehen Sie, Gewerkschaften wurden in Fabriken geboren, aber diese Fabriken gibt es nicht mehr, während wir immer noch in den alten Denkmustern der Gewerkschaftsbewegung feststecken. Sehen Sie sich die IG Metall an, sie vertritt die Arbeiter in den Automobilunternehmen – aber sind das noch Metallarbeiter? Die arbeiten heute eher mit Software an den Produktionsstraßen der Autokonzerne. Man sollte den Namen ändern in etwas wie ›IG Digital‹. Das zeigt nur, wie gestrig wir sind.«

Aber nicht nur Deutschlands Gewerkschaften sind von der Denkweise des »angestellt« versus »arbeitslos« gefangen. In Kopenhagen besuchte ich verschiedene dänische Gewerkschaftsvertreter wie auch Start-up-Gründer und Arbeitsmarktexperten. Hier sind die Mitgliedszahlen der Gewerkschaften ebenfalls gesunken, aber nur um 10 Prozent; insgesamt halten sie sich auf einem sehr hohen Stand von 67 Prozent der Erwerbsbevölkerung. Noch. Start-up-Gründer Steffen Hedebrandt, der früher in einer Gewerkschaft aktiv war, erklärte mir, dass »die Gewerkschaften Opfer ihres eigenen Erfolgs sind. Ein wohlhabendes Land wie Dänemark sieht keinen großen Bedarf mehr für sie; besonders junge Menschen in meinem Alter schätzen sie nicht besonders.« Hebebrandt, heute Marketingchef in einem Start-up und Vordenker mit einem viel gelesenen Blog in *Børsen*, Dänemarks größter Wirtschaftszeitung, sieht aber durchaus noch Potenzial für Gewerkschaften.

»Die Gewerkschaften könnten eine Schlüsselrolle spielen bei der Unterstützung von Freiberuflern mit unbeständigem Einkommen«, sagt er. Aber sie sind dem Dualismus von »angestellt« und »arbeitslos« verhaftet; das verstellt ihnen den Blick auf ihre Chance. »Gewerkschaften sollten größere Verantwortung dafür übernehmen, wie, wo und wann Menschen arbeiten – besonders Freiberufler und Selbstständige.«

Auch in Dänemark ist ein Verlust an unbefristeten Vollzeitstellen zu verzeichnen, wenngleich kein so starker wie in Deutschland. Doch mehr als ein Fünftel der dänischen Arbeitsplätze sind Teilzeitjobs, der Anteil ist fast so hoch wie in Deutschland und einer der höchsten in Europa laut Eurostat. »Guter Job« versus »schlechter Job« – das gilt hier genauso wie in nahezu jeder Industrienation. Diese Problematik wird wachsen, wenn die Auswirkungen der digitalen Ökonomie tiefer und breiter spürbar werden.

Trotz all dieser Hinweise, dass gute Jobs eine vom Aussterben bedrohte Spezies sind, wartet das »Weißbuch Arbeiten 4.0« des deutschen Arbeitsministeriums mit einer optimistischen Botschaft für die digitale Zukunft auf. Es fühlt sich berufen, den Blick nach vorn zu richten, und erklärt zuversichtlich: »Infolge des technologischen und wirtschaftlichen Wandels wird es keine massenhafte Automatisierung von Arbeitsplätzen geben.« Solch Optimismus wurzelt in dem Glauben, dass die Zukunft genauso sein wird wie die Vergangenheit: Schon früher haben technologische Umwälzungen kurzfristig zu Jobverlusten geführt, aber auf längere Sicht ist die Zahl der Arbeitsplätze für viele Berufsgruppen und Branchen genauso gewachsen wie die Produktivität und das Nationalvermögen.

Aber führende Experten warnen: »Dieses Mal nicht!« Nicht nur, dass die Weltwirtschaft in eine Ära des langsameren Wachstums eingetreten ist, auch die digitalen Technologien unterscheiden sich von den früheren Innovationen. Sie sind machtvoller und stärker in der Lage, Menschen durch Computer und Maschinen zu ersetzen. Sie wurden dafür entworfen, Aufgaben in immer kleinere Arbeitsschritte zu zerteilen, die an Algorithmen und Automaten überwiesen werden können; die schlecht bezahlten, geringqualifizierten Jobs, die übrig bleiben, können an Freiberufler, Zeitarbeiter, Clickworker, Werkverträgler und Solo-Selbstständige ausgelagert oder in Minijobs umgewandelt werden. In diesem Szenario ist der Bedarf an unbefristeten Vollzeitstellen rückläufig. Der gesamte Prozess wird unter der strengen Kontrolle kleiner wohlhabender Eliten stattfinden, deren einziges Ziel die Profitmaximierung ihres Unternehmens ist. Entwickelt sich die Welt nicht bereits in diese Richtung?

Die Kernelemente staatlichen Handelns zu ändern ist immer ein äußerst schwieriger Prozess, es ist beinahe so, als würde man versuchen, einen Faden in eine laufende Nähmaschine einzufädeln. Politiker und Entscheidungsträger müssen zwischen den Belangen verschiedener Wählerschichten und Interessengruppen zu vermitteln versuchen, die verständlicherweise alle berücksichtigt werden wollen. Menschen und Organisationen, Entscheider sowie die breite Bevölkerung haben sich in der bestehenden Situation eingerichtet, sie wollen keine grundlegende Veränderung. Die Gegenwart ignoriert das Vordringen der Zukunft so lange, bis diese eines Tages unausweichlich ist.

Die digitale Wirtschaft ist bereits in unserer Gegenwart angekommen – sie ist überall. Und sie neigt dazu, gute Vollzeitjobs durch schlechte Kurzzeitjobs zu ersetzen. Wenn dem Abdriften in Richtung einer »Kurzzeitjob-Wirtschaft« nicht umsichtig entgegengewirkt wird, wird unsere Zukunft nach und nach ausgehöhlt. Die Internetökonomie wird die soziale Dimension der Arbeitgeber-Arbeitnehmer-Beziehung auslöschen und die fragile Balance von Solidarität und Mitbestimmung zerstören.

Deshalb sind die wichtigsten Fragen unserer Zeit: Wie schaffen wir es, dass schlechte, prekäre Kurzzeitjobs in gute, besser abgesicherte Kurzzeit- und Teilzeitjobs umgewandelt

werden? Wie schaffen wir es, dass diese neben Normalarbeitsverhältnissen das Fundament einer neuen, stabilen, zeit-
gemäßen Wirtschaft bilden, in der die berufliche Flexibilität
und die wirtschaftliche Sicherheit für den Einzelnen nicht
länger miteinander im Widerstreit liegen? Wie stellen wir es
an, dass unsere Ära nicht in die Geschichtsbücher eingeht als
die Epoche, die es dem Sturm der »Bad-Job-Wirtschaft« erlaubte, über unsere Nationen hinwegzufegen, während wir
mit aller Kraft versuchten, die Fenster zuzudrücken, obwohl
das Haus längst umgestürzt war, und darauf beharrten, dass
uns die Hände gebunden seien.

Was also ist zu tun? Welche Strategien sollten die Politiker,
Wirtschaftslenker und Gewerkschaften verfolgen, um eine
Verteilung des Wohlstands und einen lebendigen Kapitalismus mit menschlichem Gesicht zu gewährleisten? Eine ver-
wirrende Menge an Wegen steht uns zur Auswahl, aber keiner
von ihnen garantiert einen Erfolg.

Aber wie wäre es, wenn es eine Möglichkeit gäbe, nicht nur
prekäre Jobs besser zu machen, sondern gleichzeitig Arbeitgebern Anreize zu bieten, weiterhin Vollzeitstellen bereitzu-
stellen? Damit hätte man das Beste aus beiden Welten. In den
nächsten beiden Kapiteln werden wir uns damit beschäftigen,
welche Maßnahmen Deutschland in die richtigen Bahnen lenken könnten. Zum Glück gibt es bereits innovative Vorbilder,
die als Orientierungshilfe dienen können. Wir finden sie beispielsweise in den Nachbarstaaten Österreich, Dänemark und
den Niederlanden. Aber die Lösung mit dem größten Potenzial findet sich direkt in Deutschland. Deutschland kennt bereits den Weg zum Erfolg, wie wir im nächsten Kapitel sehen
werden.

7
»Gleichwertige« Jobs für das digitale Zeitalter

Die besondere Realität, mit der viele deutsche Erwerbstätige konfrontiert sind, wurde mir an dem Tag bewusst, an dem ich zufällig Lena in die Arme lief, natürlich in einem dieser Start-up-Inkubator-Coffeeshops. Sie erzählte mir ihre Geschichte bei einer Tasse »American Macchiato«. (Ich hatte noch nie zuvor von einem American Macchiato gehört; irritiert war ich auch von einem anderen Angebot: dem »Silicon-Valley-Cappuccino«. Wer hätte das gedacht: Disruption in einer Tasse.)

Lena war Salesmanagerin von Beruf, hatte aber 2009 ihren festen Job bei Siemens im Zuge einer Entlassungswelle während der Weltwirtschaftskrise verloren. Global wie lokal lag die Wirtschaft damals darnieder, und Lena konnte keinen vergleichbaren Anschlussjob finden. Deshalb nutzte sie die Möglichkeiten der Hartz-Reformen und gründete ihr eigenes Unternehmen – solo-selbstständig bot sie ihre Kenntnisse als erfahrene Sales- und Marketingexpertin an. Ohne eigene Schuld, wie Millionen andere ein Opfer des weltweiten Konjunktureinbruchs, wurde Lena aus einem unbefristeten Vollzeitjob bei einem erstklassigen Arbeitgeber, der ihr ein angemessenes Gehalt sowie Kranken- und Rentenversicherung in vollem Umfang bot, hinauskatapultiert in ein Leben, in dem ihr Einkommen wie in einer Achterbahn Kapriolen schlug, immer abhängig von ihrer Fähigkeit, fortwährend neue Aufträge zu akquirieren.

Da sie nun keinen Arbeitgeber mehr hatte, der die Hälfte der Krankenkassenbeiträge übernahm, musste Lena diese zu

100 Prozent selbst tragen. Das summierte sich im Jahr zu einem vierstelligen Betrag. Zudem flossen keine Beiträge mehr in das staatliche Rentensystem, weil sie als Miniunternehmerin aus diesem herausfiel. Auftraggeber, die sie engagierten, mussten keinerlei Rentenbeiträge zu ihren Gunsten zahlen. Natürlich gab es für sie von nun an keine Lohnfortzahlung im Krankheitsfall, im Urlaub oder an Feiertagen, es gab kein Krankentagegeld, sie war bei Berufsunfällen nicht versichert und hatte auch nur wenige andere gesetzliche Absicherungen. Das Sicherheitsnetz, das sie im vorhergehenden Job genossen hatte, war zerschnitten. Und die beträchtliche Zeit, die sie benötigte, um neue Aufträge zu akquirieren, wie auch die mitunter großen Lücken zwischen zwei Aufträgen bestritt sie aus ihren Ersparnissen. Eine Zeit lang ertrug sie dies alles mit einem Lächeln und erzählte jedem, dass sie die »Flexibilität« mochte. Eine Weile glaubte sie selber daran.

Lena führte trotz aller Widrigkeiten selbstständig ihr kleines Unternehmen weiter, aber es war mühsam. Und nachdem sie sich aufgerieben hatte, um neue Aufträge in der vor sich hin dümpelnden Wirtschaft zu ergattern, und dabei kaum mit ihren Einnahmen zurande kam – da gelang es ihr, einen regulären Job zu finden. Oder so etwas in der Art. Sie unterschrieb einen befristeten Vertrag, um von nun an für ein einziges Unternehmen tätig zu sein. Es handelte sich dabei um ein Start-up in Berlin, in einem Inkubator entwickelt und von einem Accelerator gefördert, das abhob wie eine kleine Rakete. Lena war als eine Art reguläre Angestellte engagiert worden, und sie fühlte sich auch so, denn sie setzte sich jeden Morgen im Büro an ihren Schreibtisch, arbeitete mit dem CEO Rüdiger und seinem Führungsstab zusammen und managte eine Menge Dinge in der Sales- und Marketingabteilung. Der CEO bot ihr sogar an, ihn mit seinem Spitznamen Rudi anzusprechen. Lena war Teil des Teams ... bis auf den Umstand, dass die Personalabteilung, die sie engagiert hatte, sie behandelte, als wäre sie eine Solo-Selbstständige, da sie einen Werkvertrag hatte. Das Unternehmen zahlte keine Beiträge für Lenas Kranken- oder Rentenversicherung und übernahm auch keine anderen Sozialleistungen; dadurch sparte es rund 30 Prozent an Lohnnebenkosten ein. Lenas Job war »benachteiligt« im Vergleich zu denen ihrer direkt angestellten Kollegen, die genau die gleiche Arbeit erledigten. Das schien weder richtig noch fair zu sein. Lena investierte viele Stunden, um sich in ihrem neuen Job zu bewähren, sie war Teil des Teams – bloß, dass sie es nicht war.

Lenas Anstellung war in einer gesetzlichen Grauzone angesiedelt, und zwar aufgrund eines Werkvertrags. Aber genau dieses Vertragsverhältnis war es, das Lena als Arbeitnehmerin für den CEO interessant gemacht hatte – er konnte mit Lena eine qualifizierte Salesmanagerin anheuern und gleichzeitig eine Menge Geld sparen. Lena musste ihre Krankenkassenbeiträge vollständig selbst tragen – fast 15 Prozent ihres Gehalts – und wann immer möglich, etwas für ihre Rente zurücklegen. Ihr Arbeitgeber war gesetzlich nicht verpflichtet, etwas zur ihrer sozialen Absicherung beizusteuern. Sie war also im Prinzip immer noch selbstständig, obwohl sie nur einen einzigen Arbeitgeber hatte – der sie jederzeit ohne Kündigungsfrist in das Heer der Arbeitssuchenden zurückstoßen konnte.

Eine verfahrene Situation für Lena. Aber es gab einen Hoffnungsschimmer: Wer der richtigen Berufsgruppe angehört, wer als Künstler, Musiker, Schriftsteller, als Übersetzer, Lektor oder Journalist arbeitet, ist in Deutschland berechtigt, sich über die Künstlersozialkasse (KSK) zu versichern. Staat und Auftraggeber der entsprechenden Branchen zahlen anteilig (Unternehmen 30 Prozent, der Bund 20 Prozent) die Hälfte der Sozialversicherungsabgaben der Mitglieder. Die Versicherten genießen so einen gewissen Grad an sozialer Absicherung – mehr als Lena seit ihrer Entlassung bei Siemens gehabt hatte. Aber Lena ist Salesmanagerin, wie könnte sie da als freischaffende Künstlerin oder Journalistin durchgehen? Im Rahmen einiger Aufträge als Marketingspezialistin hatte sie allerdings ein paar Artikel geschrieben, die in unterschiedlichen Zeitungen europaweit erschienen waren. Das erweiterte ihr Tätigkeitsspektrum, und sie hatte sogar ein bisschen Geld damit verdient. Könnte sie somit als Journalistin der KSK beitreten? Das wäre vielleicht etwas überzogen, oder? Die deutsche Bürokratie ist bekannt dafür, in solchen Fragen pedantisch zu sein. Aber Lena erfuhr durch Freunde von einem Anwalt, der sich mit der KSK auskennt und weiß, wo es Spielräume gibt und wie man sie nutzen kann. Lena engagierte ihn für 200 Euro – das war das beste Investment ihres Lebens, meint sie heute. Sie wurde von der KSK akzeptiert und bekam nun einen Zuschuss von 50 Prozent zu ihrer Sozialversicherung.

Man kann eine Menge lernen aus der Geschichte von Lena. Warum hatte sie so kämpfen müssen für eine erschwingliche und grundlegende soziale Absicherung, die jedem Erwerbstätigen in einer zivilisierten Gesellschaft zustehen sollte? Auf ihrem langen, kurvenreichen Weg vom unbefristeten Vollzeitjob über die Solo-Selbstständigkeit zu einem Werkvertrag war Lena stets dieselbe erfahrene Expertin, die sie immer gewesen war, mit denselben Fertigkeiten, Qualifikationen, Erfahrungen, derselben Motivation, demselben Engagement – nur die grauen Haare waren im Lauf der Zeit mehr geworden. Bloß aufgrund der Achterbahnfahrten der Weltwirtschaft hatte sie sich unvermutet außerhalb des regulären Arbeitsmarktes befunden, musste vor Auftraggebern buckeln, die sie doch nur ausbeuteten und sich ihrer entledigten, sobald sie ihre Dienste nicht mehr brauchten.

Lena ist nur eine von Millionen deutschen Arbeitnehmern, die plötzlich damit konfrontiert sind, eigene bizarre Erfahrungen zu machen. Was ihnen zu schaffen macht, ist nicht unbedingt die Einkommensungleichheit, sondern eine neue Form der Ungleichheit, die mit jedem Jahrzehnt extremer wird: *Jobungleichheit.* In zunehmendem Maß sind manche Arbeitsverhältnisse deutlich besser als andere, besonders seit es immer mehr darum geht, Personalkosten zu reduzieren. Viele Arbeitgeber engagieren brillante Anwälte und Arbeitsmarktexperten, um die unterschiedlichsten legalen Schlupflöcher aufzuspüren, mit deren Hilfe sie Arbeitnehmer auf dem niedrigstmöglichen Joblevel anheuern können. Der Arbeitsmarkt ist in den vergangenen Jahren immer komplexer geworden, es gibt die unterschiedlichsten Kategorien von Arbeit – Vollzeit, Teilzeit, Zeitarbeit, Solo-Selbstständigkeit, befristet, freiberuflich, als Clickworker, Heimarbeiter, Minijobber, im Rahmen von Werkverträgen. Wollen »unabhängig« Tätige vermeiden, über den Tisch gezogen zu werden, müssen sie im Prinzip Experten in arbeitsrechtlichen Fragen sein und begnadete Fährtensucher, um sich einen Weg durch den bürokratischen Dschungel zu bahnen – oder jemanden bezahlen, der darin Experte ist.

Das ist eine Tragödie. Aus der hoffnungsvollen Vision »Arbeite hart, dann kommst du voran« ist der Albtraum von »Wirf die Würfel und hoffe, du gewinnst« geworden. Sogar wenn Roboter, Algorithmen, Automation und smarte Maschinen nicht alle menschlichen Jobs eliminieren, beeinflussen diese Technologien doch die Qualität von Arbeitsstellen.

Gute Arbeitsstellen waren die Grundlage alles Guten und Angenehmen in der transatlantischen Nachkriegszeit – höhere Löhne, besserer Lebensstandard, Gesundheitsfürsorge und Rente, sichere Wohnviertel und Gemeinden, bessere Schulen, mehr Bildung, Zugang zu Annehmlichkeiten, Komfort und Unterhaltung, mehr Rechte für Frauen und Minderheiten, eine starke Mittelklasse, Aufstiegschancen auch für Arme und Zugehörigkeit zur Gesellschaft. Ohne gute Jobs wäre nichts davon möglich gewesen.

Seit ein paar Jahren steht das komplexe Problem der »Ungleichheit« ganz oben auf der gesellschaftlichen Tagesordnung. Viele Konferenzen, Forschungsarbeiten und Bücher beschäftigen sich damit wie beispielsweise Thomas Pikettys *Das Kapital im 21. Jahrhundert,* das wichtige Ansatzpunkte für eine breite gesellschaftliche Diskussion bietet. Sogar das Weltwirtschaftsforum in Davos, der jährliche Plausch der Superreichen und -mächtigen der Welt, hatte sich dieses Themas angenommen, wodurch die Reden der Plutokraten auf einmal eine bizarre Nähe zu Thesen von Occupy Wall Street aufwiesen. Paul Polmann, der CEO von Unilever, warnte vor »der Bedrohung des Kapitalismus durch den Kapitalismus«.[1] Wie schon erwähnt, hat Deutschland eine der höchsten Ungleichheitsraten in Europa. Eine Auseinandersetzung mit dem Thema war also in der Tat wichtig und notwendig.

Aber in den kommenden Jahren muss dieses Gespräch eine andere Richtung nehmen – es muss um das Problem der »Jobungleichheit« gehen und um die Frage, wie gute Jobs geschaffen werden können. Vermögensungleichheit und gute Arbeitsplätze sind wie die beiden Seiten einer Münze – Ungleichheit ist das Problem, das wir lösen müssen, und gute Jobs sind der *Weg,* wie es zu lösen ist. Es ist kein Zufall, dass die Ungleichheit anfing zu wachsen, als die Qualität der Jobs abzunehmen begann. Ursächlich daran beteiligt sind einige der Davos-Plutokraten, die nun die Ungleichheit anprangern. Jede Industrienation muss sich mit dem Thema auseinandersetzen, Deutschland genauso wie die Vereinigten Staaten. Wenn die Jobs, die geschaffen werden, nicht von anständiger Qualität sind, dann werden Menschen wie Lena sich ausgegrenzt fühlen. Und das bereitet Populisten den Boden – etwa einem weißen Ritter wie Donald Trump, der auf einem Einhorn herbeieilt, um die Welt zu retten.

Die Probleme werden komplizierter und drängender werden, je weiter die neue Technologie und das digitale Zeitalter in unseren Gesellschaften Einzug halten und auf sie einwir-ken. Essenziell wird dabei die Frage: Wie können wir ein Sys-tem erschaffen, das der wachsenden Armee von »unabhängi-gen« Arbeitnehmern den Zugang zu grundlegenden sozialen Sicherheiten garantiert, die notwendig sind für ein gewisses Maß an Wohlstand und Schutz? Ich nenne es die »persönliche Infrastruktur«. So, wie wir die Notwendigkeit anerkennen, in die technische Infrastruktur – Energieversorgung, Kommu-nikation, Verkehrsinfrastruktur mit ihren Brücken, Straßen, Häfen, Flughäfen – zu investieren, um unsere Gesellschaft funktionsfähig zu halten, müssen wir in die sozialen Struktu-ren investieren, die Menschen und ihren Familien ein men-schenwürdiges Leben ermöglichen. Das kann bedeuten, hö-here Löhne zu zahlen, aber das ist es nicht allein. In der wach-senden Unsicherheit unserer Zeit geht es nicht nur um Einkommenshöhen oder wirtschaftliche Wachstumsraten, sondern ebenso um eine angemessene institutionelle Unter-stützung für Menschen wie Lena, ganz egal, was für eine Art Job sie machen. Das sollte ganz selbstverständlich zu den In-frastrukturinvestitionen jeder Nation gehören. Eine Art kos-teneffizienter Fonds für soziale Absicherung – zu der nicht nur Gesundheitsfürsorge und Rentenvorsorge zählen, son-dern ebenso Lohnfortzahlungen im Krankheitsfall und wäh-rend des Urlaubs, Schadensersatz bei Arbeitsunfällen und Arbeitslosenunterstützung für *jede* Art von Arbeit – wäre eine grundlegende Strategie zur Gewährleistung eines anstän-digen Lebens im digitalen Zeitalter für Arbeit- und Auftrag-nehmer ebenso wie für ihre Familien und die Kommunen.

Aber um das zu erreichen, können wir nicht einfach so weitermachen wie bisher. Die Welt verändert sich, große technologische Umwälzungen kommen auf uns zu, deshalb müssen wir unser System der sozialen Absicherung ebenfalls weiterentwickeln. Ich bin überzeugt, dass Deutschland, die USA und andere Industrienationen ihre Sozialsysteme in einer Form umgestalten können, dass deren Vorteile bewahrt werden und gleichzeitig ein lebendiges Gründungsklima erhalten bleibt. Soziale Absicherung sollte allen Erwerbstätigen zugutekommen, unabhängig von ihrem jeweiligen Beschäftigungsstatus. Problematisch am heutigen System ist, dass manche Kategorien von Arbeitskräften und Arbeitsplätzen besser gestellt sind als andere. Jobungleichheit ist genau das, was Lena und Millionen weiterer Deutscher Tag für Tag erfahren. Um Arbeitskraft für Unternehmen günstiger zu machen, wird einigen Erwerbstätigen der Zugang zu der Unterstützung verweigert, die für sie und ihre Familien notwendig ist. Es sind vor allem Unternehmen, die von der Jobungleichheit profitieren.

Ich verstehe, dass es notwendig ist, die Kosten für Unternehmen niedrig zu halten, damit sie Arbeitsplätze schaffen können. Aber warum sollten bestimmte Kategorien von Arbeitnehmern gezwungen sein, diese gesellschaftliche Notwendigkeit zu subventionieren, indem sie in lausig bezahlten Jobs arbeiten, die gegenüber den restlichen Arbeitsstellen benachteiligt sind? Warum können nicht alle Jobs – als grundlegende Voraussetzung für Arbeitskräfte in einer zivilisierten Welt – zumindest über eine soziale Grundsicherung verfügen? Stattdessen haben wir eine Situation, für die in Anlehnung an George Orwells Fabel *Farm der Tiere* gilt: »Alle Jobs sind gleich, aber einige sind gleicher als andere.« Die Ursachen hierfür liegen in der Entwicklung der Arbeitsmärkte in der Nachkriegszeit. Von 1950 bis 1980 hatten die meisten Arbeitnehmer eine Vollzeitanstellung bei einem einzigen Arbeitgeber, bei dem sie oftmals während ihres gesamten Arbeitslebens blieben. Diese »Arbeitsmarktzugehörigen« hatten einen guten Job, während die Außenstehenden davon abgeschnitten waren.

Es gibt kein gottgegebenes Gesetz, das besagt, dass sich das nie ändern darf. Es gibt keinen biologischen Trieb oder genetischen Code, der uns diese Verhältnisse diktiert. Keine Technologie, weder gegenwärtige noch zukünftige, erfordert minderwertige Arbeitsplätze. Nein, diese Strukturen wurden durch Entscheidungen, politische Strategien und gesellschaftliche Verhältnisse geschaffen, sie entspringen menschlichem Handeln und Denken, und das bedeutet: Wir Menschen können sie ändern und die Zukunft der Arbeit selbst bestimmen. Allein unsere Vorstellungskraft setzt uns Grenzen.

Wie wäre es, wenn wir uns mutig eine Welt ausmalten, in der »alle Jobs gleich sind« – vor den Augen des Gesetzes und hinsichtlich der Sozialleistungen für Erwerbstätige und deren Familien? Wie wäre es, wenn es keine Rolle spielte, ob jemand als Freiberufler, Selbstständiger, Clickworker, in Teilzeit, befristet oder als regulärer Vollzeitangestellter, abhängig Beschäftigter, als Vorstandschef von Volkswagen oder als Chef der Deutschen Bundesbank tätig ist? Warum sollten die einfachsten Arbeitnehmer weniger gerecht behandelt werden als die Bundeskanzlerin? Wie wäre es, wenn all diese Jobkategorien und Arten des Arbeitens gleichbehandelt würden, wenn also alle in gleichem Umfang durch Sozialleistungen abgesichert und unterstützt wären? Wie könnte das aussehen? Wie würde das funktionieren? Würde es die Wettbewerbsfähigkeit der deutschen Unternehmen schädigen und das deutsche Unternehmertum unterminieren? Oder würde dies aus Deutschland ein besseres und wohlhabenderes Land für alle machen? Ein Land, in dem sich die Kreativität und das Engagement der Arbeitnehmer frei entfalten könnten, um so die Motivation zu steigern, die Arbeitsproduktivität zu erhöhen und letztlich sogar höhere Stufen von Wettbewerbsstärke zu erreichen?

Jobgleichheit: ein neuer Gesellschaftsvertrag für eine neue Wirtschaft

Amerikaner sind immer groß darin, neue Bürgerrechtsbewegungen der einen oder anderen Art zu fordern – was verständlich ist, da der gemeinsame Kampf für Gleichheit und gegen Diskriminierung, der in den 1960er-Jahren begann und bis heute anhält, Amerika von seiner besten Seite und in all seiner Größe zeigt. Deshalb vergeben Sie mir, dass ich hier und jetzt eine neue Bürgerrechtsbewegung für Deutschland einfordere, eine Bürgerrechtsbewegung für *Jobgleichheit.* Das Ziel ist, Wege zu finden, wie die verschiedenen Kategorien von Jobs und die verschiedenen Arten, wie Menschen heute und in Zukunft arbeiten, gleichberechtigt nebeneinandergestellt werden können.

Im praktischen Sinn bedeutet das: Wer von einem Arbeitgeber zu einem anderen oder von einer Kategorie Job zu einer anderen wechselt, sollte nicht hinausgestoßen werden aus der zivilisierten Situation, über die lebensnotwendige soziale Absicherung zu verfügen. Der zentrale Punkt ist, dass die persönliche Infrastruktur für Arbeitskräfte und ihre Familien, die Infrastruktur, die aus einem schlechten einen guten Job macht, von Job zu Job mitwechselt. Das Sicherheitsnetz sollte »transportabel« sein, »mobil« sein, es sollte jeweils bei den Arbeitnehmern bleiben, gleichgültig wo und wie sie arbeiten. Zudem sollte das Netz »universell« sein, also *alle* Arbeitnehmer ohne jede Ausnahme schützen.

Politiker und Arbeitnehmervertreter sollten sich dafür einsetzen, dieses universelle und mobile Geflecht aus Sozialleistungen zu schaffen, das einen festen Boden für alle bietet, unabhängig von Beruf oder Branche, unabhängig von abhängiger oder unabhängiger Tätigkeit, unabhängig von der Zahl der Arbeitgeber. Aber wie könnte das funktionieren?

Zum Beispiel so: Wenn Unternehmen wie Volkswagen,

SAP, Upwork, Siemens oder andere große oder kleine Unternehmen einen Erwerbstätigen anheuern – egal in welcher Form und auf welcher Basis –, zahlen sie zum Entgelt pro Stunde ein paar Euro mehr, sozusagen eine »Sicherheitsabgabe«. Dieser Betrag würde auf ein persönliches Sicherheitskonto (PSK) fließen und stände damit für das Sicherheitsnetz jedes Arbeitnehmers bereit.[2] Die Höhe des Betrags, den ein Unternehmen auf das PSK einzahlt, wäre jeweils abhängig von der Zahl der Stunden, die ein Arbeitnehmer für das Unternehmen tätig ist (sollte das Arbeitsentgelt nicht auf Stunden basieren, sondern von der Erledigung des Auftrags abhängen, steuert das Unternehmen einen festen Prozentsatz des Bruttoentgelts bei). Erwerbstätige mit mehreren Auftraggebern würden von jedem Unternehmen Zahlungen erhalten, je nach Anzahl der gearbeiteten Stunden (oder halt Anteile des Bruttoentgelts), und alles flösse auf dem persönlichen Sicherheitskonto zusammen. Von Arbeitnehmerseite würde ein Betrag in der gleichen Höhe auf das Konto eingezahlt werden.

Die Sicherheitskonten ließen sich so organisieren, dass der Arbeitgeber- wie der Arbeitnehmeranteil direkt vom Arbeitsentgelt abgezogen würden, um dann vom Sicherheitskonto in bestimmte Versicherungen zu fließen – in Kranken- und Rentenversicherung, Berufsunfallversicherung, Arbeitslosenversicherung (beziehungsweise für Freiberufler eine Art fortlaufende Unterhaltszahlung in Zeiten, in denen sie nach neuen Aufträgen suchen), Entgeltfortzahlung im Krankheitsfall, während des Urlaubs und an Feiertagen. Das PSK inklusive der darauf befindlichen Geldmittel könnte über die Nummer des Personalausweises dem jeweiligen Arbeitnehmer zugeordnet werden.

Stellen Sie sich zum Beispiel vor, eine junge Frau, Jessica, sei unbefristet in einem Friseursalon angestellt, in dem sie zwanzig Stunden pro Woche arbeitet; zusätzlich ist sie auf

Vertragsbasis zehn Stunden pro Woche im Kinderhort der örtlichen BMW-Niederlassung tätig und fährt pro Woche fünf Schichten für ein Taxi-Unternehmen. 50 Prozent ihrer arbeitgeberseitigen Sozialleistungen würde sie vom Friseursalon erhalten, dazu kämen 25 Prozent von BMW und ein prozentualer Anteil ihrer Bruttoeinnahmen durch die Taxifahrten. Das würde sich auf mehr als drei Viertel ihrer vollständigen arbeitgeberseitigen Sozialleistungen summieren (wenn man von einer Vierzigstundenwoche ausgeht). Oder stellen Sie sich vor, Ashley arbeitete als »unabhängig« Tätige in vierzehn unterschiedlichen Clickworker-Jobs über Upwork, absolviert zehn Schichten als Fahrradkurierin für Deliveroo und hat sieben Putzjobs über das Berliner Unternehmen Helpling. Sie würde von jedem Unternehmen einen Prozentanteil der arbeitgeberseitigen Sozialleistungen erhalten, berechnet jeweils nach der Anzahl von Stunden, die sie dort arbeitet, oder auf Basis ihrer Bruttoeinnahmen.

Und wenn Jessica, Ashley oder Lena einen ihrer Jobs verlören oder wenn einer ihrer befristeten Arbeitsverträge ausliefe (was bei vielen dieser Erwerbstätigen mehrmals pro Jahr vorkommt), hätten sie für eine gewisse Zeit eine Art Sicherheitsrücklage, auf die sie zurückgreifen könnten. Ebenso wäre es, wenn eine von ihnen einen Arbeitsunfall erlitte, berufsunfähig würde oder einfach nur für ein paar Tage krank wäre. Das Sicherheitskonto könnte auch so eingerichtet sein, dass es ein paar Tage bezahlten Urlaub pro Jahr ermöglicht, genau wie ihn reguläre Angestellte haben. Wenn eine Auftragsarbeit von einer selbstständigen Person ausgeführt würde, wäre der Auftraggeber angewiesen, einen Teil der Sozialversicherungsabgaben zu übernehmen – genau wie für jeden regulären Angestellten.

Solch ein System würde ein soziales Auffangnetz schaffen, das einer »Künstlersozialkasse (KSK) für alle« gleichkäme. Im Prinzip könnte Deutschland einfach das schon bestehende

System, das ursprünglich für kreativ Tätige geschaffen wurde, modifizieren und ausweiten, um ein universelles Konstrukt zu schaffen, das auch jene Berufsgruppen einschließt, die derzeit vom Sozialhilfesystem ausgeschlossen sind. Es gibt auch noch ein anderes Modell, auf dem man aufbauen könnte: das der Heimarbeit. Dabei erledigen abhängig beschäftigte Heimarbeiter – zum überwiegenden Teil sind es Frauen – von zu Hause aus Arbeitsaufträge für ihre Arbeitgeber; diese übernehmen 50 Prozent der Sozialversicherungsbeiträge, es gibt Lohnfortzahlung im Krankheitsfall, im Urlaub und an Feiertagen.

Dieser Ansatz der sozialversicherungspflichtigen Heimarbeit wie auch die KSK zeigen, dass Deutschland bereits weiß, wie man ungewöhnliche Arbeitsverhältnisse regeln kann und wie wichtig ein solches System für bestimmte Arbeitnehmer ist. Warum also nicht das System auf alle übertragen? Wie lassen sich die verschiedenen Kategorien von nicht-gleichberechtigten Arbeitnehmern und nicht-gleichberechtigten Arbeitsplätzen rechtfertigen? Außer der Gewohnheit gibt es im Prinzip keinen Grund, warum Clickworker, Crowdworker und andere Arten von Auftragsarbeit, Freiberuflichkeit und Selbstständigkeit nicht gleich behandelt werden sollten. Und wie wir unten sehen werden, muss das überhaupt nicht teuer werden, ganz im Gegenteil: Es ist äußerst erschwinglich.

Entscheidend ist, dass ein universelles System bedeuten würde, dass alle neuen Berufe, die in Zukunft entstehen als Folge der neuen Technologien, ebenfalls darin eingebettet wären, statt wie derzeit aus dem sozialen Sicherheitsnetz herauszufallen. Deutschland und die meisten EU-Mitgliedsstaaten haben bereits viel mehr als die USA getan, um ein flächendeckendes Sozialsystem für Arbeitnehmer zu schaffen, und deutsches Arbeitsrecht (wie europäisches Recht im Allgemeinen) gilt bereits in einem gewissen Umfang für verschiedene Arten nichtregulärer Arbeitsverhältnisse wie beispielsweise

Leiharbeiter und regulär angestellte Teilzeitarbeitnehmer. Aber es gibt dennoch eklatante Lücken in diesen oftmals sehr komplexen Regelungen, sodass sie nicht immer vollumfänglich durchgesetzt werden. Mit der Folge, dass verschiedene Kategorien von Arbeitskräften durch diese Lücken fallen. Und genau das sind die Erwerbstätigen, die Start-ups und digitale Unternehmen in wachsendem Maß anheuern, weil sie nämlich so einfach auszubeuten sind. Erleichtert wird dies durch die anonyme Natur der Geschäftsbeziehungen via Internet.

Eine wichtige Folge einer »KSK für alle« wäre, dass so alle Nicht-Normalarbeitsverhältnisse, also alle Arbeitsstellen, die weder unbefristet noch Vollzeit sind, *besser, hochwertiger* werden würden. Diese prekären, selbstständigen, kurzfristigen Arbeitsverhältnisse würden dasselbe Maß an grundlegender Sozialabsicherung genießen wie die besten Beschäftigungsverhältnisse. Manche Menschen befürchten vielleicht, dass auf diese Weise die regulären, unbefristeten Vollzeitstellen ausgehöhlt werden würden, aber das Gegenteil wird geschehen. Gegenwärtig ist es für Unternehmen günstiger, zwei oder drei befristete Selbstständige zu engagieren, weil es für diese keine Sozialbeiträge abführen muss. Fielen diese Anreize jedoch weg, wäre es für das Unternehmen attraktiver, einen einzigen unbefristeten Vollzeitarbeitnehmer einzustellen. Arbeitgeber hätten zugleich weiterhin den Spielraum, Freiberufler, Selbstständige oder Mitarbeiter auf Werkvertragsbasis zu engagieren, um nach Bedarf Kapazitäten aufzustocken oder zu verringern. Bis zu einem gewissen Grad ist eine solche Flexibilität der Arbeitsmärkte vorteilhaft, und die Einführung eines PSK* würde daran nichts ändern. Aber indem alle Kategorien von Arbeit rechtlich gleichgestellt wären, würden die zerstörerischen Anreize, nichtreguläre Arbeit-

---

* persönlichen Sicherheitsberater

nehmer anzuheuern, massiv vermindert werden. Eine derartige Änderung der Anreize und Hemmnisse für Unternehmen würde der weiteren Erosion guter Jobs und dem Vordringen der Freelance-Gesellschaft entscheidend entgegenwirken.

Gewerkschaften können übrigens eine gewichtige Rolle in diesem System übernehmen: nämlich die eines treuhänderischen Vertreters, der die Aufsicht über die persönlichen Sicherheitskonten für jeden Erwerbstätigen übernimmt. Natürlich sollten die persönlichen Sicherheitskonten durch den Staat verwaltet werden, aber nichtstaatliche Einrichtungen wie Gewerkschaften und Non-Profit-Organisationen könnten eine Schlüsselposition einnehmen, um eine gerechte Handhabung des universellen und flächendeckenden Sicherheitsnetzes zu gewährleisten. Sie könnten auch als eine Art »nomineller Arbeitgeber« fungieren, als dritte Partei, die die Sozialbeiträge einzieht von den verschiedenen Unternehmen, die Selbstständige oder Freiberufler engagieren, und auf diese Weise hilft sicherzustellen, dass Arbeitnehmer auch wirklich von den neuen Regelungen profitieren. Vergleichbare Arrangements gibt es zum Beispiel in Skandinavien, wo die Gewerkschaften an der Verwaltung der Arbeitslosenversicherung beteiligt sind, und in den USA, wo im Bauhaupt- und Baunebengewerbe Gewerkschaften in die Organisation der verschiedenen Sozialleistungen für Berufsgruppen wie Zimmerleute, Installateure, Baggerfahrer und andere involviert sind.

Einwände und Kritik an der »KSK für alle« – und Antworten darauf

Die entscheidende Frage, die jede vernünftige Person stellen sollte, lautet natürlich: Wie viel wird das alles kosten? Und die Antwort ist: Überraschenderweise gar nicht mal so viel, verglichen mit dem gegenwärtigen System. Ich habe eine Kostenschätzung eines solchen Sozialversicherungssystems für die USA aufgestellt; Ausgangspunkt war die Höhe der Sozialabgaben, die Arbeitgeber derzeit für ihre regulären Arbeitnehmer zahlen, regelmäßig errechnet vom U.S. Bureau of Labor Statistics. Legt man diese Zahlen zugrunde, ließe sich ein angemessenes Sicherheitsnetz für die meisten »unabhängig« Tätigen (einschließlich Dienstleistungen, Verkauf und Bürofachkräfte im privaten Sektor) implementieren, wenn jeder US-Arbeitgeber rund 2 US-Dollar pro Stunde pro Arbeitnehmer (zusätzlich zum gegenwärtigen Entgelt) beisteuern würde. Sehr wahrscheinlich wäre ein solches System in Deutschland mit einem vergleichbaren Beitrag einführbar.

Wichtiger jedoch die Frage: Wer sollte die Kosten dieser universellen und mobilen »KSK für alle« tragen? Auftragnehmer und Auftraggeber teilen sich die Kosten. Unternehmen, die »unabhängig« Tätige anheuern, können die meisten Kosten an ihre Kunden weiterreichen, indem sie ihre Preise ein wenig anheben. Wann immer zusätzliche Kosten entstehen, möchte man diese weiterreichen – am besten so, dass die Kosten von möglichst vielen getragen werden, damit sie für alle Beteiligten so gering wie möglich sind. Und in diesem Fall wären dies eben die Kunden. Deshalb stellen in diesem Sozialversicherungssystem die Unternehmen die entscheidenden Portale dar, durch welche die zusätzlichen Kosten an alle weitergereicht werden, indem man ihnen zugesteht, die Preise leicht zu erhöhen.

Letztendlich würde in so einem System jeder, der Teil der

Gesellschaft ist, in die Sozialversicherung einzahlen – und das wäre genau so, wie es sein sollte. Im gegenwärtigen System läuft es aber andersherum: Die schutzlosesten Erwerbstätigen subventionieren durch ihre schlechte Entlohnung alle anderen. Den »unabhängig« Beschäftigten zu wenig zu zahlen und ihnen zudem jegliches Sicherheitsnetz zu verweigern führt zwar zu niedrigen Konsumpreisen, wovon alle Verbraucher profitieren, aber geschultert wird dies von ebenjenen Arbeitnehmern, die am ungeschütztesten sind – und die zudem durch das Fehlen einer ausreichenden sozialen Absicherung verunsichert sind, sodass sie ihren Konsum einschränken, wodurch die Verbraucherausgaben ausgehöhlt werden, auf die Deutschlands Wirtschaft angewiesen ist. Besser und gerechter wäre es, die Kosten der Sozialversicherung über die gesamte Gesellschaft zu verteilen. Dies wäre die ultimative Form des Crowdfunding mit dem Ziel, jedem deutschen Erwerbstätigen Zugang zu einem ausreichenden Sicherheitsnetz zu gewährleisten, unabhängig davon, wie er arbeitet. Und da viele der Millionen Verbraucher, die anteilig die Kosten tragen, dieselben sind, die als Arbeitnehmer davon profitieren, würde daraus eine Aufwärtsspirale resultieren, die den Wohlstand aller hebt.

Welche weiteren Kritikpunkte gibt es? Ich habe die Idee des universellen, mobilen Sicherheitsnetzes mit einer Anzahl von deutschen Wirtschaftsvertretern, Experten und Entscheidungsträgern der Bundesregierung wie auch mit verschiedenen deutschen Forschungsorganisationen diskutiert. Dabei wurden einige Bedenken geäußert. Hier die Antworten auf die häufigsten:

Jobverluste. Viele Unternehmensführer bringen vor, dass die zusätzlichen Kosten ein »Jobkiller« wären. Sie befürchten, dieses System wäre zu teuer und würde Unternehmen Wettbewerbsnachteile bringen. Das muss aber nicht der Fall sein.

Nicht nur können die Unternehmen die Kosten an ihre Kunden weiterreichen, durch eine bundesweite und universelle Einführung des Systems (also für alle Berufszweige und Branchen) wären auch alle Arbeitgeber im gleichen Maß betroffen. Das bedeutet, dass Unternehmen auf dem Binnenmarkt aufgrund der Qualität ihrer Produkte und Dienstleistungen miteinander im Wettbewerb ständen und nicht, weil sie einander eine Preisschlacht auf dem Rücken billiger Arbeitskräfte liefern. Auf genau diese Weise ist Deutschland längst als Exportweltmeister erfolgreich: aufgrund der besseren Qualität von Produkten und Dienstleistungen, nicht aufgrund günstigerer Preise.

Nebenbei bemerkt: Viele Unternehmen, die im binnenländischen Dienstleistungssektor aktiv sind, konkurrieren sowieso nur mit Wettbewerbern vor Ort, dies gilt sowohl für verschiedene Branchen (wie Gastronomie, Einzelhandel für Bekleidung oder Elektronik) wie für Berufsgruppen (beispielsweise Installateure, Friseure, Fahrer oder Hausverwaltungen); auch in diesen Fällen sind alle lokalen Arbeitgeber durch eine entsprechende kommunale Regelung gleichermaßen betroffen.

Internationaler Wettbewerb. Der zweite Einwand hängt mit dem ersten zusammen: Eine »KSK für alle« werde Deutschland gegenüber den internationalen Mitbewerbern schlechterstellen. Aber wie schon gesagt: Deutsche Exporteure sind seit Langem erfolgreich, indem sie die Qualität ihrer Produkte in den Mittelpunkt stellen und nicht das Preisniveau. Das neue Konzept würde an dieser Realität nur wenig ändern, weil es lediglich zu einer leichten Preisanhebung führen würde.

Jeder Unternehmensführer macht sich natürlich Sorgen wegen der Kosten und möglicher Wettbewerbsnachteile und wird einwenden, dass er keine weiteren Kosten schultern könne. Das ist verständlich. Allerdings müssen die politischen

Entscheidungsträger einsehen, dass es in zunehmendem Maß für die Gesellschaft zu teuer wird, wenn sie es *nicht* tun. Wenn Unternehmen lediglich schlechte Jobs generieren, die lausig bezahlt sind und/oder den Beschäftigten keine ausreichende Sozialabsicherung bieten, muss der Rest der Gesellschaft – sprich der Steuerzahler – die Rechnung begleichen: Er muss für eine wachsende Zahl an Armen und Bedürftigen Sozialhilfe, Wohngeld und wachsende Krankenkassenbeiträge aufbringen. Egal wie: Letzten Endes zahlt die Gesellschaft. Deshalb sprechen Bedenken angesichts der anstehenden Kosten dafür, den Gesellschaftsvertrag auf die vorgeschlagene Weise zu modernisieren.

Der dritte Einwand ist, dass Deutschland dies doch in gewisser Weise bereits tue, wenn auch etwas unsystematisch, indem Lücken und Schlupflöcher in der Reihenfolge gestopft würden, in der sie auftauchten, und zwar jeweils innerhalb der entsprechenden Branche und Berufsgruppe. Deshalb sei das neue Konzept eine Lösung, die noch ihr Problem suche. Okay, zugegebenermaßen hat die Europäische Union verschiedene Direktiven verabschiedet, um geringfügige Arbeit und befristete Arbeitsverhältnisse besserzustellen, und die Mitgliedsstaaten sind diesen gefolgt. Und ja, manche Berufsgruppen und Branchen haben eigene Standards, Schutzsysteme und Hilfsmaßnahmen.

Aber das System ist insgesamt so komplex geworden, es hat so viele Falltüren und Hintertürchen, dass es zu Missbrauch kommt. Es gibt Arbeitgeber, die ihre Anwälte darauf ansetzen, immer neue Wege zu finden, um die Gesetze zu umgehen; und so ziemlich allen Experten, mit denen ich gesprochen habe, ist bewusst, dass die Durchsetzung der geltenden Gesetze schwierig ist. »Unabhängig« Tätige haben nicht so viele Rechtsansprüche und sind gewerkschaftlich kaum organisiert; zudem haben die deutschen Arbeitnehmer durch die schwindende Machtbasis der Gewerkschaften in den letzten zehn Jahren an Einfluss verloren. Manche Unternehmen engagieren Arbeitskräfte aus Osteuropa, die ihre Rechte nicht kennen und verzweifelt alles tun, um ihren Job zu behalten. Missbrauch von Werkverträgen wird immer häufiger, und es gibt zahlreiche Gesetzeslücken, die es leichter machen, soloselbstständige Subunternehmer kurzzeitig zu engagieren, statt Leiharbeiter anzuheuern, die über mehr Rechte und Absicherung verfügen. Die Gewerkschaften haben alle Hände voll zu tun, um dem Missbrauch von Werkverträgen auf die Spur zu kommen. Sie appellieren schon länger dafür, Gesetzeslücken zu stopfen. Doch jedes beseitigte Schlupfloch sorgt nur dafür, dass Arbeitgeber und ihre Anwälte umso eifriger und kreativer nach neuen suchen. Es ist wie mit der Hydra: Für jeden Kopf, den man abschlägt, wachsen zwei neue nach.

Ein Arbeitsrechtsexperte erklärte mir: »Man kann das System über eine lange Zeit immer wieder flicken, aber irgendwann kommt man an einen Punkt, an dem es so komplex und unhandlich geworden ist, dass man es nicht mehr versteht.« Es ist, als würde man ständig am veralteten Betriebssystem seines Computers herumdoktern, statt zu einem neuen Betriebssystem zu wechseln. Nach einer Weile wird der Rechner immer langsamer, und es gibt wegen der aufgeblähten, provisorisch zusammengestoppelten Struktur immer mehr Fehlfunktionen.

Ein universelles System wie das persönliche Sicherheitskonto hätte deshalb deutliche Vorteile. Es wäre übersichtlicher und unkomplizierter und darum auch besser durchsetzbar. Wenn *jeder* Erwerbstätige durch die gleichen Arbeitsgesetze geschützt ist, gibt es keine Schlupflöcher, keine Auswege, keine Ausreden. Es gäbe auch weniger Versuche, das System zu unterlaufen – weil dies einfach nicht möglich wäre. Jeder wäre geschützt, ohne jede Ausnahme. Das würde auch bedeuten, dass weniger öffentliche Gelder in teure Rechtsstreitigkeiten und Klagen fließen würden. Und es würde den Gewerkschaften leichter gemacht, gesetzliche Bestimmungen durchzusetzen.

In einer gerechten und zivilisierten Gesellschaft gibt es absolut keinen Grund, warum ein Unternehmen die Zahlung von ein paar Euro mehr für die Absicherung seiner Arbeitnehmer verweigern sollte. Nur weil ein Unternehmen Freiberufler oder Selbstständige anheuert oder Menschen auf Basis von Werkverträgen beschäftigt, ist dies noch lange kein Grund für die Existenz ungleichwertiger Jobs. Und ganz gleich, für wie viele Arbeitgeber eine Person arbeitet: Ihr sollte nicht das zivilisierte und zeitgemäße Bürgerrecht auf Zugang zu einer ausreichenden sozialen Absicherung für sich und ihre Familie verweigert werden. Das Prinzip des PSK-Systems ist einfach: Der Arbeitgeber trägt seinen Teil bei (ebenso wie der Arbeitnehmer), ohne Ausnahme. Der Arbeiter erhält ein mobiles Sicherheitsnetz, vollkommen unabhängig von der Art der Arbeit, die er macht, oder vom Beschäftigungsstatus. Das Schlupfloch für schlechte Jobs wäre dicht und die Ungleichheit zwischen unterschiedlichen Arten von Erwerbstätigkeit beseitigt.

»Jobgleichheit für alle!« Das ist eine Bürgerrechtsbewegung, für die es sich zu kämpfen lohnt. Das PSK-System wäre sogar noch besser als eine »KSK für alle«. Das Künstlersozialkassensystem hat eine Schwachstelle: Wenn der Staat, wie gegenwärtig, zur sozialen Absicherung eines jeden Bezugsberechtigten 20 Prozent zuschießt, wird es irgendwann teuer. Österreich, die Niederlande oder Dänemark haben sogar einen vollen Sozialversicherungsschutz für nahezu alle Arten von Beschäftigten, aber auch hier müssen die meisten »unabhängig« Tätigen 100 Prozent der Kosten ihres sozialen Sicherheitsnetzes zahlen. Das macht Gesundheitsfürsorge und Rentenvorsorge für Arbeitnehmer, die sowieso schon wenig verdienen, ziemlich teuer bis unerschwinglich. Deshalb ist bei

der Schaffung eines universellen Sozialversicherungssystems – das gute Jobs für alle gewährleistet – zu klären, wer das
Risiko trägt und wer die Kosten übernimmt.

Deutschland und die EU sollten eine Direktive erlassen,
dass jeder Erwerbstätige durch ein mobiles Sicherheitsnetz
geschützt wird. Das wird umso dringlicher werden, je weiter
sich die digitalen Technologien in der Wirtschaft ausbreiten
und je mehr gute Jobs in lausige umgewandelt werden. Mein
Konzept löst sicherlich nicht jede Herausforderung, die der
Arbeitsmarkt des 21. Jahrhunderts bereithält, aber Deutschlands Unternehmen, der Staat und die Gewerkschaften sollten sich den neuen Realitäten anpassen, indem sie gemeinsam
einen modernisierten und innovativen Gesellschaftsvertrag
erarbeiten, der auf einem universellen, mobilen Sicherheitsnetz für alle Erwerbstätigen, alle Berufsgruppen und Branchen aufbaut. In den USA haben bereits Diskussionen über
die Einführung einer vergleichbaren sozialen Absicherung
von Arbeitnehmern begonnen. Die Gespräche werden insbesondere auf kommunaler und bundesstaatlicher Ebene geführt, aber aufgrund der lähmenden Verhältnisse auf nationa-
ler Ebene wird es viele Jahre dauern, bis ein bundesweiter
Beschluss erlassen werden kann. Deutschland hingegen hat
bereits bewiesen, dass es auf eindrucksvolle Weise fähig ist,
einen Kapitalismus mit humanem Gesicht zu erschaffen, der
auf Innovationen wie der Künstlersozialkasse und der be-
trieblichen Mitbestimmung beruht. In diesem Bereich ist
Deutschland strategisch so gut aufgestellt, dass es die dringend notwendige globale Vorbildfunktion übernehmen kann.

8
Unterstützung für die Erwerbstätigen des 21. Jahrhunderts

Neben dem »mobilen« und »universellen« Sicherheitspaket, das in Kapitel 7 vorgeschlagen wurde, werden weitere Strategieänderungen nötig sein, um die Erwerbstätigen des 21. Jahrhunderts ausreichend zu unterstützen. Einige Maßnahmen hat Deutschland bereits entwickelt – betriebliche Mitbestimmung, berufliche Fortbildungen und Umschulungen, Kurzarbeit (anstelle sonst drohender Entlassungen) und Jobsharing –, andere sollten verbessert werden, wie beispielsweise die Kinderbetreuung für berufstätige Eltern und der erschwingliche Zugang zu High-Speed-Internet (was besonders wichtig für Freiberufler und selbstständig Tätige ist).

Im Folgenden stelle ich Ihnen weitere Maßnahmen vor, die »gleiche Jobs für alle« befördern würden, bislang jedoch kaum in den Blick genommen wurden. Auch sie sollten diskutiert werden.

Altersteilzeit. Wenn die Normalarbeitsverhältnisse weiterhin weniger werden und immer mehr Erwerbstätige gezwungen sind, prekäre Beschäftigungen und Jobs ohne ausreichende Sozialabsicherung anzunehmen, bedeutet dies, dass viele Deutsche bis ins Rentenalter hinein weiterarbeiten müssen. Immer mehr Menschen werden nicht ausreichend verdienen, um im gleichen Alter wie ihre Eltern und Großeltern in Rente gehen zu können. Aber bis in welches Alter hinein jemand berufstätig sein kann, hängt von der körperlichen und geistigen Konstitution ab; irgendwann geht es einfach nicht mehr – häufig schon vor dem gesetzlichen Rentenalter, besonders bei Berufen mit schwerer körperlicher Arbeit.

Angesichts dieser Realität sollte sich Deutschland darüber Gedanken machen, wie es die bereits existierende Altersteilzeitregelung verbessern kann. Ältere Arbeitnehmer haben ja schon die Möglichkeit, ihre Arbeitszeit zu reduzieren – dies ist geregelt im Altersteilzeitgesetz. Dass das gesetzliche Rentensystem auf lange Sicht zahlungsfähig bleibt, ist nicht garantiert; besonders die jüngere Generation ist skeptisch, ob sie jemals etwas von ihren Einzahlungen in die Rentenversicherung wiedersehen wird. Eine häufigere Umsetzung und eine Erweiterung der Altersteilzeitregelung könnten abhelfen: Dadurch würde sich das Arbeitsleben vieler Menschen verlängern, was einerseits die Summe der Rentenzahlungen schmälerte (da die Altersteilzeitler nicht die vollständige Rentenhöhe beziehen) und andererseits die Summe der Lohnzahlungen erhöhte, was zu mehr Einzahlungen in die Rentenversicherung führen würde. Die Zahlungsfähigkeit des Rentensystems wäre auf diese Weise auf lange Sicht verbessert. Zudem könnte Altersteilzeit älteren Menschen den Übergang in eine neue digitale Wirtschaft erleichtern, in der Vollzeit keine Option mehr ist. Mit anderen Worten: Altersteilzeit würde zur Kehrseite der anhaltenden Teilzeitbeschäftigung in einer Welt der Jobverknappung werden.

Eine Studie über den gegenwärtigen Umgang mit Altersteilzeit kommt zu dem Schluss, dass die Kosten dieser Maßnahmen aufgefangen werden durch die Gewinne an Steuereinnahmen, an Sozialversicherungsbeiträgen von Älteren, die länger arbeiten, wie auch von ihren Arbeitgebern, die ebenfalls länger einzahlen. Die Autoren der Studie verglichen Arbeitnehmer in Firmen, in denen die Alterszeitregelung angewendet wird, mit solchen, in denen das nicht der Fall ist. Die Studie schätzt, dass in Ostdeutschland Altersteilzeit die Quote der Erwerbstätigen in den Firmen, die sie umsetzen, um 5 bis 6 Prozent erhöht hat im Vergleich zu jenen Unternehmen, die keine Altersteilzeitregelung haben. Die Arbeitslosigkeit der Region sank im Beobachtungszeitraum um 4 bis 5 Prozent. Dieser Rückgang der Arbeitslosenquote lässt sich damit erklären, dass ältere Arbeitnehmer schrittweise aus dem Arbeitsleben ausscheiden, statt völlig aus dem Arbeitsmarkt herauszufallen und arbeitslos zu werden. Zudem müssen neue Arbeitskräfte eingestellt werden, um die Arbeitszeitreduktion aufzufangen. Die Autoren führten außerdem eine Kosten-Nutzen-Analyse durch, die darlegt, dass die Nettoeinsparungen bei den öffentlichen Ausgaben (unter Berücksichtigung der Steuereinnahmen, der Sozialversicherungsabgaben sowie der Einsparungen bei Arbeitslosengeld und Rentenbeiträgen) sich über einen Zeitraum von 6,5 Jahren summieren auf rund 3000 bis 4500 Euro pro Altersteilzeitler in Westdeutschland und 4500 bis 7000 Euro in Ostdeutschland.[1]

Altersteilzeit ist somit eine Maßnahme, die deutlich stärker genutzt werden sollte. Es wäre sinnvoll zu überlegen, wie sie ausgedehnt werden kann und wie sich weitere gesellschaftliche Vorteile durch die Verlängerung des Arbeitslebens schaffen lassen, insbesondere angesichts der zu erwartenden Jobverknappung im digitalen Zeitalter.

Wiederherstellung der staatlichen Rente. Altersteilzeit ist insbesondere angesichts des belasteten Zustands des deutschen Rentensystems eine bedenkenswerte Maßnahme. Bis vor wenigen Jahren hatte Deutschland eine gesetzliche Rente, die es in Höhe und Reichweite mit der Österreichs aufnehmen konnte. Doch die Regierung Schröder wandelte das bis dahin bestehende System in ein Dreisäulenmodell aus staatlicher, betrieblicher und privater Vorsorge um, das hinsichtlich der Sicherheit der Altersversorgung und der Erhaltung des Lebensstandards hinter die europäischen Standards zurückfällt. Die OECD prognostiziert, dass künftig das Bruttoniveau der staatlichen Rente in Deutschland (nach 45 Jahren Beschäftigung) lediglich 37,5 Prozent des jeweiligen Durchschnittseinkommens betragen wird – wohingegen es in Österreich bei 78,1 Prozent liegen wird.[2] Deutschland hat damit ein ähnlich niedriges Rentenniveau wie die Anti-Wohlfahrt-Nation USA zu erwarten. Die Veränderungen in Deutschlands Rentensystem waren Teil des Gesamtziels, die Wirtschaft wettbewerbsfähiger zu machen durch die Reduzierung der Rentenversicherungsbeiträge für Unternehmen; die entstehende Lücke sollten privat finanzierte Rücklagen decken. Dieses Mischsystem wurde Mitte der 2000er-Jahre, also noch vor der Weltwirtschaftskrise 2008, eingeführt, weil man damals vermutete, dass insbesondere angesichts des demografischen Wandels und der Überalterung der Gesellschaft die private Investition in Aktien höhere Rückläufe bringen würde als die staatliche Rente.

Die nachfolgenden Jahre zeigten, wie falsch diese Annahme war. Die Abhängigkeit vom unberechenbaren Aktienmarkt erwies sich als äußerst nachteilig für die Rentensicherheit – sowohl für den Einzelnen wie auch für die ganze Nation. Zudem ist die Belastung des deutschen Rentensystems als Ganzes auf diese Weise nicht gemindert worden: Die Kosten sind ähnlich hoch wie in Österreich, wenn man die Ausgaben für die private und die betriebliche Vorsorge hinzurechnet.[3] Das österreichische Rentensystem erbringt durch eine im Umlageverfahren finanzierte, erwerbszentrierte Sozialversicherung deutlich höhere Leistungen für alle als das Dreisäulenmodell, von dem vor allem die bessergestellten Erwerbstätigen profitieren. Eine ähnliche Situation wie in Deutschland findet sich in den USA, wo das öffentlich-private Rentensystem den meisten Amerikanern keine Sicherheit bieten kann: Die staatlichen Zuschüsse zum privaten System (wie beispielsweise der »401(k)«-Plan und die tilgungsfreie Umkehrhypothek) haben sich als Flop erwiesen; zu 80 Prozent profitieren die oberen 10 bis 20 Prozent der Einkommensbezieher davon.[4]

Die Gefahr besteht, dass das deutsche Rentensystem ähnlich ungerecht und ineffizient wird.

Neben einer häufigeren und erweiterten Umsetzung der Altersteilzeit sollte deshalb eine Umkehr zu einem Rentensystem diskutiert werden, das dem Österreichs ähnelt und in dem die Anreize und Zuschüsse für private Vorsorgeversicherungen zurückgeschraubt werden, da diese in der Tendenz lediglich Menschen mit höherem Einkommen zugutekommen. Das positive Beispiel Österreichs mit seiner Erfolgsbilanz zeigt in der Gegenüberstellung zum verfehlten US-amerikanischen Ansatz, dass Deutschland unter Gerhard Schröder den falschen Weg eingeschlagen hat.

Plattform-Kooperativismus. Seit der Mitte des 19. Jahrhunderts gibt es in Deutschland Genossenschaften. Heute sind mehr als zwanzig Millionen Deutsche – rund ein Viertel der Bevölkerung – Mitglied in einer der beinah 6000 Kooperativen (obwohl sich die meisten Deutschen dessen gar nicht bewusst sind).[5] Dazu gehören beispielsweise die Genossenschaftsbanken: Die rund 1000 unabhängigen und regionalen Volks- und Raiffeisenbanken haben 18 Millionen Mitglieder, verfügen über mehr als 12 000 Zweigstellen, beschäftigen bundesweit 190 000 Mitarbeiter und kommen auf eine addierte Bilanzsumme von 788 Milliarden Euro.[6] Des Weiteren gibt es ländliche Genossenschaften (mit annähernd 3000 Unternehmen im Bereich Agrar- und Ernährungswirtschaft), Wohnungsgenossenschaften (mit insgesamt rund 2,2 Millionen Wohnungen, annähernd 10 Prozent des bundesweiten Mietwohnungsbestands), gewerbliche Genossenschaften, Energieversorgungsgenossenschaften, Konsumgenossenschaften und viele weitere.[7] Mehr als 60 Prozent der Milchmenge in Deutschland stammen aus Kooperativen, ein Drittel der Traubenernte wird von Winzergenossenschaften verarbeitet, und rund 850 Tankstellen werden von ländlichen Genossenschaften betrieben.

Geschätzte 7 Prozent des Bruttoinlandsprodukts werden durch Kooperativen erzeugt – das ist nicht unerheblich und besonders wichtig angesichts des Fortschreitens der digitalen Wirtschaft und des damit einhergehenden potenziellen Verlusts von demokratischer Kontrolle über Produkte und Dienstleistungen. Die vielen verschiedenen Arten der Genossenschaften agieren je unterschiedlich, aber ein Kriterium eint sie: die gemeinsame, demokratische Führung des Geschäftsbetriebs und die gemeinschaftliche Eigentümerschaft. Das sind die beiden tragenden Säulen einer Genossenschaft.

Als die Internetwirtschaft und der Plattformkapitalismus sich als nächste Stufe des Kapitalismus herausbildeten, entwickelte sich parallel eine Gegenbewegung, um genossenschaftliche Ideen und Strukturen mit der Technologie des 21. Jahrhunderts zu verbinden. Dies wird Plattform-Kooperativismus genannt (und bietet das Konzept für neue Eigentumsmodelle für das Internet). Warum sollte ein Internet-Fahrdienst wie Uber nicht als Genossenschaft der Fahrer organisiert sein? Warum kann ein Mitwohnservice wie Airbnb nicht von den Gastgebern beziehungsweise den Vermietern besessen und verwaltet werden, die schließlich am meisten zum Wert des Unternehmens beitragen? Das Internet reduziert bis zu einem gewissen Grad die Kosten, die der Aufbau neuer Onlineservices und Plattformen verursacht, deshalb könnten diese innerhalb eines vernünftigen Kostenrahmens durchaus auch demokratisch kontrolliert und verwaltet werden. Trebor Scholz, Professor für Medien und Kultur an der New School in New York City, einer der intellektuellen Vordenker des Plattform-Kooperativismus, erklärt: »Ganz gleich, ob es um Jobsicherheit, Mindestlohn, Gesundheitsfürsorge oder Altersvorsorge geht – keines dieser Themen kann in grundsätzlicher Weise angegangen werden ohne die Umgestaltung von Arbeit und einen strukturellen Wandel.« Plattform-Kooperativismus, so Scholz, werde die Konzepte von »Solidarität und

Eigentümerschaft neu beleben und eine demokratische Führung bewirken«.[8]

Eine Alternative für Konsumenten, die Marktdruck ausübt auf die großen profitorientierten Unternehmen, könnte zu einem besseren Geschäftsgebaren führen. Denn ein Netzwerk aus digitalen Plattform-Kooperativen könnte eine Renaissance des Genossenschaftsgedankens bewirken und eine Dynamik in Gang setzen, die Uber, Airbnb und anderen Plattformen richtig Konkurrenz macht. Bereits jetzt hat sich eine ganze Reihe von Plattform-Koops gebildet, beispielsweise Stocksy United (eine Kooperative von Berufsfotografen), Fairmondo (ein genossenschaftlicher Onlinehandel aus Berlin, der im Wettbewerb mit Amazon und Zalando steht), Coopify, FairCoop und weitere. Die deutsche Regierung hat zwar die Förderung von Start-ups zur Priorität erklärt, genossenschaftliche Neugründungen kommen aber nicht in den Genuss dieser Unterstützung. Auch in juristischer Hinsicht fühlen sie sich benachteiligt. Felix Weth, Gründer von Fairmondo in Berlin, erklärt, wer versucht, mit einem Koop-Modell online zu gehen, stößt durch veraltete Gesetze an Grenzen.

»Nach der Rechtslage brauchen Genossenschaften einen handschriftlich unterschriebenen Brief von jedem neuen Mitglied«, erzählte er mir bei einem leckeren indischen Essen im Berliner Viertel Neukölln. »Menschen können nicht einfach online oder über eine App auf ihrem Smartphone beitreten«, das beschneide das Wachstumspotenzial. Außerdem sei es für Plattform-Kooperativen deutlich schwieriger, den üppigen staatlichen Gründungszuschuss zu bekommen, der Start-ups gewährt wird. »Das Wirtschaftsministerium finanziert viele Start-ups«, sagt Weth, »aber wir mussten darum kämpfen, weil wir eine Kooperative sind.«

Das ist schade, weil eine Vielfalt von Unternehmensmodellen, die miteinander im Wettstreit liegen, die erfolgreiche Weiterentwicklung solcher Plattformen begünstigen würde.

Weth findet, die deutschen Gewerkschaften könnten sich ebenfalls stärker für Plattform-Koops einsetzen. »Offenbar verstehen die Gewerkschaften nicht, dass es von zentraler Bedeutung ist, wer die Plattformen betreibt und kontrolliert. Sie sind völlig zufrieden mit den großen Unternehmensplattformen, solange deren Mitarbeiter ihren Anteil bekommen.« Aber wie wir gesehen haben, suchen solche Unternehmen ständig nach Wegen, wie sie aus Mitarbeitern und Auftragnehmern immer mehr herausholen können für so wenig Geld und so wenig soziale Absicherung wie möglich. Die Anonymität der Onlinegeschäfte verstärkt solche Tendenzen. Wer diese Plattformen besitzt und betreibt, ist deshalb wichtig und hat gesellschaftliche Auswirkungen, darum sollten Gewerkschaften Plattform-Kooperativen so intensiv wie möglich unterstützen.

Auch die Europäische Kommission könnte und sollte einiges tun für Kooperativen, einschließlich Plattform-Koops. Es gibt rund 250 000 Genossenschaften in der EU; sie sind im Besitz von circa 163 Millionen Bürgern (annähernd einem Drittel der EU-Bevölkerung) und beschäftigen 5,4 Millionen Menschen. Die EU-Kommission hat eine ehrgeizige Agenda für die digitale Wirtschaft aufgestellt, die auch Millionen Euro für Gründungszuschüsse an Start-ups und Inkubatoren einschließt. Die Lissabon-Strategie, mit der die EU zur wettbewerbsfähigsten Wirtschaft der Welt gemacht werden sollte, war nicht wirklich ein Erfolg. In ihrer Wettbewerbsorientierung war die EU-Kommission offenbar von den »Kunden zuerst«-Prinzipien des Silicon Valley verführt worden. Konsumenten und Unternehmen sind wichtig, aber mindestens genauso wichtig sind die Mitarbeiter, Familien und Kommunen, die durch andere Werte wie beispielsweise Demokratie, Verantwortlichkeit und geteilten Wohlstand erhalten werden. Deshalb sollte die EU-Kommission ihrer wirtschaftlichen Vision eine Plattform-Kooperativen-Bewegung hinzufügen, denn diese kann den gesellschaftlichen Fortschritt wie auch eine wirtschaftliche Demokratie fördern. Zudem kann sie die Arbeitnehmerrechte wie auch die demokratische Eigentümerschaft und die Kontrolle von Unternehmen stärken und so ein Gegengewicht zu den Verbraucherrechten sowie zur körperschaftlichen Unternehmenseigentümerschaft und -kontrolle bilden.

Sozialgenossenschaften für Selbstständige. In Europa gibt es die unterschiedlichsten Spielformen von Genossenschaften, eine von ihnen aber ist für Erwerbstätige in prekären Beschäftigungsverhältnissen besonders relevant: die Sozialgenossenschaft. Ein Beispiel dafür sind die Coopératives d'Activités et d'Emplois (CAE) in Frankreich. Sie könnten eine Schlüsselrolle für Freiberufler und Solo-Selbstständige einnehmen. Eine CAE ist eine Kooperative, die Selbstständigen hilft, sich abzusichern. Mitglieder einer CAE müssen sich nicht in Einzelkämpferschaft aufreiben, weil sie in juristischer Hinsicht »Angestellte« der Genossenschaft sind. So sind sie sozial und rechtlich besser aufgestellt. Die Leistungen, die eine solche Kooperative ihren Mitgliedern anbietet, reichen von günstigen Büroräumen über verschiedene Bürodienstleistungen und Rechnungsstellung bis hin zum Inkassoservice (wenn Auftraggeber nicht zahlen); ebenso bieten sie Hilfe beim Marketing, günstige Versicherungen und ein Gemeinschaftssystem zur Sicherstellung von staatlichen Beihilfen im Krankheitsfall. In gewisser Weise agieren diese Organisationen als »nominelle Arbeitgeber« und als zentraler »Verwalter von Sozialleistungen«.

Da CAE-Gründungen in Frankreich als Start-up angesehen werden, sind sie berechtigt, Unterstützung beim Staat und bei der EU zu beantragen. Coopaname ist so eine CAE. Sie wurde 2004 in Frankreich gegründet und hat inzwischen mehr als 750 Mitglieder, darunter Handwerker, Freiberufler und Dienstleister. Sie wendet sich an Selbstständige, die allein oder in gleichberechtigten Teams arbeiten, und unterstützt ihre Mitglieder in den verschiedenen Phasen ihrer beruflichen Entwicklung. Coopaname hilft bei einer Fülle wirtschaftlicher Fragen und bietet unterschiedlichste Dienstleistungen; im Gegenzug engagieren sich die Mitglieder für die Kooperative. Die Mitglieder beziehen über die Genossenschaft Einkommen und Sozialleistungen und werden durch die Gemeinschaft solidarisch unterstützt. Das Modell der CAE hat sich in Frankreich ausgeweitet, inzwischen gibt es ein Netzwerk von 72 lokalen Kooperativen, die insgesamt mehr als 5000 Gründer »beschäftigen«. In manchen Orten agieren die CAE eher wie Innungen und sind auf bestimmte Branchen spezialisiert, wie beispielsweise Coopénates, in der Hauspflegekräfte zusammenkommen, Artenréel, die regionale Künstler und Kulturarbeiter vereint, oder Antigone, die sich in erster Linie an Künstler richtet.

Der Erfolg und das Anwachsen des CAE-Netzwerks in Frankreich hat verschiedene Sozialgenossenschaften in ganz Europa inspiriert. SMart – ursprünglich aus Belgien – unterstützt als Kooperative Kreative wie auch Kunst- und Kulturschaffende. Die Genossenschaft bietet Arbeitsräume und Bürodienstleistungen für Selbstständige, Unterstützung und Schulung durch spezialisierte Beratungs- und Rechtsteams, Rechnungsabwicklung und Mahnungsservice sowie Zugang zu Finanzmitteln, zu unterschiedlichstem Equipment und zu Fahrzeugen. SMart-Mitglieder zahlen 25 Euro im Jahr plus 6,5 Prozent von jeder Rechnung, die von Auftraggebern beglichen wird. Inzwischen ist die Genossenschaft in Belgien an zwölf Orten vertreten und hat 75000 Mitglieder. Aber auch europaweit ist sie heute zu finden in Deutschland, Österreich, Frankreich, Ungarn, Italien, den Niederlanden, Spanien und Schweden.[9]

Gewinnbeteiligung. Die Schere zwischen Einkommen und Produktivitätswachstum wird immer größer, und gleichzeitig wandern in den Industrieländern die Unternehmensgewinne zumeist in die Taschen der Vorstände und Shareholder, während die Mitarbeiter nur wenig davon sehen, da die Löhne stagnieren und nur wenige Arbeitnehmer auch Anteilseigner des Unternehmens sind. Um dem etwas entgegenzusetzen, gibt es eine Anzahl von Unternehmen in Deutschland, den USA und Europa, die ihren Mitarbeitern eine Gewinnbeteiligung zahlen. So erhielt beispielsweise jede Stammkraft von Volkswagen in Deutschland 2015 eine Prämie von 5900 Euro.[10] Wollte man wirklich teilen, wie die Sharing Economy ja immer wieder gern behauptet, wäre mehr von diesem »inklusiven Kapitalismus« eine wirklich gute Sache, durch ihn käme der Wohlstand auch jenseits der Führungsetagen einem großen Anteil der Arbeitnehmerschaft zugute. Das würde zudem auch die größere Bedeutung der Gruppen- gegenüber der Einzelleistung unterstreichen.

Die Idee, dass Arbeiter am Gewinn eines Unternehmens beteiligt werden, ist nicht neu. Die theoretischen Grundlagen entwickelte der deutsche Wirtschaftswissenschaftler und Sozialreformer Johann Heinrich von Thünen bereits 1848.[11] Es gibt verschiedene Beteiligungsmodelle, zum Beispiel in Form einer Belegschaftsaktie, durch die Arbeitnehmer Anteile am Unternehmen besitzen, oder als prozentuale Beteiligung am Unternehmensgewinn (ohne Anteilsbesitz). Studien zeigen, dass Unternehmen, die Gewinnbeteiligungen eingeführt haben, oftmals von einer höheren Verbundenheit der Mitarbeiter dem Unternehmen gegenüber, einer größeren Mitarbeitermotivation wie auch einer geringeren Personalfluktuation profitieren.[12] Eine Studie der Technischen Universität Dortmund, die die die Beziehung zwischen Gewinnbeteiligung und Wirtschaftlichkeit in deutschen Unternehmen untersucht, führte zu dem Schluss, dass die Einführung einer Gewinnbeteiligung die Rentabilität positiv beeinflusst.[13] Es entsteht ein größerer Zusammenhalt im Unternehmen, gleichzeitig profitieren Mitarbeiter von der wachsenden Produktivität durch neue Technologie und Automation. Sogar ehemalige Arbeitnehmer können noch Anteile am Unternehmen halten.

Für Start-up-Gründer, die so sehr an der Disruption hängen, wäre das ebenfalls ein »disruptiver« Schritt, da er die herkömmliche Arbeitgeber-Arbeitnehmer-Beziehung verändert. Deutschland und Europa sollten Wege erkunden, wie Gewinnbeteiligungen stärker Einzug in die Wirtschaft halten können, da dies Erwerbstätige in Jahren stagnierender Löhne und schwindender Jobqualität auffängt und gleichzeitig eine neue unternehmerische Anreizstruktur schafft.

Daten, Daten, Daten. In diesem Feld ist ein Strategiewechsel am dringendsten nötig. Daten werden immer mehr zur Währung des digitalen Zeitalters. Es zeichnet sich ein Kampf darüber ab, wer diesen Ozean an Daten, der uns alle umschließt, kontrollieren wird. Dessen Wachstum ist exponentiell: 90 Prozent der Daten, die derzeit im Internet vorhanden sind, wurden vor gerade einmal zwei Jahren generiert. Ob es darum geht zu erfassen, wie Menschen heute arbeiten, oder darum, die Geschäftstätigkeit digitaler Unternehmen und ihrer Myriaden anonymer Auftragnehmer nachzuverfolgen, oder darum, die übergriffige Überwachung von Vertragsarbeitern oder den Missbrauch ihrer Daten durch Unternehmen aufzudecken, oder darum, hart durchzugreifen gegen das Ausspähen unserer persönlichen Daten im Internet: Neue Strategien für den Umgang mit Daten im digitalen Zeitalter sind dringend erforderlich.

Es gibt letztlich drei relevante Bereiche:

1. Zugang zu gewerblichen Daten. Unternehmen wie Airbnb, Uber, Upwork oder TaskRabbit ermöglichen Geschäftsabschlüsse zwischen Anbietern und Käufern von Produkten oder Dienstleistungen, die wegen ihrer Anonymität sehr schwer nachzuverfolgen sind. Da es sich um virtuelle, »hohle« Internetunternehmen handelt, fällt es ihnen leicht, unterhalb des Radars zu bleiben. Diese Unternehmen wehren sich gegen alle Versuche, ihre Daten transparent zu machen, weil dies unter anderem das Ausmaß ihrer Geschäftsaktivitäten offenbaren würde, einschließlich der Informationen, welche Auftragnehmer über diese Plattformen Einkommen verdienen und wie hoch sie steuerlich veranlagt werden müssten. Ohne Einsicht in die Geschäftsaktivitäten sind diese Online-Plattformen weder zu regulieren noch richtig zu besteuern.

Die Erfahrungen der USA zeigen eindeutig, wie diese Unternehmen jeden Versuch, ihre Daten offenzulegen, unterlaufen. Dem gern vorgebrachten Argument, Airbnb-Vermieter, Uber-Fahrer oder Upwork-Auftragnehmer hätten ein »Recht auf Privatsphäre«, weshalb die Unternehmen keine Daten herausgeben könnten, sollte kein Gewicht beigemessen werden. Dieses Geschäftsgebaren unterläuft das Gewerberecht für Hotels, Taxis und andere Branchen, es stellt im Prinzip dessen Umgestaltung dar und hebelt das Recht von Städten aus, den gewerblichen Sektor durch die Vergabe von Geschäftslizenzen und die Registrierung von Unternehmen zu gestalten. Für jemanden, der aus seinem Zuhause oder seinem Auto ein gewerbliches Unternehmen macht, treten bestimmte juristische Vorschriften in Kraft, und das Recht auf Privatheit wird sekundär. Behörden müssen deshalb darauf vorbereitet sein, alle ihnen zur Verfügung stehenden juristischen, politischen und gesetzgeberischen Mittel einzusetzen, um Zugang zu den Geschäftsdaten dieser Plattformen zu erhalten. Natürlich bedarf es auch klarer Grenzen, damit Behörden ihre Macht nicht missbrauchen. Der Zugang zu den relevanten Unternehmensdaten aber ist wesentlich, denn nur so kann das öffentliche Interesse, die Geschäftstätigkeit der digitalen Plattformen zu erfassen, nachzuvollziehen und zu regulieren, erfüllt werden, damit die Vorteile der neuen Technologien ohne allzu viele negative Konsequenzen genutzt werden können.

2. *Wahrung der Persönlichkeitsrechte an digitalen Arbeitsplätzen.* Im digitalen Zeitalter besteht die Gefahr, dass neue Formen von Unternehmen und Erwerbsarbeit bürgerliche und persönliche Rechte verletzen, insbesondere durch datenbasierte Arbeitsplatzüberwachung. Angestellte und Freiberufler haben oft nicht mehr die Kontrolle über ihre Daten als Beschäftigte. Daten, die an digitalen Arbeitsplätzen generiert werden, werden oft genutzt, um die Auftragnehmer auszuspionieren. Upwork bietet zum Beispiel seinen Geschäftskunden eine Reihe von Tools für Onlinemanagement und -überwachung an, um gegen das sogenannte Cyberslacking, die private Internetnutzung am Arbeitsplatz, durchzugreifen – damit schlecht bezahlte Freiberufler konzentriert arbeiten und keine Zeit in der virtuellen Kaffeeküche verbringen. Obwohl die meisten dieser Freiberufler mehrere Auftraggeber haben und nicht exklusiv für Upwork tätig sind, hat das Unternehmen eine Software – mit dem euphemistischen Namen »Private Workplace« – entwickelt, mit deren Hilfe minütlich die Tastenanschläge sowie die Mausbewegungen des Auftragnehmers aufgezeichnet werden und – als neueste Innovation der Arbeitsüberwachung – heimlich Screenshots erstellt werden, wodurch der Auftraggeber »dem Auftragnehmer über die Schulter« blicken kann.[14]

Das Recht der Erwerbstätigen auf Datenschutz ist wichtiger als der Wunsch des Auftraggebers, deren Arbeitsleistung mit Hightech-Überwachung zu verfolgen und zu kontrollieren. Auftragnehmer, die einem Bewertungssystem unterliegen, sollten Eigentümer ihrer Bewertungen sein und die Möglichkeit haben, sie auf andere Plattformen zu übertragen. Da

Unternehmen heute völlig neue Möglichkeiten zur Verfügung stehen, bürgerliche und persönliche Rechte zu verletzen, sind Richtlinien notwendig, die Arbeitnehmer davor schützen.

3. Missbrauch unserer persönlichen Daten. Digitale Unternehmen und Start-ups sind ständig auf der Jagd nach unseren persönlichen Daten, um sie zu Geld zu machen. Das führt dazu, dass unsere gesamten Aktivitäten im Internet nachverfolgt und gespeichert werden, ob uns das nun gefällt oder nicht. Bis vor Kurzem war es noch so, dass jedes Unternehmen, das seine Produkte oder Dienstleistungen bewarb, äußerst aktive und aggressive Vertriebskräfte beschäftigte, die unermüdlich Klinken putzten und brillante Verkaufsideen entwickelten, um Verbraucher und Geschäftskunden anzulocken. In diesem Bereich hat es einen Paradigmenwechsel gegeben – und zwar durch eine neue digitale Entwicklung: programmatische Werbung.

Durch einen in Sekundenbruchteilen reagierenden Computeralgorithmus, der meint, uns besser zu kennen als wir uns selbst, sind programmatische Werbeanzeigen auf uns ausgerichtet wie wärmegesteuerte Raketen. Die meisten Menschen wissen nicht, wie diese enorm zudringliche Technologie funktioniert, dass dahinter eine machtvolle und ausgefeilte Überwachungsmethode steckt. Lassen Sie uns mal anschauen, mit welcher logischen Unlogik programmatische Werbung vorgeht, wie diese unserer Online-Persönlichkeit nachstellt und wie unsere persönlichen Daten für wirtschaftliche Zwecke ausgebeutet werden:

Ludwig surft durch das Internet und klickt auf eine URL, um eine bestimmte Seite auf seinem Bildschirm zu öffnen. Der Inhalt der Seite wird in Ludwigs Browser geladen. Die Data Management Platform (DMP) des Betreibers der Website prüft automatisch, ob sie Informationen über Ludwig gespeichert hat, unter anderem

Geschlecht, Alter, Einkommen und geografische Daten *(all dies passiert in 30 Millisekunden, also: 0,03 Sekunden)*. Wenn es ein Anzeigenpaket hat, das zu Ludwigs Profil passt, werden die Inhalte auf der Website eingeblendet *(innerhalb von insgesamt 40 Millisekunden)*.

Gibt es kein passendes Anzeigenpaket, versucht der Server Ludwigs digitalen »Fußabdruck« zu finden, indem er Anfragen an bestimmte Anzeigenhändler, Werbenetzwerke und Supply-Side-Plattformen (SSP) sendet. Wenn keine Übereinstimmung zu entdecken ist, wird die Anfrage an eine Ad-Börse, eine Vermittlungsplattform für Werbeanzeigen, geschickt, die eine Onlineauktion erstellt – als Hintergrundinformation werden Daten zu Ludwigs Browser, die URL der Website, die Ludwig gerade aufruft, sowie das Anzeigenformat bereitgestellt – und Angebote einholt von verschiedenen Anbietern wie Anzeigenhändlern, Werbenetzwerken und Demand-Side-Plattformen (DSP) *(bis hierher sind alles in allem 75 Millisekunden vergangen ...)*. Jeder, der mitbietet, arbeitet in die Anzeige zusätzliche Nutzerdaten ein *(... 100 Millisekunden, also: 0,1 Sekunden ...)*. Mithilfe von Algorithmen wertet jeder Bieter die Anfrage aus, sucht das passende Anzeigenpaket heraus und sendet es gemeinsam mit seinem Angebotspreis an die Ad-Börse. Die Ad-Börse wählt dann mittels Preisauktion eines der Angebote aus.

Das Anzeigenpaket, das die Auktion gewonnen hat, wird an die URL der Website geschickt, die Ludwig gerade aufruft *(... 150 Millisekunden)*. Der Betreiber der Website instruiert Ludwigs Browser, welche Anzeigen er anzuzeigen hat. Ludwigs Browser zieht dann diese vom Server des Gewinners der Ad-Auktion und blendet sie auf der Website ein, die in Ludwigs Browser zu sehen ist.[15]

Dieses erschreckende Wunder leiser Hypereffizienz läuft innerhalb von 200 Millisekunden – also 0,2 Sekunden – ab, fast so schnell wie ein Blinzeln. Vielleicht möchte Ludwig die ausgewählten Anzeigen gar nicht sehen, vielleicht möchte er überhaupt nicht, dass seine Interessen von anderen nachverfolgt werden, schon gar nicht von den anonymen Computeralgorithmen im klammheimlichen Dienst der Anzeigenhändler. Aber wenn er im World Wide Web unterwegs sein möchte, hat er kaum eine Wahl. Die Ausgaben für programmatische Werbung, einschließlich Werbung auf mobilen Endgeräten, sind in den letzten Jahren enorm gewachsen. 2016 lagen sie bei 22 Milliarden US-Dollar, ein Anstieg um 40 Prozent im Vergleich zum Vorjahr. Dieser Bereich wächst fast zehnmal so schnell wie der gesamte Displaywerbemarkt.[16] AOL entließ im Januar 2015 fast seine gesamte Abteilung für Internetwerbung, rund 150 Mitarbeiter, als das Unternehmen sich als Programmatic-Advertising-Kraftwerk neu positionierte.[17]

Eine Handvoll riesiger Plattformen, allen voran Google, Facebook und Amazon, hat das Ausspionieren unserer Onlinepersönlichkeiten zur neuen Norm gemacht. Quasi alle Unternehmen produzieren, sammeln und verwalten eine riesige Menge an Daten, die wir alle im Internet hinterlassen, und wandeln diese dann mithilfe von Algorithmen in verwertbare Information um. Suchmaschinen wie Google oder soziale Netzwerke wie Facebook präsentieren sich uns als kostenlose Dienstleistungen, aber jeder von uns zahlt einen Preis dafür.

Diese Unternehmen lassen wenig verlauten darüber, wie hoch die gigantischen Gewinne sind, die sie aus der persönlichen Information ableiten, die wir alle gezwungenermaßen und unentgeltlich preisgeben. Verteidiger dieser Praxis sagen, wer da nicht mitmachen wolle, dem stehe es frei, das Internet einfach nicht zu nutzen. Doch diese Unternehmen haben alles getan, damit ihre Onlineservices in unserer Alltagswelt unverzichtbar sind. Man kann nicht beides haben. Verbraucher werden nicht auf den impliziten Handel hingewiesen, dem sie durch die Nutzung des Internets zugestimmt haben, und derzeitig gibt es keine wirkliche Möglichkeit, daraus auszusteigen. Wir sind dem Datenabgriff ausgeliefert.

Wie in den USA sind auch in Deutschland viele Politiker und Behörden nur unzureichend informiert über das Ausmaß dieser digitalen Einbrüche in unsere Privatsphäre. Unternehmen nutzen diese Unkenntnis, was es schwieriger macht, eine angemessene Regelung zu entwerfen, sogar wenn die Unternehmen an der Grenze zu Amoralität und Illegalität agieren.

Um zu verstehen, welche Bedeutung Daten in unserer heutigen Welt haben und warum ein sorgfältiger Umgang mit ihnen wichtig ist, ist ein Blick auf die Entwicklung der Geldwährungen in den letzten Jahrhunderten hilfreich. Im 18. und 19. Jahrhundert war es üblich, dass eine Reihe von Währungen in einem einzigen Land nebeneinander existierte. Städte und Banken hatten oftmals eigene Münzen oder Wertpapiere, die von Unternehmen und Menschen wie Geld genutzt wurden. 1815 gab es auf dem Gebiet des heutigen Deutschlands rund 35 Fürstentümer und Städte, die alle ihre eigenen Münzen prägten. Dieses monetäre Chaos führte in vielen Ländern zu Finanzkollapsen und Monopolbildungen. Schließlich kamen Politiker wie Deutschlands erster Kanzler Otto von Bismarck, Alexander Hamilton, der erste Finanzminister der USA, und andere zu dem Schluss, dass eine staatliche Kontrolle des Geldes notwendig ist, und führten einheitliche Währungen ein, um die Finanzmärkte zu stabilisieren und Zusammenbrüche zu vermeiden. Nach der Reichsgründung führte die Verwaltung unter Bismarck Mark und Pfennig als gültiges Münzgeld in ganz Deutschland ein.

Heute ist »Big Data« genauso wertvoll wie Geldwährungen; in gewisser Weise wird es bereits genau *wie* eine Währung genutzt. Daten können gesammelt, angehäuft, gekauft und wiederverkauft werden; sie sind so etwas wie ein Wertspeicher geworden. Wer mehr Daten hat, verfügt über mehr

Reichtum, Macht und Einfluss. Daten sind die Währung des digitalen Zeitalters; und es gibt bereits Kryptowährungen, etwa Bitcoin, die exakt das sind: ein Zusammenfluss von Daten *als* Währung.

Aber anders als Geldwährungen werden Daten von privaten, profitorientierten Konzernen und nicht von Regierungen kontrolliert. Wir sind zurückgekehrt in das Chaos des 18. und 19. Jahrhunderts, in dem verschiedene »Datenwährungen« drohen, das Gemeinwohl auszuhöhlen. Genau wie damals ist es ein gesellschaftliches Gebot, dass Regierungen nicht nur den Geldumlauf, sondern bis zu einem gewissen Grad auch den Datenumlauf kontrollieren. Ohne sichere Daten befinden sich die Gesellschaft ebenso wie die Behörden sozusagen auf einem Blindflug bei Nacht. »Wir, die Öffentlichkeit« müssen die Kontrolle über unsere Daten zurückgewinnen, die immer mehr zur Währung des digitalen Zeitalters werden.

Schluss:
Wie nah ist die Zukunft?

Es war niemals ungewisser, wie sich Technologie auf unsere Gesellschaften in Zukunft auswirken wird. Bei manchen Prognosen lassen sich die Fakten kaum von Science-Fiction unterscheiden oder realistische Projektionen von Medienaufmachern oder dem Silicon-Valley-Hype.

Vor kurzem nahm ich an einer Technologiekonferenz in San Francisco teil. Ich lauschte wie gebannt dem Vortrag von Padmasree Warrior, der Technischen Direktorin von Cisco, einem der zehn weltgrößten Technologieunternehmen mit einem Börsenwert von über 150 Milliarden US-Dollar. Sie blickte in ihre Kristallkugel und enthüllte ihrem atemlosen Publikum ihre Vision von der Zukunft.

»Die Zukunft wird von Sensoren und dem Internet der Dinge geprägt sein und davon, wie sie unser Leben beeinflussen werden«, sagte sie. Sie erinnern sich an das Internet der Dinge, dem wir schon in Kapitel 5 begegnet sind? Jenes weit verzweigte digitale Netz, über das unsere Häuser, unsere Geschäfte, unsere Kommunen, unsere Leben miteinander vernetzt sind dank Milliarden Sensoren weltweit, die permanent miteinander in Kontakt stehen, ein pulsierender, uns alle umgebender Bienenkorb digitaler Elektronik, auch bekannt als die Cloud.

»Technologie wird eine Erweiterung dessen sein, was uns als menschliche Wesen ausmacht«, erklärte sie. »Wir werden sehr viel mehr Technologie an uns tragen. Wir werden uns vielleicht sogar Sensoren injizieren, die verfolgen, was in unseren Körpern passiert, sodass er für uns berechenbarer wird.«

Injizieren? Hat sie wirklich »injizieren« gesagt, fragte ich mich, während ich da saß, inmitten von Exemplaren der Spezies Techno sapiens, die beflissen jedes ihrer Worte in ihre Laptops tippten. Ich hatte eine surreale, außerkörperliche Erfahrung, während ich mich fragte, wer dieses »wir« wohl sei, das sich Nanobots und somatische Sensoren in den Körper injizieren wird. Ich bin mir nicht einmal mehr sicher, ob ich meinem Computer und meinem iPhone noch trauen soll – jedes Mal, wenn wir diese Geräte aktivieren, werden wir verfolgt und ausspioniert von Anzeigenverkäufern, Arbeitgebern, Institutionen, der US-Regierung und den Russen, und das auf Wegen, die sich die Stasi und die Gestapo niemals hätten träumen lassen. Aber immerhin können wir unsere Computer und mobilen Endgeräte ausschalten und zu Hause lassen. Und jetzt wollen sie uns Nanobots injizieren? Sollte es da nicht vielleicht erst einmal so etwas wie ein Referendum geben?

Oder führen Sie sich dies vor Augen: Im Silicon Valley wird sehr viel Aufhebens um die »technologische Singularität« gemacht. Darunter versteht man einen Zeitpunkt in der Zukunft – angekündigt für ungefähr 2045 –, wenn künstliche Intelligenz so weit fortgeschritten ist, dass Menschen und Maschinen miteinander verschmelzen. Maschinen werden bis dahin wirkliche Intelligenz entwickelt haben und sogar ihre Erfinder überflügeln, indem sie immer bessere Versionen ihrer selbst erschaffen. Ab diesem Zeitpunkt – so vermutet man – wird sich der technische Fortschritt exponentiell beschleunigen und eine »Singularität« entstehen, die die Gesellschaft radikal verändert. Tonangebend unter den Verkündern der Singularität sind Menschen wie beispielsweise die Technologielegende Ray Kurzweil, ein Pionier auf dem Gebiet der Spracherkennung und heute Leiter der technischen Entwicklung bei Google, wo er einem Team vorsteht, das »Maschinenintelligenz« entwickelt. Dank Googles immensen Ressourcen kauft Kurzweil Unternehmen auf, um unter einem privatwirtschaftlichen Dach die neuesten und futuristischsten Technologien im Streben nach diesem singulären Aufschwung zu versammeln. Was sieht Kurzweil in seiner Kristallkugel?

Er prognostiziert, dass um das Jahr 2030 injizierte Nanobots unser Gehirn drahtlos mit der allgegenwärtigen Cloud verbinden, in der jegliche digitale Information aufbewahrt werden wird; und dass um 2045 die Rechenleistung der künstlichen Intelligenz die der menschlichen Intelligenz um das Milliardenfache übersteigen wird. Andere Experten und Visionäre gehen davon aus, dass zu diesem Zeitpunkt aus der Verschmelzung von Mensch und Maschine eine in jeder Hinsicht neue zivilisatorische Spezies hervorgehen wird – sozusagen ein Homo roboticus. Das klingt zu fantastisch – wie Science-Fiction, wenn man davon absieht, dass einige der einflussreichsten Unternehmen der Welt eine Summe investieren, die dem Bruttosozialprodukt eines mittelgroßen Staates in nichts nachsteht, um genau dies *Wirklichkeit werden zu lassen.* All das soll bereits während unserer Lebenszeit geschehen.

Die Technologie-Optimisten und Start-up-Visionäre des Silicon Valley beschwichtigen uns gemeinsam mit ihren deutschen Doppelgängern der Silicon Allee, dass für jeden Arbeitsplatz, der durch Technologie zerstört werden wird, unzählige neue entständen, genau wie in der Vergangenheit. Die Zukunft werde eine beispiellose Technologierevolution bringen, beteuern sie. Sie erzählen uns zudem, dass ihre Variante der »kreativen Zerstörung« eher kreativ als zerstörerisch sein werde und ganz großartige Produkte und Dienstleistungen hervorbringen werde, die wir alle lieben würden. Kevin Kelly, einflussreicher Mitbegründer und -herausgeber der Zeitschrift *Wired* sowie ein Förderer der aufkommenden Technologien, sagt: »Wir müssen die Roboter machen lassen. Sie werden unsere Jobs übernehmen, und sie werden sie sehr viel besser erledigen als wir. […] Und sie werden uns helfen, neue Jobs für uns zu entdecken, neue Aufgaben, durch die wir uns weiterentwickeln.«[1]

Roboter, die die Welt übernehmen, injizierte Nanobots, eine allwissende Cloud, technologische Singularität – *was kann da schon schiefgehen?*

Andere Technologieentwickler und -experten sind sich nicht ganz so sicher. Einige von ihnen sind sogar derart beunruhigt, dass ihre Erfindungen letztlich Jobs zerstören werden, dass sie eine neue Maßnahme fordern: ein garantiertes oder bedingungsloses Grundeinkommen. Das würde für ein Mindesteinkommen sorgen, etwas, das eine joblose Wirtschaft nicht länger bieten kann. Manche Vertreter der politischen Linken sehen im bedingungslosen Grundeinkommen die humanistischste aller Lösungen, den lang verloren geglaubten marxistischen Traum, dass »jeder nach seinen Bedürfnissen« leben könne. Doch es sollte alle Alarmsirenen schrillen lassen, dass es für dieses Konzept auch Unterstützung aus dem neoliberalen rechten Lager gibt, zum Beispiel vom Ökonomen Milton Friedman, wenn auch aus völlig anderen Gründen: Für das rechte Lager ist das bedingungslose Grundeinkommen ein gut getarnter Vorwand, um staatliche Sozialprogramme dramatisch zu kürzen und im Austausch gegen Barzahlungen die über Jahrzehnte gewachsenen Sozialversicherungssysteme zu demontieren. Anke Hassel, Professorin an der Hertie School of Governance in Berlin, erklärte mir: »Das sind Vertreter eines radikalen Liberalismus, die den Staat zusammenschrumpfen lassen wollen.« Im Silicon Valley ist das bedingungslose Grundeinkommen bloß ein Knochen, den die Technologiegurus einer besorgten Öffentlichkeit hinwerfen, um Kritik an ihren jobzerstörenden Technologien abzuwenden.

In den USA ist die Einführung eines bedingungslosen Grundeinkommens in politischer Hinsicht nicht im Entferntesten möglich. Es wäre außerordentlich teuer (rund 3 Billionen US-Dollar pro Jahr)[2]; und angesichts der Tatsache, dass für den durchschnittlichen US-Arbeitnehmer in den letzten dreißig Jahren nicht einmal eine Lohnerhöhung drin war, ist die Erwartung, dass es nun Manna vom Himmel regnen möge, politischer Humbug. So unterschiedliche Länder wie Kanada, Indien und Namibia haben Pilotprogramme gestartet. In der Schweiz jedoch ist eine Volksabstimmung über ein bedingungsloses Grundeinkommen gescheitert: eindeutige 77 Prozent stimmten dagegen. Selbst wenn ein solches Konzept in Deutschland oder Europa umsetzbar wäre, so würde es doch für viele Menschen ein ziemlich düsteres Leben außerhalb der Gesellschaft bedeuten, bei dem sie auf milde Gaben der Regierung angewiesen sind in einer Gesellschaft, die sich »Der Gewinner bekommt alles« auf die Fahnen geschrieben hat. Das erinnert an das »Brot und Spiele«-Leben römischer Plebejer: Menschen, die vom Imperator versorgt und mit Gladiatorenkämpfen unterhalten wurden, damit sie hübsch fügsam waren; auch der Anklang an überkommene sowjetartige Zustände mit Massen gelangweilter, alkoholbetäubter Arbeiter – »Wir tun so, als würden wir arbeiten, und sie tun so, als würden sie uns bezahlen.« – sollte eine deutliche Warnung sein, dass dies eine Sackgasse ist.

So bleibt uns die Feststellung, dass dieses Zeitalter vielleicht das erste in der menschlichen Geschichte sein wird, in dem Technologie zu einem Rückgang von Arbeitsplätzen führen und sich die »kreative Zerstörung« durch Technologie und Innovation eher zerstörerisch denn kreativ auswirken wird. Und dennoch gehen wir blind darauf zu, ohne uns auch nur zu fragen, ob wir diese Technologien nicht lieber streng regulieren oder ihnen ganz einen Riegel vorschieben sollten.

Mit Blick auf die gravierendsten gesellschaftlichen Auswirkungen müssen wir uns einigen sehr schwierigen Fragen stellen. Eine davon lautet: Können wir eine Technologie ablehnen? Muss der Vormarsch von Technologie immer unaufhaltsam sein? Was ist, wenn wir feststellen, dass eine bestimmte Technologie eine Gefahr für die menschliche Gesellschaft darstellt? Schließlich haben wir auch entschieden, dass atomare und chemische Waffen eine solche Bedrohung sind, weshalb sie unter strengster Beobachtung stehen. Ähnlich steht es um das genetische Klonen, das als Gefahr für die menschliche Spezies eingeschätzt wird und eine umsichtige Regulierung erfordert. Oder wie ist es mit Steroiden im Sport? Eine Biotechnologie, die inzwischen allgegenwärtig ist: vom Profi-Baseball und -Football in den USA bis zur Tour de France. Wir behalten Dinge genau im Blick, erlassen Vorschriften, und manchmal verbannen wir sogar bestimmte Technologien, die Risiken und Bedrohungen darstellen.

Was aber, wenn es sich um eine Technologie handelt, die Arbeitsplätze vernichtet, der Qualitätsverringerung von Arbeit Vorschub leistet oder gar Arbeitskräfte in lebensbedrohlicher Weise schädigt? Seinerzeit haben wir zum Beispiel entschieden, dass Sklavenhaltung und Kinderarbeit menschliche Grundwerte verletzen. Oder was ist, wenn wir nicht mit Robotern und Software verschmelzen wollen? Sollten wir nicht eine Wahl haben?

Ich persönlich möchte nicht, dass sich mein Fleisch und mein Blut mit Nanobots, digitalen Clouds, bionischen Körperteilen, virtueller Realität und Algorithmen von nichtmenschlicher Intelligenz mischen – macht mich das zu einem Maschinenstürmer? Oder zu jemandem wie Ted Kaczynski, dem Unabomber? Das kulturelle Glaubensbekenntnis zur inhärenten Tugend der Technik ist so machtvoll, dass offene Zweifel daran jemanden zum Extremisten abstempeln. Aber wer ist hier der tatsächliche Extremist?

Wenn grundlegende Werte miteinander in Konflikt geraten, ist die Gesellschaft in einem existenziellen Dilemma gefangen. Der bekannte Physiker Stephen Hawking, Microsoft-Gründer Bill Gates und Dutzende anderer Wissenschaftler wie auch Firmengründer haben einen offenen Brief unterzeichnet, in dem sie sich besorgt darüber äußern, welchen Weg die künstliche Intelligenz im Zuge der neuen digitalen Technologien einschlägt. Elon Musk, der Gründer von Tesla Motors und SpaceX, hat künstliche Intelligenz die größte Bedrohung des Lebens genannt; in einer Rede am Massachusetts Institute of Technology äußerte er seine inzwischen berühmte Warnung, dass wir »mit künstlicher Intelligenz Dämonen heraufbeschwören«. Und das sind nur einige der weltweit führenden Wissenschaftler und Technologen, die vor der Bedrohung der Menschheit durch von Menschen geschaffene Technologien warnen. Das erinnert an die faszinierende Lithografie von M. C. Escher, auf der sich zwei Hände gegenseitig zeichnen – jedoch mit einem wichtigen Unterschied: dass nämlich in diesem Fall eine der Hände die andere auslöscht.

Ein wichtiges Anliegen dieses Buches ist es, darauf hinzuweisen, dass die transatlantischen Werte erneut grundlegend infrage gestellt werden. Das Vorrücken neuer digitaler Technologien, zu denen nicht nur die künstliche Intelligenz, sondern ebenso Web- und App-basierte Jobplattformen, smarte Maschinen, Robotik, Biotechnologie, Virtual/Augmented Reality, 3-D-Druck, die Cloud beziehungsweise Big Data und andere Entwicklungen gehören, stellt uns unterschiedliche Versionen der Zukunft bereit – einige sind aufgeklärt und fortschrittlich, andere dunkel und voll unheilvoller Bedrohung. Wer wird profitieren von der unkontrolliert voranschreitenden Überlegenheit der neuen Technologien? Das ist eine der offenen Fragen unserer Zeit.

Ver.di, die zweitgrößte deutsche Gewerkschaft mit mehr als zwei Millionen Mitgliedern, hat sich dieses existenziellen Dilemmas angenommen. Michael Fischer, Ver.di-Bereichsleiter Politik und Planung, sagt: »Den Prozess der Digitalisierung humaner und sozial akzeptabler zu machen bedeutet auch, Grenzen zu ziehen – nicht alles, das digitalisiert werden kann, muss auch digitalisiert werden.« Zusätzlich, so Fischer, sollten nicht alle Aufgaben, die Roboter übernehmen können, ihnen auch tatsächlich überlassen werden. »Und auf keinen Fall sollten alle Entscheidungen, die theoretisch an Algorithmen delegiert werden können, der Verantwortung der Menschen entzogen werden.«

Das ist ein derart vernünftiger Standpunkt, dass man denken sollte, dagegen ließe sich unmöglich etwas sagen. Warum sollte eine Gesellschaft etwas vorantreiben, das droht, viele Menschen zu schädigen oder mehr Jobs zu zerstören, als es schafft? Sind unsere politischen Systeme imstande, kollektiv die Entscheidung zu fällen, Algorithmen, Robotik oder andere schädliche Technologien zu stoppen? Oder können wir wenigstens einen vernünftigen Evaluationsprozess entwickeln, der neue Technologien anhand einer zuvor erarbeiteten Liste sensibler Punkte auf ihre möglichen gesellschaftlichen Auswirkungen hin untersucht?

Ver.di plädiert dafür, unabhängige externe Experten hinzuzuziehen, bevor neue Technologien, Software und Verfahren eingeführt werden, die das Potenzial haben, die Qualität und die Quantität von Arbeitsplätzen zu beeinflussen. Es ist gesetzlich festgelegt, dass Betriebsräte vor der Anschaffung neuer Technologien, Maschinen oder Ähnlichem informiert werden müssen und dass sie sogar ein Mitbestimmungsrecht haben, wenn die Anschaffung die Arbeitsprozesse gravierend verändert. Doch in vielen Fällen haben die Betriebsräte nicht die Expertise oder nicht genügend Information, um die neueste Technologie beurteilen zu können, noch haben sie die finanziellen Ressourcen oder einen eindeutigen rechtlichen Rahmen, um externe Experten anzuheuern, die helfen könnten, Wege zu erarbeiten, wie eine bestimmte Technologie modifiziert werden sollte, um den Bedürfnissen der Erwerbstätigen zu entsprechen.

Annette Mühlberg, Ver.dis Ansprechpartnerin für digitale Arbeit, Netzpolitik und E-Government, sagt: »Das Interesse des Nutzers – und in Unternehmen sind dies Arbeiter und Angestellte – sollte im Vordergrund stehen bei der Entwicklung von Technologie. Jede Beurteilung sollte, wenn sie korrekt ausgeführt wird, helfen, die Technologie zu *verbessern*, um das Wohl der Arbeitnehmer und Nutzer zu steigern.« Wenn neue Software eingeführt werde, müssten Betriebsräte und ihre Experten imstande sein zu verstehen, wie sie funktioniert und was sie bewirkt, so Annette Mühlberg. Deshalb fordert Ver.di die Transparenz von Algorithmen oder zumindest die Offenlegung der Kriterien, anhand derer die Software entwickelt wurde.

Eine sogenannte Technikfolgenabschätzung (auch: Technologiefolgenabschätzung) ist sehr sinnvoll. Die Frage ist: Werden wir die Technologie oder wird sie uns beherrschen? Werden Algorithmen, Automation und Roboter tatsächlich eingesetzt werden, um das Wohl der Arbeitnehmer zu steigern und uns den Alltag zu erleichtern – oder entwickeln sich diese Technologien, einschließlich der Kundenbewertungssysteme und der Instrumente zur Arbeitsplatzüberwachung, zu unseren digitalen Aufsehern? Jede Technologie hat Vor- und Nachteile, warum sich also nicht über diese klar werden, bevor man die Technologie einführt? Warum blind darauf vertrauen, dass sich schon alles von allein zum Besten entwickeln wird? Warum kein »Vorsorgeprinzip« für Technologien?

Ein Vorsorgeprinzip würde ein Risikomanagement ermöglichen, das sozusagen das Äquivalent des digitalen Zeitalters zum 2400 Jahre alten hippokratischen Eid der Mediziner darstellt. In dessen Zentrum steht: »Primum non nocere« (»vor allem nicht schaden«). Ein solches Prinzip anerkennt, dass bei einem Produkt oder einer Verfahrensweise, das beziehungsweise die das Potenzial hat, der Öffentlichkeit zu schaden, es in der Verantwortung des Herstellers oder des Urhebers liegt, die Nützlichkeit zu beweisen. Darin ist impliziert, dass es eine soziale Verantwortlichkeit zum Schutz der Öffentlichkeit vor schädigenden Auswirkungen gibt und dass Schutzmaßnahmen nur aufgehoben werden können, wenn wissenschaftlich erwiesen ist, dass keine solche Gefahr besteht.

Technologiebefürworter opponieren gegen so ein Vorgehen. Sie halten mit Leidenschaft an der Überzeugung fest, dass Technologie immer einen Nutzen für die Gesellschaft darstellt und dass wir technologischen Fortschritt nicht aufhalten können. Ihrer Meinung nach verdient Technologie immer einen Vertrauensbonus, umständliche Vorsichtsmaßnahmen oder staatliche Interventionen seien deshalb nicht notwendig. Die Aussicht auf medizinische Durchbrüche, höhere Energieeffizienz, selbst fahrende Fahrzeuge und verblüffende Kommunikations- und Unterhaltungsmöglichkeiten verspricht sicherlich eine Zukunft, die so Ehrfurcht gebietend wie verwirrend ist.

Doch das zentrale Dilemma dieser »schönen neuen Welt« kann in einem einfachen Gedankenexperiment deutlich gemacht werden: Was, wenn Automation, smarte Maschinen und Roboter jeden existierenden Job übernehmen, sodass kein Mensch jemals wieder arbeiten muss? Wer würde von diesem unvorstellbaren Produktivitätsanstieg profitieren? Würden die Gewinne der Gesellschaft zugutekommen? Oder würden sie in die Taschen einer Handvoll Mächtiger fließen – der Entwickler, Investoren und Manager dieser Technologien?

Niemand kann in die Zukunft blicken, aber wir wissen dies: Während der letzten zwanzig Jahre wurde die Wirtschaft in Deutschland, den USA und praktisch in allen Industrienationen so umstrukturiert, dass von den Wertzuwächsen aus höherer Produktivität und neuer Technologie eine ständig kleiner werdende Minderheit von reichen Menschen profitiert. Das ist nicht überall mit der gleichen Geschwindigkeit vonstattengegangen, aber die Unterschiede sind nur graduell.

Die USA sind stärker betroffen als Deutschland, Deutschland wiederum stärker als Dänemark oder Schweden. Jedenfalls zeigt die jüngste Wirtschaftsgeschichte allzu eindringlich, dass sich die breite Mehrheit nicht darauf verlassen kann, ein Stück vom Kuchen abzubekommen. Ganz im Gegenteil. Bestenfalls können wir sagen, dass die digitale Ökonomie und ein Start-up-Ökosystem, das auf den Werten des Silicon Valley beruht, es bis jetzt nicht geschafft haben, die beunruhigende Geschossbahn der neuen Technologien zu beeinflussen. Im schlimmsten Fall würde sich herausstellen, dass das Silicon Valley und die Start-up-Welt zu den *Gründen* für die Talfahrt gehören. Blindes Vertrauen in Technologie ist keine Strategie – es ist eine Aufkündigung der Verantwortung gegenüber der Zukunft.

Es gibt weitere schwierige Fragen: Kann der gegenwärtige Wohlstand auf beiden Seiten des Atlantiks bewahrt werden, wenn die Arbeitgeber-Arbeitnehmer-Beziehung, auf der unsere Wirtschaftssysteme beruhen, in zunehmendem Maß brüchig und einseitig werden? Benötigt Prosperität im 21. Jahrhundert eine »Gleichheit der Beschäftigungsverhältnisse«, in der jeder Job über ein grundlegendes Sicherheitsnetz und Arbeitsschutz verfügt? Können wir einen Weg erarbeiten, wie Arbeitskräfte wieder wertgeschätzt werden und wie der Sinn der gleichberechtigten Partnerschaft von Arbeitgebern und Arbeitnehmern wiederentdeckt wird? Braucht eine lebenswerte Zukunft Abkommen zur Mitbestimmung, die für alle Spieler auf der Wirtschaftsbühne verbindlich sind?

Diese Fragen sind keineswegs neu. 1962 kombinierte US-Präsident John F. Kennedy eloquent das richtige Maß an Idealismus und Pragmatismus in einer Rede, die er an meiner Alma Mater, der Yale University, hielt. Kennedy fasste die wirtschaftlichen Dilemmata seiner Generation so grundlegend zusammen, dass sie auch auf unsere Gegenwart zutreffen.

»Wie beseitigen wir die Barrieren«, fragte Präsident Kennedy, »die beträchtlichen Minderheiten unserer Gesellschaft den gleichberechtigten Zugang zu Bildung und Arbeit verweigern? Wie können wir die Vorteile der Wunder der Automation nutzen, die hoch qualifizierte Arbeit in großem Umfang erfordert, und doch die vielen ungelernten Schulabbrecher, die jedes Jahr auf den Arbeitsmarkt strömen, mit Arbeitsplätzen versorgen? Wie können wir, mit einem Wort, unsere freie Wirtschaft dazu bringen, mit voller Kraft zu arbeiten – sodass angemessene Gewinne für Unternehmen, angemessene Entlohnung von Arbeit und Aufstiegschancen für alle möglich sind?«[3]

Angemessene Gewinne, angemessene Entlohnung, Aufstiegschancen für alle. Diese heilige Dreieinigkeit ist immer noch relevant. In der gleichen Rede benannte Kennedy die gesellschaftlichen Leitwerte, die auch bei den heutigen Herausforderungen Orientierung bieten, und wies die Ideologie eines radikalen Pragmatismus zurück:

»Es geht«, so Kennedy, »bei unseren wirtschaftspolitischen Entscheidungen heutzutage nicht um eine Schlacht zwischen rivalisierenden Ideologien [...], sondern um das praktische Managen der modernen Wirtschaft. Was wir brauchen, sind keine Etiketten und Klischees, sondern die grundlegende Auseinandersetzung mit den komplexen und technischen Fragen, wie eine große Wirtschaftsmaschinerie am Laufen gehalten werden kann.«

Kennedy hielt diese Rede fast genau ein Jahr vor seinem Bekenntnis »Ich bin ein Berliner« vor dem Rathaus Schöneberg in Westberlin. Seine Zeitgenossen Konrad Adenauer und Ludwig Erhard orientierten sich an den gleichen Prinzipien wie Kennedy, und ermöglichten so das »Wirtschaftswunder«. Seitdem haben sich die deutschen Kanzler von Willy Brandt bis Angela Merkel, egal welcher Partei sie angehörten, von diesen Werten und von diesen wirtschaftlichen Zielsetzungen leiten lassen. Die transatlantische Allianz war immer am besten, wenn sie sich für eine dynamische Wirtschaft und ein lebendiges Unternehmertum sowie für eine ehrliche, gerechte und soziale Behandlung der Erwerbstätigen einsetzte. Alles wurde im Gleichgewicht gehalten von der »sichtbaren Hand« des Staates und indem die unterschiedlichen Interessenvertreter gleichberechtigt an einem Tisch saßen. Das ist die Herausforderung, die Deutschland und die Europäische Union ebenso wie die USA heute meistern müssen. Es gibt keine vorgefertigte Blaupause für den Erfolg, jede Generation muss ihr Bekenntnis, ihre Ideale, ihre Handlungsrichtlinien und ihre Institutionen neu aushandeln. Deutschland und Amerika haben eine bewegte gemeinsame Geschichte und ein miteinander verknüpftes Schicksal. Wir stehen am Beginn einer jahrzehntelangen Reise, um der Welt wieder die richtige Richtung zu weisen. Die Zukunft entsteht, während wir an ihr arbeiten.

Deutschlands »amerikanischer Traum«?
Oder ein deutscher Traum?

Sowohl Deutschland als auch die USA brauchen eine große und inspirierende Vision, in der Arbeitnehmer und Arbeitgeber im partnerschaftlichen Gespräch ihre gemeinsamen Interessen in einer globalisierten Wirtschaft formulieren. Deutschland hat sich aus der Asche des Zweiten Weltkriegs erhoben und ist heute in vielerlei Hinsicht ein Leuchtturm für die Welt. Die Menschen in Deutschland haben eine bemerkenswerte Volkswirtschaft hervorgebracht, die wie nur wenige der Geschichte den Menschen in den Mittelpunkt stellt. Sie beruht auf einem sozialen Kapitalismus mit humanem Gesicht, der gelernt hat, die rohe Kraft eines großen Wohlstandsmotors einzuspannen für eine von allen geteilte Prosperität.[4] Deutschland hat sich zu einem produzierenden und exportie-

renden Wirtschaftszentrum entwickelt, seine Produkte sind
in aller Welt von Geschäftskunden wie von Verbrauchern gefragt. Anders als viele Amerikaner akzeptieren Deutsche, dass
der Staat eine aktive Rolle einnimmt, und sie heißen dieses
Konzept eines eingreifenden Staates auch weiterhin gut. Mehr
als die USA bietet Deutschland Familien und Erwerbstätigen
wirkliche Unterstützung, die auf einem gewissen Grad wirtschaftlicher Demokratie beruht, was sich in betrieblicher
Mitbestimmung, gewählten Arbeitnehmervertretern im Vor-
stand und im Betriebsrat, staatlicher Unterstützung bei Kurzarbeit, Berufsausbildung, aber auch in Einrichtungen wie der
Künstlersozialkasse und anderem mehr zeigt. Und es gibt
weitere Innovationen. Das heutige Deutschland basiert auf
einer Anzahl äußerst beeindruckender pluralistischer politischer Institutionen, einschließlich einer lebendigen Mehrpar-
teiendemokratie, einem Verhältniswahlsystem, staatlicher Finanzierung von Wahlkämpfen, freier Medienzeit für politische Parteien, automatischer Wählerregistrierung, Kinder- und
Jugendparlamenten und anderen bemerkenswerten Einrichtungen.

Im Hinblick auf die Geschichte der humanen Staatsfüh-
rung sind diese Institutionen und Praktiken außerordentlich
innovativ – auf ihre Art weit mehr als alles, was Facebook,
Google oder Apple je geschaffen haben. Ich bin manchmal
ganz erschüttert, wie sehr Deutsche ihre großartigen Institutionen als selbstverständlich hinnehmen, besonders die jüngeren Generationen. Zusammen bilden die politischen und
wirtschaftlichen Institutionen den Dreh- und Angelpunkt
einer bewundernswerten sozialen Demokratie. Kurz gesagt:
Deutschland ist eine Supermacht geworden, ob es diese Rolle
nun angestrebt hat oder nicht. Eine Supermacht zu sein bedeutet, sowohl groß als auch fähig zu sein, etwas auf der Welt-
bühne zu bewegen wie auch bei der Lösung globaler Probleme mit anzupacken. Und es bedeutet, aufregend und attraktiv

genug zu sein, um die Welt mitzureißen, eine Anziehungskraft zu haben, die auf Bewunderer wie Flüchtlinge aus der ganzen Welt gleichermaßen wirkt, es bedeutet, etwas zu verheißen – nennen wir es ruhig den »deutschen Traum«. Deutschland erfüllt die Kriterien einer Supermacht in diesen und in vielen anderen Hinsichten.

Gewiss, Deutschland muss mit einer ganzen Reihe gewaltiger Probleme zurechtkommen – aber das ist nun mal das, was eine Supermacht macht. Sie bewältigt eine Krise nach der anderen, Jahr für Jahr, innenpolitisch wie auf dem internationalen Parkett. Eine Supermacht deckt per Definition einen großen Teil der Welt ab, in dem immer neue Probleme entstehen und der immer wieder auseinanderzufallen droht. Eine Supermacht zu sein ist nicht immer super, und es ist nichts für Zaghafte. Viele Deutsche sind hochgradig selbstkritisch und starren wie gebannt auf ihre nationalen Schwächen (und auf die der Europäischen Union). Aber im Vergleich zu den Problemen, mit denen sich andere Supermächte wie die USA oder China herumplagen, steht Deutschland gar nicht so schlecht da.

Es gibt einige entscheidende Herausforderungen, die Deutschlands Zukunft verdunkeln könnten. Deshalb ist es hilfreich, sich daran zu erinnern, dass Deutschland vor gar nicht allzu langer Zeit der »kranke Mann von Europa« genannt wurde. Keine Frage, Deutschlands Einfluss und Reichweite hat Grenzen. Der Sparkurs, den Deutschland der Eurozone nach der Weltwirtschaftskrise 2008 verordnet hat, führte beinahe in eine austeritätspolitische Sackgasse. Besonders Griechenland war gezwungen, einen hohen Preis zu zahlen. Russisches Abenteurertum in der Ukraine, ein Strom an Flüchtlingen und nun das Ausscheiden Großbritanniens aus der EU haben die bestehenden europäischen Spannungen und Verwerfungslinien zwischen Nord-Süd und Ost-West deutlich gemacht. Existenzielle Themen wie das Ausmaß an europäischem Föderalismus und die Währungsunion werden immer wieder alte Wunden aufreißen, weil es an stärkerer institutioneller Zusammenarbeit in der Eurozone mangelt. Eine deutsche Führungsrolle in der Mitte Europas wird in Zukunft noch mächtig auf die Probe gestellt werden.

Werden die Entscheidungsträger und die Arbeitsmarktexperten angesichts der neuen Herausforderungen durch das bevorstehende digitale Zeitalter zu lange warten, um die richtigen Strategien zu entwerfen? Werden sie zögern und zaudern, oder schüchterne Interventionen wagen, bis die Auswirkungen der digitalen Wirtschaft so ausgeprägt sind, dass es zu spät ist, um ausgewogene politische Maßnahmen zu ergreifen? Deutschland sollte sich diesen Moment des Interregnums zunutze machen, um vorzustoßen und den unsicheren Boden, auf dem Arbeitskräfte mit prekären Beschäftigungsverhältnissen, Solo-Selbstständige, Miniunternehmer, Minijobber, Freiberufler, Leiharbeiter und Menschen mit Werkverträgen sowie jede andere Art von Erwerbstätigen stehen, ein für alle Mal zu festigen. Dies in Angriff zu nehmen ist richtig, ist gerecht wie auch preußisch-pragmatisch, sowohl als Selbstzweck als auch, um dem weiteren Verlust guter Vollzeitjobs entgegenzuwirken.

Die Welt braucht eine inspirierende und effektive Führung, die auf den richtigen Prinzipien und Werten basiert, um auf die großen Fragen unserer Zeit zu reagieren. Die USA ringen mit sich und haben Probleme, ihren Weg zu finden, ein Ende ist nicht in Sicht (zumindest nicht in den nächsten vier Jahren). Wenn Deutschland nicht die Führung übernimmt, wer dann? Wie Voltaire schon sagte: »Jeder Mensch ist schuldig für all das Gute, das er nicht tat.«

Im Jahr 2100 – das nicht weiter in der Zukunft liegt als die Weltwirtschaftskrise der 1930er-Jahre und die Naziherrschaft in der Vergangenheit – wird die Welt sehr viel anders aussehen als heute. Wir müssen uns zwischen zahlreichen Weggabelungen entscheiden, die alle zu weiteren Gabelungen führen. Eine neue Version von Deutschlands sozialem Kapitalismus, der für das digitale Zeitalter modernisiert wurde, könnte ein solides Fundament für die Zukunft bilden und aus Deutschland eine globale Supermacht machen, die sich dafür einsetzt, dass eine mehr und mehr technologiegetriebene Wirtschaft nicht die Kluft zwischen ungleichen Jobs weiter aufreißt, die Solidarität untergräbt und die Gesellschaft gefährdet. Der Bundesadler setzt zum Flug an. Aber damit das möglich ist, müssen Deutschlands Entscheider den nächsten Schritt wagen: die Käfigtür öffnen, damit er aufsteigen kann.

Dank

Dieses Buch zu schreiben und meine Beobachtungen und Erkenntnisse über die Zukunft der Arbeit und die digitale Technologie deutschen Lesern zu unterbreiten – den Menschen eines Landes, das ich sehr verehre – war eine große Freude und ein Privileg. Nichts davon wäre möglich gewesen ohne die American Academy in Berlin, deren Stipendiat ich 2016 für fünf Monate sein durfte, was mir die Möglichkeit verschuf, viele großartige und engagierte Menschen zu treffen und viele anregende Gespräche zu führen, die meine große Neugier befriedigten.

Allen voran möchte ich mich bei Gerhard Casper, dem Präsidenten der American Academy, und bei Christian Diehl für die Führung dieser wunderbaren Institution bedanken. Und ein Dankeschön an R. Jay Magill, Helga Beck und Rüdiger Jürgensen vom Medienteam der Academy für aufmerksame Kommentare und für die Hilfe mit Medienkontakten und Übersetzungen. Berge an Dankbarkeit gehen an Ashley Bamford, eine grandios multitaskingfähige Gal Friday und Detective Joe Friday in einer Person, die mir half, wichtige Kontakte aufzustöbern, und immer dafür sorgte, dass ich die richtigen Orte zur richtigen Zeit erreichte. Vielen Dank ebenso an Ashleys bemerkenswerte Kolleginnen Lena Ringleb und Jessica Biehle wie auch an Simone Donecker, Tine Mitzlaff, John-Thomas Eltringham, Carol Scherer, Johanna Gallup und Joachim Feske. Genauso möchte ich Berit Ebert, Caitlin Hahn und Anika Kettelhake für die Organisation von diversen Vorträgen danken. Stefan von Holtzbrinck möchte ich dafür danken, dass er mir es ermöglichte, im Frühjahr 2016 Holtzbrinck Fellow zu sein. Jeder in der Academy war außerordentlich hilfsbereit und freundlich, so humorvoll und freundschaftlich, dass ich niemals unsere transatlantische Verbindung vergessen werde.

Außerdem möchte ich den vielen Organisationen und ihren Leitern und Mitarbeitern danken, die mir die Möglichkeit gaben, Vorträge zu halten, die immer wieder zu anregendem Austausch führten und mir halfen, meine Ideen einem wechselnden Publikum zu präsentieren und unschätzbar wertvolle Rückmeldungen zu erhalten. Dazu gehören die Friedrich-Ebert-Stiftung (danke, Jörg Bergstermann), das Progressive Zentrum (Dominic Schwickert), White & Case (Markus Hauptmann), die Hans-Böckler-Stiftung (Andrew Watt), das Bucerius Lab der ZEIT-Stiftung (Daniel Opper), Ver.di (Annette Mühlberg und Michael Fischer), die Verlagsgruppe Holtzbrinck, die re:publica, die Stiftung Neue Verantwortung (Stefan Heumann), das Hasso-Plattner-Institut (Uli Weinberg), die Hannover Messe, das Heidelberg Center for American Studies der Universität Heidelberg (Detlef Junker, Martin Thunert, Tobias Endler und Wilfried Mausbach), das Deutsch-Amerikanische Institut Heidelberg (Jakob Koellhofer), die Fachhochschule Südwestfalen (Martin Botteck), der Future Internet Kongress, das Literaturhaus Stuttgart, das Museum The Kennedys (Berlin), das Telefónica Basecamp (Berlin) und weitere.

Besonderer Dank geht an Max Neufeind, der mir mit Kollegialität, Hilfe und Einsichten unterstützend zur Seite stand, und Christiane Benner, die mich ermutigte, ebenso wie an Anke Hassel, Bernd Ulrich, Rüdiger Scheidges, Trebor Scholz, Stephan Richter, Henning Meyer, Paul Nellen, Lars Gaede, Thomas Fischer, Kai Lindemann, Holger Bonin und Norbert Kluge. Große Dankbarkeit gebührt meinem Freund Jason Kirkpatrick für seine Gastfreundlichkeit und Hilfe während meines Berlinaufenthalts.

Ebenso danke ich Jürgen Bolz, meinem Lektor bei Droemer Knaur, und Kirsten Reimers für ihre Übersetzung. Und natürlich danke ich Stefan von Holtzbrinck, dass er es mir ermöglichte, dieses Buch zu schreiben und einem deutschen Publikum meine Vision der Zukunft zu unterbreiten – die grundlegend positiv ist.

Wie immer danke ich ganz herzlich meiner Frau Lucy Colvin, nicht nur für ihre Liebe und Unterstützung, sondern auch dafür, dass sie einen Teil meiner Zeit in Berlin mit mir verbracht hat. Ein weiteres Abenteuer, ein weiterer Korb voller wunderbarer Erinnerungen.

Vielen Dank allen miteinander. Eure Freundschaft, eure Erkenntnisse, die Kollegialität, der Scharfsinn und tausend Freundlichkeiten machten dieses Buch möglich. Vielen Dank!

Ausgewählte Literatur

Bücher

Beise, Marc/Schäfer, Ulrich, *Deutschland digital. Unsere Antwort auf das Silicon Valley*, Frankfurt/New York: Campus 2016

Botsman, Rachel/Rogers, Roo, *What's Mine Is Yours: The Rise of Collaborative Consumption*, New York: HarperCollins 2010

Brynjolfsson, Erik/McAfee, Andrew, *The second machine age. Wie die nächste industrielle Revolution unserer aller Leben verändern wird*, Kulmbach: Plassen 2014

Eberl, Ulrich, *Smarte Maschinen. Wie Künstliche Intelligenz unser Leben verändert*, München: Carl Hanser 2016

Ford, Martin, *Aufstieg der Roboter. Wie unsere Arbeitswelt gerade auf den Kopf gestellt wird – und wie wir darauf reagieren müssen*, Kulmbach: Plassen 2016

Herger, Mario, *Das Silicon-Valley-Mindset. Was wir vom Innovationsweltmeister lernen und mit unseren Stärken verbinden können*, Kulmbach: Plassen 2016

Hill, Steven, *Raw Deal: How the »Uber Economy« and Runaway Capitalism Are Screwing American Workers*, New York: St. Martin's Press 2015

Hill, Steven, *Europe's Promise: Why the European Way is the Best Hope in an Insecure Age*, Berkeley: University of California Press 2010

Keese, Christoph, *Silicon Germany. Wie wir die digitale Transformation schaffen*, München: Albrecht Knaus 2016

Kollmann, Tobias/Schmidt, Holger, *Deutschland 4.0. Wie die Digitale Transformation gelingt*, Wiesbaden: Springer Gabler 2016

Kurzweil, Ray, *Die Intelligenz der Evolution. Wenn Mensch und Computer verschmelzen*, Köln: Kiepenheuer & Witsch 2016

Meyer, Jens-Uwe, *Digitale Disruption. Die nächste Stufe der Innovation*, Göttingen: Business Village 2016

Morozov, Evgeny, *Smarte neue Welt. Digitale Technik und die Freiheit des Menschen*, München: Blessing 2013

Piketty, Thomas, *Das Kapital im 21. Jahrhundert*, München: C. H. Beck 2014

Pontusson, Jonas, *Inequality and Prosperity: Social Europe vs. Liberal America*, Ithaca, NY, and London: Cornell University Press, 2005

Rifkin, Jeremy, *Die Null-Grenzkosten-Gesellschaft. Das Internet der Dinge, kollaboratives Gemeingut und der Rückzug des Kapitalismus*, Frankfurt/New York: Campus 2014

Ross, Alec, *Die Wirtschaftswelt der Zukunft. Wie Fortschritt unser komplettes Leben umkrempeln wird*, Kulmbach: Plassen 2016

Schmidt, Eric/Cohen, Jared, *Die Vernetzung der Welt. Ein Blick in unsere Zukunft*, Reinbek bei Hamburg: Rowohlt 2013

Scholz, Trebor/Schneider, Nathan (Hg.), *Ours to Hack and to Own: The Rise of Platform Cooperativism, a New Vision for the Future of Work*, New York/London: OR Books 2016

Schwab, Klaus, *Die Vierte Industrielle Revolution.* München: Pantheon 2016

Stiglitz, Joseph, *Der Preis der Ungleichheit. Wie die Spaltung der Gesellschaft unsere Zukunft bedroht*, München: Siedler 2012

Thiel, Peter/Masters, Blake, *Zero to one. Wie Innovation unsere Gesellschaft rettet*, Frankfurt/New York: Campus 2014

Tuck, Jay, *Evolution ohne uns. Wird künstliche Intelligenz uns töten?*, Kulmbach: Plassen 2016

von Randow, Gero: *Der Cyborg und das Krokodil: Technik kann auch glücklich machen*, Körber-Stiftung 2016

Weil, David, *The Fissured Workplace: Why Work Became So Bad for So Many and What Can Be Done to Improve It*, Cambridge, MA: Harvard University Press 2014

Forschungsberichte und Ähnliches

Bussemer, Thymian/Krell, Christian/Meyer, Henning, »Social Democratic Values in the Digital Society: Challenges of the Fourth Industrial Revolution«, *Social Europe*, Nr. 10, Januar 2016, https://www.socialeurope.eu/wp-content/uploads/2016/01/OccPap10.pdf

Conen, Wieteke/Schippers, Joop/Schulze Buschoff, Karin, »Self-Employed without Personnel between Freedom and Insecurity«, *WSI Study*, Nr. 5, August 2016, http://www.boeckler.de/pdf/p_wsi_studies_5_2016.pdf

De Groen, Willem Pieter/Maselli, Ilaria/Fabo, Brian, »The Digital Market for Local Services: A one-night stand for workers?«, European Commission, Februar 2016

Degryse, Christophe, »Digitalization of the economy and its impact on labour markets«. European Trade Union Institute, Working Paper 2016.02, Februar 2016, http://www.etui.org/Publications2/Working-Papers/Digitalisation-of-the-economy-and-its-impact-on-labour-markets

Eichhorst, Werner/Tobsch, Verena, »How big is the Gig? Preliminary evidence from Germany and Europe«, Institute for the Study of Labor, PowerPoint-Präsentation, OECD Paris, September 2016, https://www.oecd.org/els/emp/OECD-ELS-Seminar-Eichhorst-Tobsch.pdf

Eurofound, *Sixth European Working Conditions Survey – Overview report,* Publications Office of the European Union, Luxembourg, 2015, https://www.eurofound.europa.eu/de/surveys/european-working-conditions-surveys/sixth-european-working-conditions-survey-2015

Gassel, Steffen, »Die Idee dahinter ist gut, aber …« Interview mit Steven Hill, *Stern,* 1. September 2016, S. 36

Hill, Steven, *Die kalifornische Herausforderung. Wie disruptive Geschäftsmodelle (nicht) zu regulieren sind.* Berlin: Friedrich-Ebert-Stiftung, Oktober 2016, http://library.fes.de/pdf-files/id-moe/12906.pdf

Klebe, Thomas, »Croudwork: Faire Arbeit im Netz?«, *Arbeit und Recht* 7/2016, S. 277–281

McKinsey Global Institute, »Independent Work: Choice, Necessity, and the Gig Economy«. San Francisco: 2016

Schulze Buschoff, Karin, »›Atypical Employment‹ is Becoming a Norm, but have Pension Systems Responded Yet?«, Friedrich-Ebert-Stiftung, September 2015, http://library.fes.de/pdf-files/id-moe/11614-201510 19.pdf

Anmerkungen

Einleitung
»Willkommen am Flughafen Tegel, die Ortszeit ist …«

1 Marc Andreessen, »Why Software Is Eating The World«, *Wall Street Journal*, 20. August 2011, http://www.wsj.com/articles/SB1000142405 3111903480904576512250915629460
2 FPSRussia, »Quadrotor Drone, with Machine Gun! – Patrolling American Skies«, 10. Januar 2013, https://www.youtube.com/watch?v=-MjG1n9FEDb0
3 McKinsey Global Institute, »Independent Work: Choice, Necessity, and the Gig Economy«, McKinsey and Company, Oktober 2016, S. viii
4 David Weil, *The Fissured Workplace: Why Work Became So Bad for So Many and What Can Be Done to Improve It.* Cambridge, MA: Harvard University Press, 2014

1
Zurück in die Zukunft: die Freelance-Gesellschaft
US-amerikanischer Prägung

1 Lydia DePillis, »This Is What a Job in the U.S.'s New Manufacturing industry Looks Like«, *Washington Post*, 9. März 2014, http://www.washingtonpost.com/blogs/wonkblog/wp/2014/03/09/this-is-what-a-job-in-the-u-s-new-manufacturing-industry-looks-like/
2 Steven Greenhouse, »U.S. Cracks Down on ›Contractors‹ as a Tax Dodge«, *New York Times*, 17. Februar 2010, http://www.nytimes.com/2010/02/18/business/18workers.html
3 Susan Berfield, »Fast-Food CEOs Make 1,000 Times the Pay of the Average Fast-Food Worker«, *Bloomberg Business*, 22. April 2014, http://www.bloomberg.com/bw/articles/2014-04-22/fast-food-ceos-make-1-000-times-the-average-fast-food-worker; Susan Berfield, »Fast-Food Wages Come With a $7 Billion Side of Public Assistance«, *Bloomberg Business*, 15. Oktober 2013, http://www.bloomberg.com/bw/articles/2013-10-15/mcdonalds-low-wages-come-with-a-7-billion-side-of-welfare

4   Norbert Häring, Jan Mallien, »Germany's Deep Wealth Divide«, *Handelsblatt*, 22. März 2016, https://global.handelsblatt.com/politics/germanys-wide-rich-poor-gap-477017

5   Drew DeSilver, »U.S. Income Inequality, on Rise for Decades, Is Now Highest since 1928«, *Fact Tank: News in the Numbers*, 5. Dezember 2013, http://www.pewresearch.org/fact-tank/2013/12/05/u-s-income-inequality-on-rise-for-decades-is-now-highest-since-1928/

6   Emmanuel Saez, Gabriel Zucman, »Wealth Inequality in the United States since 2013: Evidence from Capitalized Income Tax Data«, NBER Working Paper Series: Working Paper 20625, Oktober 2014, http://www.gabriel-zucman.eu/files/SaezZucman2014.pdf

7   Floyd Norris, »Corporate Profits Grow and Wages Slide«, *New York Times*, 4. April 2014, http://www.nytimes.com/2014/04/05/business/economy/corporate-profits-grow-ever-larger-as-slice-of-economy-as-wages-slide.html

8   Rana Foroohar, »The Artful Dodgers: Companies That Flee the U.S. to Avoid Taxes Have Forgotten How They Got So Big in the First Place«, *Time*, 11. September 2014, http://time.com/3326573/the-artful-dodgers/

9   »The Low-Wage Recovery: Industry Employment and Wages Four Years into the Recovery«, National Employment Law Project, April 2014, http://www.nelp.org/content/uploads/2015/03/Low-Wage-Recovery-Industry-Employment-Wages-2014-Report.pdf, S. 2

10 Binyamin Appelbaum, »U.S. Household Income Grew 5.2 Percent in 2015, Breaking Pattern of Stagnation«, *New York Times*, 13. September 2016, http://www.nytimes.com/2016/09/14/business/economy/us-census-household-income-poverty-wealth-2015.html

11 Claire Gordon, »How Employers Can Legally Strip Your Job of Benefits«, AOL Jobs, 27. April 2012, http://jobs.aol.com/articles/2012/04/27/how-employers-can-legally-strip-your-job-of-benefits

12 Rob Wile, »Harvard economist: All net U.S. job growth since 2005 has been in contracting gigs«, *Fusion*, 29. März 2016, http://fusion.net/story/285543/krueger-katz-gig-economy-forthcoming-paper

13 Für die Zusammenfassung verschiedener Studien siehe Steven Hill, »How BIG is the GIG (Economy)?«, *Medium*, 9. September 2015, https://medium.com/the-wtf-economy/how-big-is-the-gig-economy-e674c7986a28#.e0e1xry4q

14 Casey Newton, »Temping Fate: Can TaskRabbit Go from Side Gigs to Real Jobs?«, *The Verge*, 23. Mai 2013, http://www.theverge.com/2013/5/23/4352116/taskrabbit-temp-agency-gig-economy

15 Vgl. z. B. »The Future of Work: There's an App for That«, *The Economist*, 3. Januar 2015, http://www.economist.com/news/briefing/21637355-freelance-workers-available-moments-notice-will-reshape-nature-companies-and

16 Tomio Geron, »Airbnb and the Unstoppable Rise of the Share Economy«, *Forbes*, 11. Februar 2013, http://www.forbes.com/sites/tomiogeron/2013/01/23/airbnb-and-the-unstoppable-rise-of-the-share-economy/

17 Sarah Kessler, »Pixel & Dimed: On (Not) Getting By in the Gig Economy«, *Fast Company*, Mai 2014, http://www.fastcompany.com/3027355/pixel-and-dimed-on-not-getting-by-in-the-gig-economy

18 Jake Blumgart, »The Pain of the Permalancer«, *CityLab*, 5. Dezember 2016, http://www.citylab.com/work/2016/12/the-pain-of-the-permalancer/509495/?utm_source=nl_link2_120516

19 Bambi Francisco Roizen, »Crowdflower Helps You Earn Extra Bucks«, *Vator.tv*, 30. März 2010, Interview mit Lukas Biewald, http://vator.tv/news/2010-03-30-crowdflower-helps-you-earn-extra-bucks. Seine Aussage findet sich bei Minute 5:09 des Videos.

20 Caille Millner, »Cheap Labor Is Part of American Life«, *San Francisco Chronicle*, 13. Dezember 2013, http://www.sfgate.com/living/article/Cheap-labor-is-part-of-American-life-5063133.php

21 Benjamin Snyder, »How Digital Nomads Went From Niche to Normal«, *Backchannel*, Dezember 2015, https://backchannel.com/in-2017-your-coworkers-will-live-everywhere-ae14979b5255#.qb1achsfn

22 Arun Sundararajan, »Trusting the ›Sharing Economy‹ to Regulate Itself«, *New York Times*, 3. März 2014, http://economix.blogs.nytimes.com/2014/03/03/trusting-the-Sharing Economy-to-regulate-itself

23 Farhad Manjoo, »Uber's Business Model Could Change Your Work«, *New York Times*, 28. Januar 2015, http://www.nytimes.com/2015/01/29/technology/personaltech/uber-a-rising-business-model.html

24 Sarah Kessler, »Pixel & Dimed«, Mai 2014

25 Nick Wingfield, »How I Made – Instead of Spent – 26 Cents with a Mobile App«, *New York Times*, 7. Dezember 2014, http://bits.blogs.nytimes.com/2014/12/07/how-i-made-26-cents-with-the-latest-in-Sharing Economy-apps/

26 Evgeny Morozov, »Out of the Clouds«, *The Berlin Journal*, Frühjahr 2015, S. 15

27 Farhad Manjoo, »Uber's Business Model Could Change Your Work«, 28. Januar 2015

28 Sara Horowitz, »How Do We Define True Wealth? (And How Do We

Get There?)«, *Freelancers Union*, Freelancers Broadcasters Network, 11. Januar 2014, https://www.freelancersunion.org/blog/dispatches/2014/01/09/q-juliet-schor/

29   McKinsey Global Institute, »Independent Work: Choice, Necessity, and the Gig Economy«, Oktober 2016, S. 19, S. 32

30   Katherine Peralta, »College Grads Taking Low-Wage Jobs Displace Less Educated«, *Bloomberg*, 12. März 2014, https://www.bloomberg.com/news/articles/2014-03-06/college-grads-taking-low-wage-jobs-displace-less-educated

31   Ruth Simon, Caelainn Barr, »Endangered Species: Young U.S. Entrepreneurs«, *Wall Street Journal*, 2. Januar 2015, http://www.wsj.com/articles/endangered-species-young-u-s-entrepreneurs-1420246116

32   Jonny Gordon-Farleigh, »Nathan Schneider: An Interview«, *Stir. The Magazine for the New Economy*, Ausgabe 14, Sommer 2016, S. 35

2
Start-up-Himmel – oder Start-up-Hölle?

1   Mike Butcher, »Live From Berlin – German Chancellor Angela Merkel Shines Spotlight On Tech Startups«, *Tech Crunch*, 7. März 2013, https://techcrunch.com/2013/03/07/live-from-berlin-german-chancellor-angela-merkel-shines-spotlight-on-tech-startups/; deutsche Fassung der Rede: https://www.bundesregierung.de/ContentArchiv/DE/Archiv17/Reden/2013/03/2013-03-07-merkel-startups.html

2   »The importance of the digital economy«, European Commission, 15. Dezember 2016, https://ec.europa.eu/growth/sectors/digital-economy/importance_en

3   Deborah Gage, »The Venture Capital Secret: 3 Out of 4 Start-Ups Fail«, *Wall Street Journal*, 20. September 2012, http://www.wsj.com/articles/SB10000872396390443720204578004980476429190

4   Liz Gannes, »Instant Replay: The Second Coming of On-Demand Delivery«, *Re/Code*, 7. August 2014, http://recode.net/2014/08/07/instant-replay-the-second-coming-of-on-demand-delivery/

5   Erin Griffin, »Why startups fail, according to their founders«, *Fortune*, 25. September 2014, http://fortune.com/2014/09/25/why-startups-fail-according-to-their-founders/

6   Kate Vershov Downing, »Letter of Resignation from the Palo Alto Planning and Transportation Commission«, *Medium*, 9. August 2016,

https://shift.newco.co/letter-of-resignation-from-the-palo-alto-planning-and-transportation-commission-f7b6facd94f5#.hkzxazigt

7 Aaron Smith, Janna Anderson, »AI, Robotics, and the Future of Jobs«, *Pew Research Center Report*, 6. August 2014, http://www.pewinternet.org/2014/08/06/future-of-jobs

8 Erik Brynjolfsson, Andrew McAfee, *The Second Machine Age: Work, Progress, and Prosperity in a Time of Brilliant Technologies*, New York: W.W. Norton, 2014

9 Aaron Smith, Janna Anderson, »AI, Robotics, and the Future of Jobs«, 6. August 2014

10 Oxford Martin School, »NEWS RELEASE: Oxford Martin School Study Shows Nearly Half of US Jobs Could Be at Risk of Computerisation«, 18. September 2013, http://www.futuretech.ox.ac.uk/newsrelease-oxford-martin-school-study-shows-nearly-half-us-jobs-could-be-risk-computerisation

11 Andy Mukherjee, »Robots May Spell ›Control-Alt-Delete‹ for Workers«, Reuters, 23. Oktober 2014, http://blogs.reuters.com/breakingviews/2014/10/23/robots-may-spell-control-alt-delete-for-workers/

12 Michael Chui, James Manyika, Mehdi Miremadi, »Where machines could replace humans – and where they can't (yet)«, *McKinsey quarterly*, Juli 2016, http://www.mckinsey.com/business-functions/digital-mckinsey/our-insights/where-machines-could-replace-humans-and-where-they-cant-yet

13 Farhad Manjoo, »Will Robots Steal Your Job? You're Highly Educated. You Make a Lot of Money. You Should Still Be Afraid«, *Slate*, 26. September 2011, http://www.slate.com/articles/technology/robot_invasion/2011/09/will_robots_steal_your_job.html

14 Mitch Strohm, »6 firms that are testing driverless cars«, *Bankrate*, Folien Nr. 6 und 7, 18. Juni 2015, http://www.bankrate.com/auto/6-firms-that-are-testing-driverless-cars/#slide=6

15 Sue Halpern, »How Robots and Algorithms Are Taking Over«, *New York Review of Books*, 2. April 2015, http://www.nybooks.com/articles/archives/2015/apr/02/how-robots-algorithms-are-taking-over

16 Robert Atkinson, »Renaissance in American Manufacturing? Not So Fast«, *Globalist*, 2. Februar 2015, http://www.theglobalist.com/renaissance-in-american-manufacturing-not-so-fast/

17 Edward Luce, »Obama Must Face the Rise of the Robots«, *Financial Times*, 3. Februar 2013, http://www.ft.com/intl/cms/s/0/f6f19228-6bbc-11e2-a17d-00144feab49a.html

18 Nouriel Roubini, »Will You Find Work once the Robot Revolution

Hits?«, *MarketWatch*, 6. Januar 2015, http://www.marketwatch.com/story/will-you-find-work-once-the-robot-revolution-hits-2015-01-05

19   Neil Irwin, »Aughts Were a Lost Decade for U.S. Economy, Workers«, *Washington Post*, 2. Januar 2010, http://www.washingtonpost.com/wp-dyn/content/article/2010/01/01/AR2010010101196.html

20   »Airbnb Tax Collection Program Expands, Has Already Collected $110 Million For Governments«, *AirbnbAction*, 1. August 2016, https://www.airbnbaction.com/airbnb-tax-collection-program-expands-has-already-collected-110-million-for-governments/

21   David Kocieniewski, »The Sharing Economy Doesn't Share the Wealth«, *BloombergBusinessweek*, 6. April 2016, http://www.bloomberg.com/news/articles/2016-04-06/the-sharing-economy-doesn-t-share-the-wealth

22   »Still Broken: Governments must do more to fix the international corporate tax system«, *Oxfam*, 10. November 2015, https://www.oxfam.org/sites/www.oxfam.org/files/file_attachments/bn-still-broken-corporate-tax-101115-embargo-en.pdf, S. 6

23   Tom Slee, »The Shape of Airbnb's business«, Whimsley, 26. Mai 2014, http://tomslee.net/2014/05/the-shape-of-airbnbs-business.html

24   »Difference Engine: Luddite Legacy«, *Economist*, 4. November 2011, http://www.economist.com/blogs/babbage/2011/11/artificial-intelligence

3
Freelance-Gesellschaft deutscher Prägung

1   James Angelos, Nina Adam, »›Minijobs‹ Lift Employment But Mask German Weakness«, *Wall Street Journal*, 29. März 2013, http://www.wsj.com/articles/SB10001424127887324682204578512782697519080

2   Ebenda

3   »Is the minimum wage killing off ›minijobs‹?«, *The Local*, 20. Mai 2015, https://www.thelocal.de/jobs/article/minimum-wage-is-killing-the-minijob

4   James Angelos, Nina Adam, »›Minijobs‹ Lift Employment But Mask German Weakness«, 29. März 2013

5   »Employment statistics«, Daten von November 2016, Eurostat, http://ec.europa.eu/eurostat/statistics-explained/index.php/Employment_statistics

6   Stephanie Höppner, »Werkverträge in der Kritik«, Deutsche Welle,

27. Juli 2013, http://www.dw.com/de/werkvertr%C3%A4ge-in-der-kritik/a-16978870

7   Carlos Vacas-Soriano, »Recent developments in temporary employment: Employment growth, wages and transitions«, *Eurofound,* Publications Office of the European Union, Luxembourg, S. 1, S. 7. http://www.eurofound.europa.eu/sites/default/files/ef_publication/field_ef_document/ef1557en.pdf

8   »Wohlstand für alle – anderen«, *Spiegel online,* 23. April 2012, http://www.spiegel.de/spiegel/print/d-85157582.html

9   »BMW goes to court as union seeks cap on temporary workers«, Automotive News Europe, 14. Februar 2012, http://europe.autonews.com/article/20120214/ANE/302149986/bmw-goes-to-court-as-union-seeks-cap-on-temporary-workers

10 Bernd Grässler, »Jobwunder und Suppenküche«, *Deutsche Welle,* 31. Dezember 2014, http://www.dw.com/de/jobwunder-und-suppenk%C3%BCche/a-18163363

11 »›Me, Inc.‹ Plan Could Be Victim of Its Own Success«, Deutsche Welle, 8. Dezember 2003, http://www.dw.com/en/me-inc-plan-could-be-victim-of-its-own-success/a-1052897

12 Ulf Rinne, Klaus F. Zimmermann, »Another Economic Miracle? The German Labor Market and the Great Recession«, IZA, Discussion Paper Nr. 6250, Dezember 2011, http://ftp.iza.org/dp6250.pdf, S. 1

13 Rainer Woratschka, »Die Beitragslast ist zu hoch«, *Der Tagesspiegel,* 8. Februar 2017, http://www.tagesspiegel.de/politik/solo-selbstaendige-in-der-krankenversicherung-die-beitragslast-ist-zu-hoch/19362616.html

14 Werner Eichhorst, Verena Tobsch, »How big is the Gig? Preliminary evidence from Germany and Europe«, Institute for the Study of Labor, PowerPoint-Präsentation, OECD Paris, September 2016, https://www.oecd.org/els/emp/OECD-ELS-Seminar-Eichhorst-Tobsch.pdf

15 Alice Klar, »I was a Foodora/Deliveroo test driver«, *Exberliner,* 21. September 2016, http://www.exberliner.com/features/lifestyle/i-was-a-foodora-deliveroo-test-driver/

16 Homa Khaleeli, »The truth about working for Deliveroo, Uber and the on-demand economy«, *The Guardian,* 15. Juni 2016, https://www.theguardian.com/money/2016/jun/15/he-truth-about-working-for-deliveroo-uber-and-the-on-demand-economy

17 Ilaria Maselli, »The Digital Labour Market«, PowerPoint-Präsentation, Slide 7, https://www.noexperiencenecessarybook.com/aLaDY/powerpoint-presentation.html

18 Tony Burke, »IG Metall's new leaders will help click-workers fight outsourcing«, *Tribune*, 7. November 2015, http://www.tribunemaga-zine.org/2015/11/new-ig-mettal-leaders-pledge-to-fight-outsour-cing-and-aid-click-workers/

19 Enrique Fernández-Macías, John Hurley, Martina Bisello, »What do Europeans do at work? A task-based analysis: European Jobs Monitor 2016«, *Eurofound*, Publications Office of the European Union, Lux-embourg, 2016, Abbildung 3, http://www.eurofound.europa.eu/sites/default/files/ef_publication/field_ef_document/ef1617en.pdf, S. 9

20 Ebenda, Abbildungen 14 und 15

21 John Hurley, »European Jobs Monitor 2016«, Eurofound, 21. Juni 2016, http://www.eurofound.europa.eu/observatories/emcc/european-jobs-monitor

22 »Employment statistics«, Daten von November 2016, Eurostat, http://ec.europa.eu/eurostat/statistics-explained/index.php/Employment_statistics

23 Carlos Vacas-Soriano, »Recent developments in temporary employ-ment: Employment growth, wages and transitions«, 2015, S. 20

24 Eurostat, »Employment statistics«, Daten vom November 2016, Ab-bildung: »Persons working part-time or with a second job, 2005–2015 (% of total employment)«, http://ec.europa.eu/eurostat/statistics-ex-plained/index.php/File:Persons_working_part-time_or_with_a_se-cond_job,_2005%E2%80%932015_(%25_of_total_employment)_YB16_III.png

25 Anne-Sylvaine Chassany, »New world of work: Outsiders battle in France's dual job markets«, *Financial Times*, 10. August 2015

26 Pat Conaty, »Not Alone: Organizing the Precariat«, *Stir. The Maga-zine for the New Economy*, Ausgabe 14, Sommer 2016, S. 8

27 McKinsey Global Institute, »Independent Work: Choice, Necessity, and the Gig Economy«, 2016, S. 28

28 Karin Schulze Buschoff, »›Atypical Employment‹ is Becoming a Norm, but have Pension Systems Responded Yet?«, Friedrich-Ebert-Stiftung, September 2015, http://library.fes.de/pdf-files/id-moe/11614-20151019.pdf

29 Andrew Watt, »Unintended Consequences: The Implications Of The German Coalition Agreement For Europe«, *Social Europe*, 29. No-vember 2013, https://www.socialeurope.eu/2013/11/german-coali-tion-agreement/#

30 »Germany«, OECD Better Life Index, http://www.oecdbetterlifein-dex.org/countries/germany/

31 Laura Saunders, »Top 20% of Earners Pay 84% of Income Tax«, *Wall Street Journal*, 10. April 2015, http://www.wsj.com/articles/top-20-of-earners-pay-84-of-income-tax-1428674384

32 Marc Amlinger, Reinhard Bispinck, Thorsten Schulten, »The German Minimum Wage: Experiences And Perspectives After One Year«, *Social Europe*, 23. Februar 2016, https://www.socialeurope.eu/2016/02/the-german-minimum-wage-experiences-and-perspectives-after-one-year/

33 BLS Reports, »Characteristics of Minimum Wage Workers, 2014«, Report 1054, April 2015, https://www.bls.gov/opub/reports/minimum-wage/archive/characteristics-of-minimum-wage-workers-2014.pdf

34 McKinsey Global Institute, »Independent Work: Choice, Necessity, and the Gig Economy«, Oktober 2016, S. 4, S. 33. Vgl. die Diskussion der methodischen Aspekte

35 Pat Conaty, »Not Alone: Organizing the Precariat«, Sommer 2016, S. 8

36 McKinsey Global Institute, »Independent Work: Choice, Necessity, and the Gig Economy«, Oktober 2016, S. 29, S. 38

4
Vom Silicon Valley zur Silicon Allee

1 »Rekordsumme für deutsche Start-ups – Berlin ist Europas Start-up-Hauptstadt«, Ernst & Young, Pressemitteilung, Berlin, 21. Januar 2016, http://www.ey.com/de/de/newsroom/news-releases/ey-20160121-rekordsumme-fuer-deutsche-start-ups

2 Chris Spillane, »Berlin ready to lure tech firms after Brexit«, *Politico*, 17. Juni 2016, http://www.politico.eu/article/eu-referendum-berlin-ready-to-lure-tech-firms-after-brexit/

3 Adam Satariano, Stefan Nicola, »Berlin's Startup Hub Wants to Prove It's More Than Just a Scene«, *Bloomberg*, 28. Juli 2016, https://www.bloomberg.com/news/articles/2016-07-28/berlin-s-startup-hub-wants-to-prove-it-s-more-than-just-a-scene

4 »German Accelerator Tech awards Germany's most innovative tech startups to enter the U.S. market«, German Accelerator, 14. April 2016, http://germanaccelerator.com/2016/04/german-accelerator-awards-germanys-most-innovative-tech-startups-to-enter-the-u-s-market/

5 »Sales figures for German start-ups«, *Tatsachen über Deutschland/Facts about Germany*, https://www.tatsachen-ueber-deutschland.de/en/chapter/business-innovation/sales-figures-german-start-ups

6   Christina Cassala, »Innovative start-ups«, *Tatsachen über Deutschland/Facts about Germany,* https://www.tatsachen-ueber-deutschland.de/en/chapter/business-innovation/innovative-start-ups

7   »Technology firms may struggle to disrupt the food business«, *The Economist,* 16. November 2016, http://www.economist.com/news/business-and-finance/21710766-zume-tries-reinvent-americas-34bn-pizza-business-one-robot-time-technology-firms-may

8   Caroline Baldwin, »What is holding Berlin back from becoming a European centre for startups?«, *Computer Weekly,* 14. Mai 2014, http://www.computerweekly.com/news/2240220393/What-is-holding-Berlin-back-from-becoming-a-European-centre-for-startups

9   Ebenda

10 Paul-Christian Britz, »German startups face funding ›valley of death‹«, Deutsche Welle, 17. März 2015, http://www.dw.com/en/german-startups-face-funding-valley-of-death/a-18321836

11 »Der Traum vom deutschen Apple«, *Spiegel online,* 4. März 2013, http://www.spiegel.de/spiegel/print/d-91346567.html

12 »Attack of the clones«, *The Economist,* 6. August 2011, http://www.economist.com/node/21525394

13 Sam Parr, »Rocket Internet: What It's Like to Work at a Startup Clone Factory«, *Hustle,* 25. Januar 2016, http://thehustle.co/rocket-internet-oliver-samwer

14 »The freaks are coming«, *The Economist,* 22. September 2016, https://www.economist.com/news/business/21707599-rocket-internet-fizzles-other-startups-take-freaks-are-coming

5
Start-up-Wirtschaft versus Mittelstand

1   »Transformations in Technology, Transformations in Work«, *JustJobs Network,* Oktober 2016, http://www.justjobsnetwork.org/wp-content/pubs/reports/transformations_in_technology_report.pdf, S. 75

2   »2016 Global Manufacturing Competitiveness Index«, Deloitte Network, 2016, https://www2.deloitte.com/content/dam/Deloitte/pa/Documents/manufacturing/2016_Manufacturing-competitiveness-index.pdf, S. 47

3   »Does Deutschland do digital?«, *The Economist,* 21. November 2015, http://www.economist.com/news/business/21678774-europes-biggest-economy-rightly-worried-digitisation-threat-its-industrial

4 »Mittel-management: Germany's midsized companies have a lot to teach the world«, *The Economist*, 25. November 2010, http://www. economist.com/node/17572160

5 »Does Deutschland do digital?«, 21. November 2015

6 Caroline Baldwin, »Berlin plays growing role in Europe's startup race for innovation«, *ComputerWeekly*, Mai 2014, http://www.computer-weekly.com/feature/Berlin-and-the-European-startup-race-for-inno-vation

7 Steve O'Hear, »German 3D Indoor Mapping And Navigation Startup NavVis Locates €7.5M Funding«, *TechCrunch*, 15. Dezember 2015, https://techcrunch.com/2015/12/15/navvis/

8 Vgl. http://www.zim-bmwi.de/zim-ueberblick

9 Bundesministerium für Wirtschaft und Energie, »Aktionsprogramm Zukunft Mittelstand«, Mai 2016, S. 18

10 Andra Diederichs, »Former SAP CEO Henning Kagermann: ›Progress Creates Jobs‹«, SAP News Center, http://news.sap.com/former-sap-ceo-henning-kagermann-progress-creates-jobs/

6
Die Zukunft der Arbeit:
Ist Deutschland dafür bereit?

1 Rede von Andrea Nahles, Bundesministerin für Arbeit und Soziales, anlässlich der Halbzeitkonferenz Arbeiten 4.0 am 15. März 2016 in Berlin, http://www.vgsd.de/wp-content/uploads/2016/03/20160315_ ArbeitenVierNull_Rede-konsolidiert.pdf, S. 2

2 Vgl. das Vorwort von Andrea Nahles im »Weißbuch Arbeiten 4.0«, das der Rede in großen Teilen entspricht, https://www.bmas.de/Shared-Docs/Downloads/DE/PDF-Publikationen/a883-weissbuch.pdf?_ blob=publicationFile&v=4, S. 5

3 »Zusammenfassung der Ergebnisse«, Bundesministerium für Arbeit und Soziales, http://www.arbeitenviernull.de/dialogprozess/weiss-buch/zusammenfassung-der-ergebnisse.html

4 »Contingent Workers: Incomes and Benefits Lag Behind Those of Rest of Workforce«, United States General Accounting Office, GAO/ HEHS-00-76, 30. Juni 2000, http://www.gao.gov/products/GAO/ HEHS-00-76

5 Rob Wile, »There are probably way more people in the ›gig economy‹ than we realize«, Fusion, 27. Juli 2015, http://fusion.net/story/173244/

there-are-probably-way-more-people-in-the-gig-economy-than-we-realize/

6 Jeff John Roberts, »5 Things to Know About How the Feds See the ›Sharing‹ Economy«, Fortune, 3. Juni 2016, http://fortune.com/2016/06/03/commerce-sharing-economy/

7 Benjamin Snyder, »How Digital Nomads Went From Niche to Normal«, *Backchannel*, Dezember 2015, https://backchannel.com/in-2017-your-coworkers-will-live-everywhere-ae14979b5255#.qb1achsfn

8 »Die digitalen Tagelöhner«, Böckler Impuls Ausgabe 06/2016, http://boeckler.de/64443_64455.htm

9 »Decline in full-time, permanent jobs«, Eurofound, 14. August 2015, https://www.eurofound.europa.eu/news/spotlight-on/employment/decline-in-full-time-permanent-jobs

10 »Employed persons with a second job«, Eurostat, http://ec.europa.eu/eurostat/tgm/table.do?tab=table&init=1&language=en&pcode=tps00074&plugin=1

11 Claire Jones, »Why German wages need to rise – and fast«, *Financial Times*, Abb.: »German real wages and labour productivity«, 15. November 2016, https://www.ft.com/content/a7758d5e-8566-11e6-8897-2359a58ac7a5

12 Barry Eichengreen, »Globalisation's Last Gasp«, Social Europe, 22. November 2016, https://www.socialeurope.eu/2016/11/globalisations-last-gasp/

13 McKinsey Global Institute, »Independent Work: Choice, Necessity, and the Gig Economy«, McKinsey and Company, Oktober 2016, S. 4, S. 33. See the discussion on methodologies

14 Einige selbstständige Berufsgruppen, wie unter anderem Handwerker und Hausgewerbetreibende, freie Lehrkräfte und Coaches, Fischer und Seelotsen, sind rentenversicherungspflichtig, viele andere Selbstständige allerdings nicht.

15 »Germany – 2015 Brings New Social Security Rates, Thresholds«, KPMG, 13. Februar 2015, https://home.kpmg.com/xx/en/home/insights/2015/03/flash-alert-2015-022.html

16 Luke Harding, »German jobless rate soars to 70-year high«, *The Guardian*, 3. Februar 2005, https://www.theguardian.com/world/2005/feb/03/germany.lukeharding

17 »Trade Union Density«, OECD, 19. Janaur 2017, https://stats.oecd.org/Index.aspx?DataSetCode=UN_DEN

7
»Gleichwertige« Jobs für das digitale Zeitalter

1 Paul Polman, Lynn Forester de Rothschild, »The Capitalist Threat to Capitalism«, *Project Syndicate,* 23. Mai 2014, https://www.project-syndicate.org/commentary/paul-polman-and-lynn-forester-de-rothschild-call-on-companies-and-governments-to-unite-in-the-search-for-an-inclusive-and-sustainable-economy

2 Steven Hill, »New Economy, New Social Contract«, New America Foundation, August 2015, https://static.newamerica.org/attachments/4395-new-economy-new-social-contract/New%20Economy,%20Social%20Contract_UpdatedFinal.34c973248e6946d0af17116fbd6b-b79e.pdf; siehe auch Steven Hill, *Raw Deal: How the »Uber Economy« and Runaway Capitalism Are Screwing American Workers,* New York: St. Martin's Press, 2015

8
Unterstützung für die Erwerbstätigen des 21. Jahrhunderts

1 Hans Dubois, Georgiana Runceanu, Robert Anderson, »Extending working lives through flexible retirement schemes: Partial retirement«, Eurofound Publications, Office of the European Union, Luxembourg, 2016, http://www.eurofound.europa.eu/sites/default/files/ef_publication/field_ef_document/ef1629en.pdf, S. 29

2 Florian Blank, Camille Logeay, Erik Türk, Josef Wöss, Rudolf Zwiener, »Ein starkes öffentliches Rentensystem ist möglich. Das Beispiel Österreich«, Friedrich-Ebert-Stiftung – Wirtschafts- und Sozialpolitik, 22/2016, http://library.fes.de/pdf-files/wiso/12759.pdf, S. 2 f

3 Florian Blank, Camille Logeay, Erik Türk, Josef Wöss, Rudolf Zwiener, »Why Is Austria's Pension System So Much Better Than Germany's?«, *Intereconomics,* Vol. 51, Mai/Juni 2016, Nr. 3, http://archive.intereconomics.eu/year/2016/3/why-is-austrias-pension-system-so-much-better-than-germanys/, S. 118–125; siehe auch dies.: »Ein starkes öffentliches Rentensystem ist möglich. Das Beispiel Österreich«

4 Steven Hill, *Expand Social Security Now: How to Ensure Americans Get the Retirement They Deserve.* Beacon Press, Boston: 2016

5 »Zahlen & Fakten«, DGRV, Stand 31. Dezember 2015, https://www.dgrv.de/de/ueberuns/zahlenfakten.html

6 DGRV Deutscher Genossenschafts- und Raiffeisenverband e. V.

»Facts and Figures«, Stand: 31. Mai 2015, https://www.dgrv.de/en/co-operatives/$file/Facts_and_Figures.pdf

7   DGRV Deutscher Genossenschafts- und Raiffeisenverband e. V., »Die deutschen Genossenschaften in Europa«, Stand 31. Dezember 2008, https://www.dgrv.de/webde.nsf/272e312c8017e736c1256e31005ced-ff/2e65c54b0c6567d6c12577cb0046b705/$FILE/Genossenschaften_EU.pdf

8   Trebor Scholz, »Platform Cooperativism. Challenging the Corporate Sharing Economy«, Rosa Luxemburg Stiftung, New York Office, Januar 2016, http://www.rosalux-nyc.org/wp-content/files_mf/scholz_platformcoop_5.9.2016.pdf

9   Pat Conaty, Alex Bird, Philip Ross, »Not Alone: Trade union and co-operative solutions for self-employed workers«, Co-operatives UK, 2016, http://wales.coop/file/not_alone_-_trade_union_and_co-operative_solutions_for_self-employed_workers_3.pdf, S. 39–42

10 AP, »VW workers in Germany get profit sharing checks«, *The Salt Lake Tribune*, 12. März 2015, http://www.sltrib.com/home/2283092-155/vw-workers-in-germany-get-profit; vgl. auch: »Stammkräfte erhalten 5900 Euro Prämie«, *Spiegel online*, 12. März 2015, http://www.spiegel.de/wirtschaft/unternehmen/volkswagen-stammkraefte-erhalten-5900-euro-praemie-a-1023101.html

11 OECD, *Employment Outlook 1995*, Kapitel 4: »Profit-sharing in OECD countries«, http://www.oecd.org/employment/emp/2409883.pdf, S. 4

12 Lawrence H. Summers, Ed Balls, »Report of the Commission on Inclusive Prosperity«, Anhang 1, »US Policy Response«, S. 105, https://cdn.americanprogress.org/wp-content/uploads/2015/01/IPC-PDF-U.S.appendix.pdf (Stand: 10. Mai 2015)

13 Kornelius Kraft, Marija Ugarković, *Profit-sharing and the financial performance of firms: Evidence from Germany*, Wirtschaftswissenschaftliche Fakultät, Universität Dortmund, https://www.researchgate.net/publication/4852459_Profit_sharing_and_the_financial_performance_of_firms_Evidence_from_Germany

14 Michael Carney, »›Work Is No Longer a Place‹ – oDesk Launches Private Workplace to Better Manage Freelance Talent Online«, *PandoDaily*, 25. September 2013, http://pando.com/2013/09/25/work-is-no-longer-a-place-odesk-launches-private-workspace-to-better-manage-freelance-talent-online/

15 Robert Hof, »Still Can't Figure Out How Programmatic Advertising Works? Watch This Video«, *Forbes*, 11. Juni 2014, http://www.forbes.

com/sites/roberthof/2014/06/11/still-cant-figure-out-how-program-matic-advertising-works-watch-this-video

16 »More Than Two-Thirds of US Digital Display Ad Spending Is Programmatic«, eMarketer, 5. April 2016, https://www.emarketer.com/Article/More-Than-Two-Thirds-of-US-Digital-Display-Ad-Spending-Programmatic/1013789

17 Mike Shields, »AOL Layoffs Reflect Rise of Programmatic«, *Wall Street Journal*, 30. Januar 2015, http://blogs.wsj.com/cmo/2015/01/30/aol-layoffs-reflect-rise-of-programmatic

Schluss:
Wie nah ist die Zukunft?

1 Kevin Kelly, »Better than Human: Why Robots Will – and Must – Take Our Jobs«, *Wired*, 24. Dezember 2012, http://www.wired.com/2012/12/ff-robots-will-take-our-jobs

2 Eduardo Porter, »A Universal Basic Income Is a Poor Tool to Fight Poverty«, *New York Times*, 31. Mai 2016, https://www.nytimes.com/2016/06/01/business/economy/universal-basic-income-poverty.html?_r=1

3 John F. Kennedy, »Yale University Commencement«, Miller Center, University of Virginia, June 11, 1962, http://millercenter.org/president/speeches/speech-3370

4 Für eine detailliertere Darstellung des deutschen und des europäischen sozialen Kapitalismus und für einen Vergleich mit dem US-amerikanischen »Wall-Street-Kapitalismus« siehe mein Buch *Europe's Promise: Why the European Way Is the Best Hope in an Insecure Age*